本书受

教育部人文社会科学研究基地重大研究项目

『国家建构与大学治理——民国时期的大学与国家关系研究』(11JJD770027)

资助出版。

牛 力 著

大学与现代中国 ◎ 主编 朱庆葆

罗家伦与国立中央大学

南京大学出版社

图书在版编目(CIP)数据

罗家伦与国立中央大学 / 牛力著. —— 南京 : 南京
大学出版社,2015.3
　　(大学与现代中国 / 朱庆葆主编)
　　ISBN 978-7-305-14830-9

　　Ⅰ. ①罗… Ⅱ. ①牛… Ⅲ. ①罗家伦(1897～1969)
—人物研究 ②国立中央大学—校史 Ⅳ. ①K825.46
②G649.285.31

中国版本图书馆 CIP 数据核字(2015)第 045123 号

出版发行　南京大学出版社
社　　　址　南京市汉口路 22 号　　　　　邮　编　210093
出 版 人　金鑫荣
丛 书 名　大学与现代中国
书　　　名　**罗家伦与国立中央大学**
作　　　者　牛力
责任编辑　官欣欣　李鸿敏　　　　编辑热线　025-83593947
照　　　排　南京南琳图文制作有限公司
印　　　刷　江苏凤凰通达印刷有限公司
开　　　本　700×1000　1/16　印张 20.75　字数 272 千
版　　　次　2015 年 3 月第 1 版　2015 年 3 月第 1 次印刷
ISBN 978-7-305-14830-9
定　　　价　68.00 元

网址:http://www.njupco.com
官方微博:http://weibo.com/njupco
官方微信号:njupress
销售咨询热线:(025)83594756

序　言

朱庆葆

现代意义上的大学起源于欧洲。19 世纪以来,随着西方文明在全球范围内的帝国主义化和殖民化,大学在全世界迅速扩展。著名的比较高等教育学者许美德将这一进程称为"欧洲大学的凯旋"①。是否是"凯旋"姑且不论,但大学的扩展给世界各国带来了深远的影响。

(一)

中国传统意义上的高等教育机构源远流长。远者如起源于汉代的太学,鼎盛时期东汉太学生多达三万;近者如宋元以来的书院,讲学之风兴盛,一时蔚为风气。但现代大学在中国的出现,至今不过百余年的历史,梅贻琦便曾指出:"近日中国之大学教育,溯其源流,实自西洋移植而来。"②作为一种新兴的组织机构,中国大学自诞生之日便受到社会各界的关注。在现代中国波澜壮阔的变迁历程中,大学以及活跃于大学场域的社会群体,对中国的历史进步和社会发展产生了广泛且深远的影响。这种影响不仅表现在教育、学术和文化领域,而且触及政治的更替、民族的救亡和广泛意义上的社会变革。

首先,大学是推动中国学术独立和文化重建的中心。从根本上

---

① （加）许美德:《中国大学:1895－1995 一个文化冲突的世纪》,许洁英译,教育科学出版社,2000 年,第 32 页。

② 梅贻琦:《中国人的教育》,中国工人出版社,2013 年,第 12 页。

来说,大学是由学者组成的学术性组织,并以知识的生产和传播为本职。蔡元培说:"大学者,研究高深学问者也"。① 强调的就是大学以学术为本位的组织特征。近代以来,在现代西方学术和文化冲击下,中国传统的知识体系和价值观念分崩离析,如何构建现代中国的学术和知识体系,推动中华的文化重建,是大学不可替代的历史责任。罗家伦在就任清华大学校长时说:"要国家在国际间有独立自由平等的地位,必须中国的学术在国际间也有独立自由平等。"②并把追求学术独立作为新清华的使命。胡适在 1915 年留学美国时也说:"中国欲保全固有之文明而创造新文明,非有国家的大学不可。"学术独立和文化重建,是百余年来大学孜孜以求的理想。③

其次,大学成为新兴知识分子汇聚的舞台和社会流动的新阶梯。随着科举的废除和现代学校体系的建立,大学这种新兴的学术机构成为城市知识分子安身立命的新场域。知识阶层在从传统的"士人"向现代知识分子的转变中,学术成为一门职业,使他们在大学找到了施展抱负的舞台,并致力于构建"学术社会"的努力。而对于有着数千年以读书为进身之阶传统的中国社会,"上大学"也成为各个阶层谋求改变社会地位、实现人生理想的重要途径。大学成为社会晋升阶梯中至关重要的一环。

再次,大学是政治变革的先导者和国家建设的担负者。大学还深度介入到现代中国的政治变革和国家建设之中。大学对政治和社会有着敏锐的洞察,并有着致力于国家政治建构的时代担当,屡屡成为政治变革的先导力量。正所谓"政治一日不入正轨,学子之心一日不能安宁"④,大学因其特殊地位和知识阶层汇聚的特征,成为近代政党鼓吹主义、发展组织、吸纳成员的重要场域。使得每一次政治变

---

① 高平叔编:《蔡元培全集》第 3 卷,中华书局,1984 年,第 5 页。
② 罗家伦先生文存编辑委员会:《罗家伦先生文存》第 5 册,台北"国史馆",1988 年,第 18 页。
③ 姜义华编:《胡适学术文集(教育)》,中华书局,1998 年,第 23 页。
④ 刘伯明:《论学风》,《学衡》1923 年第 16 期。

动,都在大学有着相应的呈现。同时大学作为国家培育人才之地,又是国家建设的砥柱中流。如何服务于国家战略目标,应对政府的意志和需求,也深刻体现在大学的知识生产和人才培育之中。

最后,大学是推动中华民族救亡和复兴的先驱力量。在 20 世纪上半叶国难深重的时代环境中,大学体现出了沉毅的勇气和担当的精神,成为民族救亡的先驱。这不仅仅体现于五四运动、一二·九运动这些重大的爱国事件,也表现为大学为推动中华民族学术独立所做的不懈努力。而在当前中华民族实现伟大复兴的历史进程中,作为现代社会的"轴心机构",大学是时代的引领者,也是社会进步最为重要的推动力量。

(二)

由此看来,现代中国的大学早已不再是那种潜心于学术创获的"象牙之塔",其"担负"是如此沉重,乃至难以承受。这也使得人人都在评论大学,但在如此错综复杂的矛盾纠缠中难得要领。

在大学与外界复杂的互动中,大学与国家、大学与政府的关系尤为引人注目。虽然在民国时期曾存在为数不少的私立大学(包括教会大学),但公立大学是现代中国大学的主体。在这种制度环境下,大学受国家政治变动和政策变化的影响更为直接、显著;而大学对外界政治的反应和参与也显得积极且主动,卷入的程度也更为深切。大学与国家、大学与政府的关系对于理解学术与政治、知识与权力在现代中国大学场域的运作和交互影响提供了很好的视角。

在现代中国,大学是培养国家精英和社会栋梁之所,对于国家的发展和社会的变革有着重要的影响。曾任中央大学校长的罗家伦说过:"后十年国家的时事就是现在大学教育的反映,现在的大学教育好,将来的情形也就会好,现在的大学教育坏,将来的情形也就会坏。"①国家的命运和大学教育的得失成败密切相关。现代中国社会的精英阶层来自于大学,他们在大学中接受的知识训练、选择的政治立场和养成的文化主张,都深刻关系到国家和社会未来的发展方向。

国家和政府对大学的影响则显得直接且强烈。现代中国的大学是国家教育系统的组成部分,被纳入现代民族国家建构的进程,紧密服务于国家现代化建设和民族性知识生产的需要。国家意志和政府需求深刻影响着,乃至主导着大学的知识生产和传播。大学生产什么样的知识,怎样生产知识,培养何种人才,都紧密围绕国家的目标展开。这既有权力对知识的引导,也有大学对国家需求的主动适应。急国家之所急,想政府之所想,所谓"与民族共命运、与时代同步伐",大学与民族国家的建构紧密结合在一起。

国家对大学的影响还突出体现在意识形态上的控制。无论是清末的忠君尊孔,还是国民政府时期的三民主义教育,抑或是此后的无产阶级专政,政府都把大学视为灌输主流意识形态、加强思想文化统制的主要场域。通过引导、规范乃至钳制大学的知识生产和传播,国家意志和党派观念对于大学学术自由和创造性的知识生产都造成了不同程度的影响。

(三)

基于上述理解,我们组织编写了这套"大学与现代中国"丛书。从宏观上来讲,该丛书的主旨有两个。

第一,以大学作为观察和认识现代中国社会变化的一个重要的着力点。著名教育学家弗莱克斯纳曾说过,大学"是时代的表现",它"处于特定时代总的社会结构之中而不是之外"②。大学不是抽象的概念、结构和组织,大学是它所置身的社会环境的体现。对于大学的

---

① 中国第二历史档案馆编:《中华民国史档案资料汇编》,第5辑第1编,教育(一),江苏古籍出版社,1994年,第287页。

② (美)亚伯拉罕·弗莱克斯纳:《现代大学论——美英德大学研究》,浙江教育出版社,2001年,第1页。

研究不能局限于大学本身，而要把它置于周遭复杂的社会、政治、文化环境之中，来展示大学对于更为广阔的历史发展和社会变迁的影响。现代中国的社会精英阶层绝大部分都在大学接受教育，他们的知识结构、政治主张、文化立场在很大程度上都是在大学中形成。通过培育社会的精英阶层，大学对于现代中国的历史发展和社会变迁产生了广泛而深远的影响。对中国社会变化的理解，难以绕开大学。不理解大学，不理解大学培养的社会精英，不理解大学在知识生产、社会流动、政治变革和社会变迁中的作用和影响，就很难对现代中国的历史发展和的社会变动给予深层次的的阐释和解读。

第二，为探索具有中国特色的大学建设道路提供鉴戒。当前，建设具有中国特色、体现民族文化的大学和高等教育体系已经成为国家的意志。这既需要有国际视野，学习西方国家的先进的办学经验；同时更需要有本土情怀，继承现代中国大学发展历程中积累的丰厚历史遗产。作为一种西方文明的产物，大学要植根中国大地，才能生根成长、枝繁叶茂。如何形成自身的大学理念、大学模式和学术文化传统，如何处理大学与国家、大学与社会的关系，近代以来的中国大学有着卓有成效的探索，并积累了很多经验，当然也有教训。这些在今天都需要给予认真的反思和总结，并根据时代环境的变化加以采择。

英国教育家阿什比曾说过："任何类型的大学都是遗传与环境的产物。"[①]所遗传的是大学对于知识创获和文化传承的一贯责任，而面对的则是变动的历史环境和互异的文化土壤。希望"大学与现代中国"丛书能以大学作为切入点，加深对于现代中国的理解，加深对于大学的理解，加深对于现代中国大学的理解。

---

① 　杨东平编：《大学二十讲》，天津人民出版社，2009 年，第 274 页。

目　录

引　言

一、问题缘起

（一）国际视野和"中国经验"

在高等教育发展史上，大学与国家的关系一直是学界关注的热点。对这一问题的研究不仅有着重要的理论价值，也有深刻的现实意义。既往的研究表明，大学与国家的关系具有强烈的民族性和时代感，在不同国家、不同时期呈现出不同特征。著名学者哈罗德·珀金(H. Perkin)曾指出，大学正是基于历史传统在回应时代挑战中不断调适的产物。

自 12 世纪产生于意大利和法国以来到被移植到整个现代非欧洲世界为止，大学的含义和目的可以说是因时而异、因地而异，它依靠改变自己的形式和职能以适应当时当地的社会政治环境，同时通过保持自身的连贯性及使自己名实相符来保持自己的活力。谁都在谈大学，但是大学作为学者进行教学、科研和从事社会服务的场所，我们只有在不同时代、不同地点的具体环境里才能弄懂大学的这些任务究竟是什么。①

中国近代大学是模仿西方大学制度的产物，它们诞生于外强凌侮、民族危亡的时代环境之下，作为追求国家富强的"利器"被引入中国。因此从一开始，中国近代大学就担负着救亡图存的历史重任。尤其是其中的国立大学，在与民族、国家的关系上，它们同西方近代大学相比存在很大差异。在西方模式、中国传统和时代环境的共同作用下，近代中国大学与民族、国家的关系发展呈现为各种力量不断调适、互动影响的复杂过程。

西方近代大学的崛起和发展深深介入到民族国家建设的进程之中，并成为其中不可分割的重要组成部分。维德罗克（B. Wittrock）指出，"近代大学形成的过程，正是工业经济秩序和民族国家这一最典型、最重要的政治组织形成过程的重要组成部分。"②从中世纪时具有鲜明国际化特征的学者社团组织，转变到紧密服务于民族国家建设的现代机构，大学在其"民族化"进程中，与民族国家建立了紧密的联系，并以各种形式形成了默认的"契约"关系：民族国家为大学提供经费支持和自治保障，而大学为民族国家生产所需要的知识。在这一架构中，大学不仅为国家建设培育适应各行各业的拥有高级技能的专业人才，通过科学技术的创新推动国家经济、科技和军事的发展，而且通过唤醒民族意识、构筑民族文化，在民族认同和民族身份的建构中发挥着重要作用。③

与之相比，中国近代大学借鉴了西方大学的基本概念和组织结构，其成长却根植于中国的时代环境和文化传统。然而长期以来，我们更多是借用西方大学的概念和框架来解读、评价、批判乃至是规范

---

① （美）伯顿·克拉克：《高等教育新论——多学科的研究》，浙江教育出版社，2001年，第24页。

② Wittrock, "The Modern University: The Three Transformations", in Sheldon Rothblatt and Björn Wittrock, *The European and American university since* 1800: *Historical and Sociological Essays*. Cambridge University Press, 1993:305。

③ （英）杰勒德·德兰迪：《知识社会中的大学》，北京大学出版社，2010年，第35页。

中国大学的发展,对两者间的差异重视不足。正如有的学者批评的那样,"几乎没有人把亚洲的大学放在他们的政治和社会环境中予以分析,把他们当作一种制度来分析其内部的动作,就更少了"。① 西方大学是从中世纪自治性的学者社团组织发展而来。而在战乱频仍、国难深重的近代中国,大学首先担负着民族救亡的历史重任,它们和民族、国家的联系更为紧密。为民族生存和国家富强做贡献,是中国大学难以回避的时代责任。中国近代大学在保存了西方大学基本组织结构和特征的基础上,受到国家意志和政治需求的影响尤为强烈。而大学也积极参与到广泛的政治和社会变革之中,对于国家发展和民族存亡始终给予密切关注,正所谓是"与民族共命运、与时代同步伐"(引自胡锦涛在清华大学百年校庆大会上的讲话)。中国大学与国家的关系表现出不同于西方大学的"中国经验"。

(二) 中央大学的典范意义

在中国近代,大学是一种笼统的称谓。如加以细分,其中又有公立大学(包括国立和省立)、私立大学和教会大学三类。② 这些大学因其创"立"者不同,与国家、政府的关系颇有差异。国立大学作为近代大学的主体,有着举足轻重的地位,尤其是北京大学、清华大学、武汉大学、浙江大学和中央大学这些"名校"更是备受政学界关注。它们不仅在办学成绩上足以代表当时中国大学的水准,而且与政府"走得更近",联系密切,交往频繁。国立大学不仅由中央政府直接创"立",其办学经费的绝大部分也来自"国库支出"。③ 与私立大学相比,国立大学受到国家政策和政治变化的影响更为直接、显著,对政治的反应

---

① 贺照田主编:《学术思想评论(第九辑):并非自明的知识与思想》,吉林大学出版社,2003年,第112页。

② 在民国教育部的官方统计中,更倾向于将大学分为国立大学、省立大学和私立大学。其中私立大学包括本文所指的私立大学和教会大学。

③ 以1934年为例,该年度国立大学岁入总经费为1418万余元,其中来自中央国库拨款达到1222万余元,中央拨款占全部岁入经费的86%以上。而同年度私立大学岁入总经费为759万余元,其中来自中央国库拨款仅79万余元,占全部岁入经费的10.4%。见教育部统计室编《二十三年度全国高等教育统计》,1936年,第18页。

和参与也显得更加积极主动,卷入的程度也更为深切。国立大学与国家、政府的关系为考察学术与政治、知识与权力在近代中国大学场域中的运作和交互影响提供了理想的视角。

大学与民族国家的关系是一个宏大的叙述框架,要深入理解这一框架的基本要素以及制度的内部运作,需要立足于对具体历史经验的考察。从大学发展的历史进程中去寻找答案,选取一所大学的变迁作为个案来研究大学与国家的关系,虽然不足以代表民国大学与国家关系的全貌,但可以避免因观点的需要而在不同大学间穿插,造成对材料断章取义,甚至流于空疏的议论。立足于对具体大学的研究,从大学的历史发展来理解变迁进程,更易于把握其中的变迁轨迹以及大学受到内外环境的制约和影响。

就广泛认同而言,北京大学是近代中国大学的典范。及至今日,北大也近乎成为了中国大学的代名词,其代表性和象征意义也被学者和社会各界广泛接受,关于北大的学术研究成果也远较其他大学为多。但是回到历史的语境中,民国时期的北大虽然备受关注,但并非一枝独秀。尤其是随着国民政府时期首都南迁南京,作为当时首都唯一的国立大学,中央大学才是南京国民政府着力打造的"民国最高学府"。[①] 南京国民政府成立后,把大学视为推进民族复兴和加强政治控制的重要工具,并通过一系列政策和举措把大学发展纳入到国家建设的轨道之中。在这一过程中,中央大学扮演着重要角色。服务于国家的需要和政府的意志,成为了该时期中央大学发展的主线和基调。在大学与国家的关系上,政治对这所大学的影响远较其他大学深切,中大与国家建设的联系也更为紧密。对于考察南京国民政府时期大学与国家、政府的关系,中央大学具有重要的典型意义。

在中央大学的发展历史中,罗家伦是任职时间最长的校长。从1932年就任,到1941年去职,罗家伦掌舵中央大学长达九年,这九年

---

① 北大学者陈平原便指出政权的转移和首都的迁移,使得民国时期北京大学和中央大学"各领风骚",其中"北京大学活跃于1898—1927年,以及中央大学领先于1928—1949年"。陈平原:《中国大学十讲》,复旦大学出版社,2002年,第66页。

也被认为是中大历史上的"黄金时期"。在此前的 20 世纪二三十年代之交,中大受困于经费不稳和政党风波,始终风潮不断。此后的 40 年代,中大也是校长频繁更迭、学生运动频仍。前后对比,罗家伦长校时期正是大学相对平静、稳步迈进的九年。无论是在学术方面的成就,还是在政治与社会影响力上,当时的中大都有着举足轻重的地位,成为名副其实的"民国最高学府"。但令人遗憾的是,学界对该时期中大历史的研究并不多,对其给予的关注和中大在当时的政治、社会影响力以及其学术成就也不相称。

二、学术史回顾

本书所涉及的关键词有三:中央大学、罗家伦、大学与民族国家的关系。在这三个方面,学术界都分别有所研究,但对三者进行综合考察的却不多。

对大学与民族国家关系的探讨,西方学者的研究集中在对西方近代大学在民族国家诞生和建设过程中的作用的考察。尼夫(G. Neave)通过考察 19 世纪大学的发展进程指出,近代大学的复兴和现代民族国家的兴起紧密相关。在民族国家的崛起进程中,大学被普遍视为国家建设的重要组成部分,并在民族国家建设中得到合法性和政权的保护。而民族国家也把大学看成捍卫国家的重要力量,并希望大学承担起民族性知识生产和巩固民族忠诚感的使命。安迪·格林(A. Green)在其关于教育与国家关系的研究中进一步指出了大学与民族国家之间相互支撑的关系。根据大学与民族国家签订的"现代契约",国家需要确保大学的安全和部分的自治,并为大学的发展提供足够的经费支持;而大学要"为国家提供训练有素的管理人员、工程技术人员和军事人才,传播主流民族文化,向国民灌输民族意识,从而为迅速崛起的民族国家打造出政治文化共同体,以巩固主流阶层在意识形态方面的主导地位"。① 这一进程,使得近代大学的崛起深深嵌入到民族国家建设之中。

尼夫等人关于近代大学与民族国家兴起的历史考察,其出发点是对当前高等教育全球化发展趋势的回应,通过反思民族国家对于大学的影响来为全球化时代的大学发展寻找出路。这一点在阎光才的《全球化:一种意识形态? ——全球化语境下大学与民族国家间的关系》一文中得到了集中表述。② 这种视角具备历史的纵深感,尤其是他们对以柏林大学为代表的"德国模式"和"洪堡理念"的论述,与本书的研究主题有着重要联系。罗家伦建设中央大学的思路正是学习 19 世纪柏林大学对于德意志民族复兴的作用。这种模仿使得中西方大学模式之间具有了很大的可比性,德国大学模式所体现的理念和思路对于理解中央大学在民族国家建设中的作用具有重要的参照意义。但是由于民族和时代的差异,理解中国大学与民族国家的关系并不能简单套用尼夫、阎光才等提出的理论框架。北大学者陈洪捷的《德国古典大学观及其对近代中国的影响》是目前为止介绍 19 世纪德国大学理念最为详细的中文著述,并且作者有意识地把以洪堡和柏林大学为代表的德国古典大学观与近代中国教育家的思想和办学实践结合在一起。③ 但此书重点考察的是蔡元培和北京大学,而没有涉及同样深受柏林大学和德国古典大学观影响的罗家伦和中央大学。

从事比较教育研究的学者也开始涉足在全球背景下考察中国大学的特征,由此引发了对西方模式与中国本土经验的思考。许美德(R. Hayhoe)在《中国大学:一个文化冲突的世纪》一书中,从文化的视角考察了中国大学百年历史中的中西方模式的对立、调适和交流

---

① (英)安迪·格林:《教育与国家形成:英法美教育体系起源之比较》,教育科学出版社,2004 年,第 337 页。

② 阎光才:《全球化:一种意识形态? ——全球化语境下大学与民族国家间的关系》,《北京大学教育评论》,2003 年第 3 期。

③ 陈洪捷:《德国古典大学观及其对近代中国的影响》,北京大学出版社,2006 年。

过程。尤其是在南京国民政府时期,在借鉴西方模式的基础上,政府采取一系列控制手段将大学纳入到国家建设的轨道之中。这些举措推进了大学的"民族化",并为今后大学的发展积累了宝贵的"中国经验"。① 许美德从比较教育的角度来考察西方大学的经典模式及其在中国本土化进程中的变化,为中国大学研究提供了一种全球的宽广视野。但她并没有深入到中国近代社会的历史背景和大学的实际运行中,而是基于二手文献进行"史话"式的叙述,因而显得过于宽泛,缺乏细节和血肉。

对罗家伦时期中央大学发展历史的研究,学界同样有所论及,其研究成果大致可以分为三类。

第一类是对大学校史的研究,其中以 2002 年出版的《南京大学百年史》为代表②。校史研究在于追根溯源,既提供了大学发展历程的基本轮廓,也对史实进行了初步辨析,为进一步研究打下了基础。但校史研究多注重于大学的办学成绩、制度沿革、院系设置和人事变迁等方面的叙述,其最大的不足在于缺乏问题意识。而且校史多由校方组织学者编撰,出于种种原因易停留于对大学辉煌历史和校友风采的颂扬,感性有时多于理性,宣传的考虑有时会压倒学术的立场。

第二类研究是关于罗家伦思想与生平的研究,他长校中大的九年是研究的重点所在。台湾方面在罗家伦先生去世后先后编撰了《罗家伦先生年谱》、《罗家伦先生文存》、《文存补编》和《文存补遗》,尤其《罗家伦先生文存》一书耗数十年之功,资料丰富翔实,为研究罗家伦思想生平和中央大学的发展提供了最为重要的资料基础。而由于政治因素,大陆学者对罗家伦的研究则起步较晚,且多以强调罗家伦"五四旗手"的身份为主。李雅鹃在研究中指出,罗家伦自身的自

---

① （加）许美德:《中国大学 1895—1995:一个文化冲突的世纪》,教育科学出版社,2000 年。
② 王德滋:《南京大学百年史》,南京大学出版社,2002 年。此前的校史著作包括朱斐编著的《东南大学史》,东南大学出版社,1991 年版。

由主义知识分子的气质与其国民党要员的政治立场时有冲突,并对其教育事业产生了影响。① 冯夏根的《文化关怀与民族复兴:罗家伦的思想和人生》、张晓京的《近代中国的歧路人:罗家伦先生评传》是近年来研究罗家伦的代表作。这类研究多系传记性质,注重考察罗家伦的思想、生平和政治倾向,②对罗家伦时期的中央大学和国民政府时期高等教育发展的研究略显不足,也缺乏从这所大学的历史纵深来看待罗家伦的贡献和中央大学的转型与发展。

　　第三类研究,以问题意识为导向来考察罗家伦时期中央大学的发展。此类研究不仅注重大学的办学状况,并将大学发展放在更宽广的社会和历史语境中,辨析其中的演变脉络、主要议题及其所反映的复杂历史图景。张雪蓉的博士论文重点介绍了 20 年代东南大学的创立与发展,尤其强调了美国模式对于大学乃至中国高等教育的影响。③ 台湾师范大学萧胜文未刊的硕士论文④,同样采取此种研究思路。许小青的博士论文从国家和政党的角度来论述从东南大学到中央大学的发展历程,可以说是该方面研究的佼佼者。⑤ 该文展现了这所大学如何从一所享誉东南的地方大学转变成领袖群伦的首都最高学府,以及其间政治和学术的紧张、调适和变迁的过程。该论文时段的下限虽到 1937 年,但其重点和精华则在罗家伦上台前的中央大学的发展,尤其是 20 世纪 20 年代后半期到 30 年代初从东南大学到中央大学的转型时期。这一方面为本文的写作提供了参考的基础,

---

① 李雅鹏:《罗家伦与中央大学》,《云梦学刊》,2009 年第 5 期。

② 冯夏根:《文化关怀与民族复兴:罗家伦的思想与人生》,人民出版社,2009 年。张晓京:《近代中国的歧路人:罗家伦先生评传》,人民出版社,2008 年。其他研究罗家伦的著作还有陈明珠《五四健将:罗家伦传》,浙江人民出版社,2006 年版。

③ 张雪蓉:《以美国模式为趋向:中国大学变革研究(1915—1927)——国立东南大学为个案》,博士学位论文,华东师范大学,2004 年。

④ 萧胜文未刊硕士论文:《罗家伦与中央大学发展之研究(1932—1941)》。据闻,萧胜文先生硕士毕业后不久英年早逝,因此无法在公开的刊物上读到他后续的研究成果。

⑤ 许小青:《从东南大学到中央大学》,博士论文,华中师范大学,2004 年。该论文在 2009 年已由中国社会科学出版社出版,名为《学府与政局:从东南大学到中央大学(1919—1937)》。

同时也为考察此后中央大学的发展留下了扩展空间。陈宝云从学术与国家的角度研究了东南大学《史地学报》群体①,而这一群体与此前的《学衡》派和此后的《国风》同仁有着密切的人脉联系,对罗家伦时期中央大学的发展也有着很大影响。南京大学蒋宝麟的硕士论文则将考察的重点放在抗战时期中央大学的发展,其中虽涉及到罗家伦长校时期,但从时段上看重点在于 20 世纪 40 年代的中央大学。从研究主旨来看,此文对大学与民族国家建设的关系关注较少,其重点在考察抗战时期政党对于大学的影响、大学师生政治态度的变化及其对战后政治发展的影响。②

三、写作视角和方法

(一) 把大学置于具体的历史场景和社会环境之中

大学作为人类历史上最古老的组织之一,总是在根据时代和环境的变化不断更新自己的角色、功能和社会定位。从最初中世纪大学传授知识的功能,到 19 世纪"洪堡理念"推动下确立的科学研究的使命,再到 20 世纪初"威斯康星原则"所体现的服务社会的角色,大学都在根据时代变化不断进行自我调适。正是对外部环境的回应,使得不同历史时期的大学呈现出鲜明的时代性。大学不是抽象的概念、结构和组织,而是它所置身的社会环境的具体体现。对大学的研究不能局限于大学本身,而要把它置于周遭复杂的社会、政治、文化环境之中,将它置于更为广阔的政治和社会变迁之中,体现在具体的历史语境中。

---

① 陈宝云:《学术与国家——〈史地学报〉及其群体研究》,博士学位论文,复旦大学,2006 年。

② 蒋宝麟:《"党国"中的高等教育:抗战时期中央大学的学术与政治文化(1937—1945)》,硕士论文,南京大学,2007 年。蒋宝麟此后关于中央大学的研究又发表了一系列研究成果,这些成果对于了解中央大学的发展和民国时期的高等教育都有着重要的参考价值。

对中国近代大学的研究,不仅要考虑到大学所处的时代特征,还要将其置于中西文化、制度交融与冲突的背景下。作为西方的舶来品,中国大学在发展过程中,面临着极其复杂的外部环境。它们不仅要妥善处理大学制度固有的各种矛盾,还要有效融入到中国的社会结构和文化环境中,才能够扎根生长。由于社会文化背景和传统的差异,近代大学在移植到中国后经历了激烈的冲突和调适的过程。中国近代大学的发展过程充满了中西文化的冲突,并集中体现为西方的学术自由传统与中国政治文化的冲撞,由此而来的调整和变化也成为中国大学发展的一条主线。

同时,中国近代大学的发展是和国难深重的历史境遇相伴而行的。大学的创立本身就是寻求民族救亡与复兴的重要举措,大学发展与国家的现代化建设、民族危机交织在一起,突出地反映在大学与国家、政府的关系上。大学被抛入一个急剧变动的政治和社会环境之中,深深卷入现代中国的变革潮流,并承担起救亡图存的历史重任。大学原本以探索和传授高深知识为使命,但中国近代大学肩负的责任则极其沉重,甚至不堪重负。中国大学的问题错综复杂,而且备受瞩目。这使得它们时常处于各种冲突和矛盾斗争的漩涡中,不得不随着社会和政治情势的转移而变化。

正如有学者指出,"随着近年来社会文化史研究的兴盛,我们看到许多研究作品实际上是以'教育'作为一个延伸联系政治、社会、文化生活的接口"。"教育史的研究无法脱离政治、经济、社会、文化的研究,它的呈现也经常与其他问题意识的结合而不断推陈出新。"[①]本文对中央大学历史的考察正是基于这一认识,即通过大学与国家关系这条主线,把中大放入到具体的历史环境中,考察这所大学是如何融入当时的政治发展和社会变迁,以及它在这一历史进程中所承担的责任和使命。在其中,国家需求、民族危亡和大学自身的学术责任相互纠缠,学术与政治、知识与权力、民主与救亡之间呈现出错综复

---

① 吕妙芬:《对明清教育史研究的几点考察》,《大学教育学科》,2005 年第 5 期。

杂的纠葛。

（二）大学研究的"政府"视角

中国近代大学在创立之初就是国家建制的重要部分,国立大学因与政府的关系最为密切,参与民族国家建设的程度也就更深。通过剖析国立大学与政府的关系,更能集中展示大学在近代中国社会的境遇。

研究者的视角往往决定解释历史的方向。在大学与国家的关系上,由于政府处于强势的主导地位,它对于大学的影响远远超过大学对于政府的影响。尤其是对于位居首都的中央大学而言,政府的意志和主张对于大学治理的影响可谓至深且巨。由于学术研究是学者话语权的重要表现,因而对大学与国家关系的研究也多是从"学者"、"学术"的视角来立论。很多研究者将"学术与政治"的对立作为大学史研究的主要立场和切入点,往往强调大学"与生俱来"的学术自由,批评以政府为代表的外部势力对于大学的控制、监管和对学术自由的压制,而忽略了中国近代大学的创立和发展从一开始便是融入到国家建设和政权建构之中的这一历史事实,因此也难以展现中国近代大学真实的生存状态。

考察中国近代大学与国家的关系,要充分考虑到两种不同的视角,给大学和国家双方以平等发言的机会。对于与国家政治生活密切相关的中央大学来说,仅仅从大学或学术的立场进行言说有着"缺席审判"的意味。在研究中难以回避"政府"的角色,只有强调政府的诉求才能真正体现政府的"主导"地位。国民政府对于中央大学的定位和要求,对于大学的发展产生了深远的影响。政府的举措和意志是如何在大学的办学实践中得到贯彻和实施,以及政府和大学发展形成了怎样的互动关系,也成为研究罗家伦时期中央大学治理的重要内容。身为校长的罗家伦与党国高层往来密切,本身也是体制内知识分子的代表。在他的身上我们看到的"校方",一边代表着政府的立场宣讲党国意志,一边也维护大学的利益并为学术言说。将大学的视角和政府的视角相结合,才能更好理解大学与政府关系的复杂性。

（三）跨学科研究途径

学科互涉与跨学科研究已成为当前学术研究的潮流。为深入对复杂问题的理解，有必要运用多学科的方法对研究对象进行考察，进而避免单一学科所带来的视野局限。著名的高等教育学者伯顿·克拉克(B. R. Clark)在《高等教育新论》一书中指出，高等教育作为一个复杂的系统，尤其需要引入多学科的分析视角。他说"在有选择地探索高等教育的复杂现实的进程中，在当前，求助于若干最有关系的学科和它们所提出与运用的一些观点，有很大好处"。"这种努力可以加强一种意识，就是那些分裂知识的人有责任把知识整合起来。"①因此，可见高等教育研究本身就具有鲜明的跨学科特征，而历史分析也是其中的重要一环。

近代大学作为中国近代历史进程中一种重要的社会组织，它本身就是对复杂的政治、社会、文化生活的综合反映，是理解历史的一扇窗口。寻求历史学与高等教育学的综合交叉，应成为大学史研究的重要方法。但是从既往的大学史研究来看，教育学界和历史学界却缺乏真正意义的沟通和交流。正如有的学者指出的那样，"教育学界的教育史研究较宏观、较广泛、较注意探索教育发展规律，因此多教育通史或贯穿古今的专题研究；历史学界的教育史研究较微观、较专精、较注意求证历史事实之真相，因此多做断代教育史或具体问题的研究"。② 这使得对大学史的研究没能体现出跨学科交叉所应有的整合力度，而是各自为战。

本书力图将历史学的方法和高等教育学研究结合起来。一方面，加强对史实的考证和叙述，从历史变迁的脉络和时代环境的影响两个方面来把握中央大学的发展历史，加强对历史纵深的探究和对社会环境的观照。另一方面，在历史发展中关注大学发展的内在轨迹，尤其是从大学与国家的关系这一高等教育的主题出发，来考察罗

---

① （美）伯顿·克拉克：《高等教育新论》，浙江教育出版社，2001年，第2-3页。
② 刘海峰：《在教育和历史之间》，《教育史研究》，2001年第1期。

家伦时期中央大学的发展,其中包括学生的来源与去向,教师的言说与立场,校长的两难困境以及大学学风的传承与演变。在此基础上,尝试对中国近代大学与民族国家的关系进行整体勾勒,展现出罗家伦时期中央大学的发展图景,描绘出中央大学的历史经验。

第一章

临危受命——重构大学精神

对于国立中央大学的师生而言,1932 年的夏天漫长而混乱。该年 7 月,因中大学生殴打代理校长段锡朋事件,行政院饬令解散中央大学。7 月 6 日,南京国民政府成立了以蔡元培为首的整理委员会对中大进行整顿。但整理委员会工作月余,却成效甚微,且困难重重,而不得不在 8 月下旬集体辞职。眼看新学期就要开始,百端待理,但是这所当时首都唯一的国立大学,却再次面临着无人主事的境地。

8 月 23 日,行政院批准了整委会的辞职。同时任命罗家伦出任中央大学校长。这一任命,颇为出人意料,甚至罗家伦本人也感到突然,并表示"命令朝达,呈辞夕上"。25 日,罗家伦在递交行政院的辞呈中写到:"中央大学,值此零乱之余,百端待理,开学之期,又复迫切,断非家伦所能胜任。"①

在罗家伦看来,他接手的中央大学是个不折不扣的烂摊子。以至于在致行政院的呈文中,他直言不讳地说:"窃以闻长中央大学之命,而不引以为忧者,非愚即妄也。以国立之一最高学府,而使爱惜羽毛之士,望而却步,国家教育事业之可痛心,孰过于此!"②应该说,

① 《上行政院呈》,罗家伦先生文存编辑委员会编:《罗家伦先生文存》,第 7 册,台北近代中国出版社,1989 年,第 120 - 121 页。以下简称《文存》。
② 《罗家伦致行政院呈文》,罗久芳、罗久蓉编辑校注:《罗家伦先生文存补遗》,"中央研究院"近代史研究所史料丛刊(51),第 397 页。

罗家伦是怀着复杂的心情,在"各方以大义见责"的情况下出任中大校长的。作为此前整理委员会的委员之一,他本人对中大的问题和困境也有着深切认识。理解罗家伦和中央大学的发展,我们有必要去理清他接手时中央大学的状况,即这种状况是如何形成的,并将怎样影响到此后中大的发展与变迁,以寻找其间问题的关键和症结所在。而这一切都要从1932年夏天中央大学的解散开始讲起。

第一节　中央大学的解散与整理

1932年中央大学的解散与整理在这所大学的发展历程中是一个重要事件。国民政府以解散大学的方法来重建大学,在民国大学史上并不多见。中大的解散与整理牵涉到院系结构的调整、人事关系的变动、办学理念的确立,更重要的是关涉到大学精神的重构。

一、解散风波

1932年6月,学期将尽,本应紧张准备学期考试的中央大学却风起云涌。29日晨,新任代理校长段锡朋驱车来校会商接收事宜。突然间学生蜂拥而至,双方因言语不睦而发生冲突,随行的记者留下了一段生动记录:

> 正谈话间,适该校学生在体育馆召集大会,闻段氏至校,乃蜂拥至南高院钟楼前,将段所乘之213号汽车捣毁。复拥至楼上校长室,将段氏拽至楼下,摔地围殴,拳足交加,段氏所着蓝色丝罗长衫,当被撕成碎片,约至十数分钟之久,始将段氏由西侧门推出。①

---

① 《学生凶殴一瞥》,《中央日报》,1932年6月30日。

　　段锡朋事后也向教育部呈报了事件经过,其描述与上述报道基本一致,对自己的狼狈不堪毫不讳言。

　　段锡朋(1896—1948 年),字书诒,江西永新人。1916 年考入北京大学,五四运动期间参与、组织学生游行,曾任中国学生联合会会长。1920 年赴欧美留学,先后在哥伦比亚大学、伦敦大学、柏林大学学习,获哥伦比亚大学文学硕士学位。回国后任武昌大学、广东大学教授。1931 年被选为国民党中央执行委员会候补委员,1932 年出任教育部次长。1932 年 6 月 28 日,被行政院任命为国立中央大学代理校长。

　　从经历看,段锡朋曾是五四运动的中坚分子,并新入选国民党中执委候补委员,可谓"根正苗红"。但在赴任当日却在中央大学被学生群起围殴,斯文扫地。这一事件在政学界引起了很大震动,一时舆论哗然。

　　事情发生时,教育部长朱家骅正在参加中央政治会议。他闻讯后当即在会上进行了汇报。会议议决将"中大学生越轨行为,交行政院严厉处置。"会后,行政院长汪精卫紧急召集部长临时会议,与会众人"对中大学生越轨行动,无不愤激万分,一致主张严办以挽此恶劣学风",并"严令各主管官厅,依法严办。国立中央大学除在沪设立之商医两院外,着即暂行解散,听候彻底整理,所有教职员应重行聘任,学生应重行甄别"。①

　　6 月 30 日,警备司令部赴中大拘捕参加殴打事件的学生。同日,汪精卫发表谈话,严肃批评学生的"暴举",表示政府决心整顿学风。7 月 1 日,行政院对中大事件通过了两步走的处理办法,第一步将中大解散,第二步着手进行整顿。同日,段锡朋赴中大宣布解散令,"限全体学生三日内离校,听候甄别,肇事学生移送法院候讯"。② 此后,教育部派员赴中大办理接收事宜,校内除总办公室和各院系办公室

---

① 《行政院令》,《中央日报》,1932 年 6 月 30 日。
② 《中大昨实行解散》,《中央日报》,1932 年 7 月 2 日。

留人保管外,其他建筑物等均以封条封闭。7月4日,段锡朋在校内布告,宣布8月20至25日举行学生甄别考试。至此,中大风潮暂告一段落。

国民政府解散中央大学的直接动因是殴段事件。这种暴力行为发生在大学校园,很有戏剧性和讽刺性,也激起了社会舆论的广泛批评。与党国关系密切的《中央日报》在"社评"中直接将此事定义为"暴动事件",认为这一事件是反动分子利用部分青年学子,破坏教育、扰乱社会的行为。① 《申报》的立场虽然比较中性,但认为"受高等教育之学生,出之以极野蛮之手段,学校成为演武之场,此诚为极可悲之现象"。② 胡适在《独立评论》上也评价,此次风潮是学生"无意识的胡闹",是国民缺乏民治精神的集中表现。③

但就中大学生而言,他们对这种暴力行为并不陌生。在1931年,中大学生便因不满教务长郭心崧而对其大打出手。1932年初,学生又对准备前来赴任的新校长桂崇基动手。学生诉诸暴力,似已"渐成风气"。政府决心整顿学风,并以极端方式解散中大,也是事出有因。

由于殴段事件本身具有很大的偶然性和群体盲动性,对事态的扩大,参与殴段的学生也没有心理准备。事后,七百余名学生在体育馆开会商讨对策,并形成一致意见:(1)一致反对段锡朋代理校长,仍请国府委任教务长查谦暂代校务;(2)组织护校运动委员会,其工作要点主要是力争经费独立,坚持前次校长候选人,反对任何政客官僚代理校长;(3)发表宣言申明拒段理由。④ 在宣言中,学生申明拒段原因有三:段氏不合学生提出的校长人选标准;段氏出任校长与政府之前给予学生的答复相反;为了维护中大的前途和发展起见,不得

① 《中大之暴动事件》,《中央日报》,1932年6月30日。
② 《中大学潮评议》,《申报》,1932年7月3日。
③ 胡适:《论学潮》,《独立评论》,第9号,1932年7月17日。
④ 《学生全体大会》,《中央日报》,1932年6月30日。

不拒段。^① 学生指出,行政院在 27 日曾允诺为中大选择合适校长,而次日便派与人选标准不符的段锡朋前来,对政府的出尔反尔难以接受。从宣言可见,学生殴段并非针对段锡朋本人,而是对政府长期以来在校长人选上无所作为的抗争。

政府解散中大的消息很快传到校园,警备司令部赴学校逮捕了多名肇事学生。为挽救局面,学生开始积极谋求扭转之法。6 月 30 日,学生自治会电请蔡元培、吴稚晖等党国元老出面调解,希望政府不要因"少数学生"的过激行为使全体学生失去求学机会。同时在校园内紧急公告,"请同学严守秩序,静待该会向政府请求收回解散命令"。^② 7 月 1 日,行政院发布解散令,责令学生 3 日内离校,在学生中造成了更大压力。当日,学生代表赴行政院请愿,力陈政府不应以少数学生的不当行为断送二千余学子的学业,希望政府能收回成命,并呼吁"全国人士,一致主持正义"。

与此同时,毕业同学会^③也积极行动起来。他们利用在首都各界的人脉资源进行多方游说,以维护母校利益。6 月 30 日晚,毕业同学会紧急召开全体执委大会,决定采取一切措施请求政府收回解散令,另谋妥善办法。同时,毕业同学会发表宣言,历陈因学校长期受经费与校长人选困扰,才激起学生极端行为,希望政府从全局着想,不因少数学生的极端行为而危及广大学子学业。^④ 7 月 2 日,毕业同学会再次集会,决议如下:

> (1) 呈请行政院及教育部即日收回解散母校成命;(2) 指定可持专款充母校经费;(3) 早日择定母校正式校长,其人选标准:甲,纯粹学者尚未参预实际政治者,乙,曾任大学教

---

① 《学生声明拒段原因》,《申报》,1932 年 6 月 30 日。

② 《中大学生自治会于 30 日下午发布布告》,《中央日报》,1932 年 7 月 1 日。

③ 毕业同学会全称为南高东大中大毕业同学会,该会系毕业同学以联谊感情、敦促友谊、交换新知而建立的团体组织,其总部即设在中大校园。该会与中央大学有着密切的联系,并对于校务的发展颇有影响力。

④ 《毕业同学会宣言要点》,《申报》,1932 年 7 月 2 日。

授或从事专门学术研究、而声望夙著者,丙,道德高尚操守廉洁者;(4)呈请行政院即日令饬地方法院警备司令部,释放被捕同学。[①]

对于如何看待殴段事件的性质,毕业同学会和中大学生的态度比较接近。他们一方面都将殴段事件视为部分学生的过激行为,另一方面一致坚持拒段是合理的,并把学生拒段与长期以来政府在处理中大经费和校长人选等问题上的举措失当联系在一起。他们提出的校长人选标准表明,对于校长的选择,毕业同学会和中大学生都有着自己的立场。而在解散令发布后,他们也都积极通过各种渠道试图影响社会舆论和政府决策。

教授们的态度则有所不同。对于殴段事件,中大教授会虽不赞成学生的武力行为,但也未公开加以指责,只是表示密切关注形势发展。解散令公布后,教授也同在被解散之列,因关系切身利益,乃于7月1日召集了教授会议。会议没有直接对解散令提出异议,也没有对学校经费问题和校长人选标准有所主张,而是关注于中大教授的欠薪问题和水灾捐款[②]。会议并就几点达成共识:(1)离校前应由赈灾委员会发给水灾捐款正式收据,并请政府派员彻查朱家骅鲸吞水灾赈款一事。(2)离校前由政府负责履行聘约,发清教授薪俸,并选举十名教授执行索薪。(3)殴段事件是少数学生行为,中大教师事先并不知情,并感到"诧异"。针对此前朱家骅谈话意指中大教授背后操纵一事,大会认为实属侮辱教授人格,请政府派员彻查。[③]

教授会将重点集中在欠薪和水灾捐款问题上,请求政府派员彻查其中舞弊行为,并声言若政府无法给予圆满答复,就没有理由解散中大。教授会以退为进的策略,切中要害且更有可操作性,同时暗示

① 《毕业同学会呼吁》,《申报》,1932年7月4日。
② 水灾捐款系指1931年长江中下游发生水灾后,中大教授响应号召发起的捐款,当时朱家骅任职中大校长。
③ 《教授会议》,《中央日报》,1932年7月2日。

了政府的不负责是造成殴殴事件和当前学校混乱局面的主因。7月2日，教授会正式呈文行政院，明确阐述了自身立场。

> "钧院此次明令解散中大，对于十数学生之越轨行动，不惜牺牲千数学生之学业，而对学校正式校长之虚悬半载，以及合校师生签请确定经费，未闻有所置议，属会同人多认为过当。"①

7月6日，教授会再次呈文行政院，请求尽快发给欠薪和水灾捐款收据。从1日到7日，教授代表每天都赴教育部或行政院请愿，请求发放欠薪。7月3日，教授会又联合助教会组织索薪团，并坚持政府不发清欠薪，就无权解散中大。教师的集体索薪给政府当局造成了巨大压力。

二、整理委员会

在政府角度，行政院原本希望由教育部督导中大的接收和整理工作，但教育部的接收工作很快陷入困境。教授会呈文行政院要求彻查接收人员的不法行为，恢复学校秩序。教育部职员在接收学校图书馆和工学院等部门时，也遭到中大教师的阻扰。② 7月6日，行政院组织整理委员会，聘请蔡元培为委员长，李四光为副委员长，顾孟余、周鲠生、俞大维、竺可桢、钱天鹤、张道藩、罗家伦、谭伯羽等人为委员，以推进中大重建。从整委会的名单看，委员多为在政学两界具有重要影响的"名士"，可谓是俊彦云集。

7月9日至10日，整委会在教育部连续开会。12日，整委会将整理方案上报行政院并获得通过。兹将方案全文照录如下：

---

① 《教授会呈行政院文》，《申报》，1932年7月4日。
② 《中大工学院拒绝教育部接收》，《申报》，1932年7月7日。

一、院系之整理。

甲、关于教育学院者：将该院原有之教育原理、教育心理、教育行政、教育社会四系，改并为教育学系，自22年度起，另设师资专科。各院毕业生有志为中等学校教员者，得在教育学系肄业一年，修习特定科目后，由学校给予证书。原有艺术教育科，艺术专修科，改并为艺术科。体育专修科，并入体育科。卫生教育科，俟本期学生毕业后结束。

乙、关于商医两学院者：上海商医两学院，划出独立，其经费亦连同划出，由教育部处理之。

丙、关于文学院者：社会学系取消，该项科目并入哲学系。

丁、关于理学院者：动物学系、植物学系改并为生物学系。心理学系取消，实验心理学编入生物学系。

戊、关于农学院者：农学院六科改编为动物生产系、植物生产系、农业化学系、增设农业经济课程，俟必要时得设农业经济系。

已、关于工学院者：化学工程科并入理学院化学系，其他各科均改称系。

二、学校行政组织。校长以下设教务长一人，管理注册出版图书馆军事训练及各院系有关事项。并得设总务长一人，管理文书会计庶务及其他事项。校长室设秘书一人。

三、经费分配标准。教职员薪俸不得超过50%；办公费（连同各院系在内）不得超过10%；其他40%概作设备费。

四、学生甄别办法。（1）学生甄别以学业成绩及平时品性为标准。凡参与暴行，及查有特别不良行为者，不得参加甄别，并不给予证书。（2）学业成绩之甄别，由教育部组织考试委员会，按年级考试。其必修课目受甄别试验及格者，即作为毕业考试，及学年考试。其不及格者，分别降级，或给予肄业证书。

　　五、提高教员待遇问题。(1)副教授改称教授,以专任为原则,其待遇最低限额为 300 元,以每 20 元为一级。(2)专任讲师其待遇最高为 280 元。

　　六、本年度停止招收新生。

　　七、实验学校、高中、初中部本年度停止招收新生。

　　八、由本会建议政府,以后中央大学经费按实数发给,不得减成。

　　九、本会议决各项交由校长执行。①

　　一般而言,整理的关键在于找到问题根源,提出因应之策。但由于立场不同,对问题的看法往往存在差异。如前所述,中大师生在多种场合都将大学动荡的原因归结为学校经费不稳、校长难当重任,以及政府在这些问题上处置失当。而政府则认为中大风潮是大学学风败坏,学生受不良分子(包括部分教员)鼓动的结果。在这种分歧下,整委会便置身于一个尴尬的境地。一方面,整委会由国民政府任命,代表政府的意志和立场。另一方面,整委会委员多为学界名流,他们有责任为大学师生"主持正义"。

　　在整委会开会讨论时,曾将中大风潮归结为"钱与人的两问题",可谓一语中的。但在最终的整理方案中,整委会却避重就轻,将整理重点放在院系整理和学生甄别上。"钱与人"问题的关键在于理顺大学与政府之间的关系,而整委会却把整理重点放在对大学内部关系的梳理上,从而将焦点从处理大学与政府的关系转移到梳理大学内部的各种力量之上。而政府虽有意推进中大的整理,但在经费保障与校长人选上缺乏具体的推进举措,这使得整委会的整理方案缺乏政策和人财物的支持。

　　在成立之初,整委会便将自身定义为"咨询的组合",并非大学的

---

　　①　《国立中央大学整理委员会会议议决案》,缩微胶卷,中国第二历史档案馆藏,国立中央大学档案全宗号 648,分卷号 950。以下简称"中大档"。

最高权力机构,"仅负计划之责而已"。① 整理方案在行政院通过后,仍是由校长负责执行,整委会并未,也无意卷入中大内部的具体行政事务中。在整委会的整理方案中,校长处在中大整理工作的中心位置。但是,也就是在通过此次方案的 12 日的行政院会议上,代理校长段锡朋再次提出辞职并获批准。段的辞职,不仅使整理方案缺少了执行主力,也使任命中大校长一事再次变得迫在眉睫。

关于中大校长的人选,整委会曾提出"由整委会商求同意后发表",但"商求"工作并不顺利。很快,舆论便传出"中央"有任命李书华长校之说。7 月 16 日李书华登报否认后,又传闻李四光将继任。② 李四光当时是整委会的副委员长,他虽未参加整委会会议,但在南京出席学术会议时,蔡元培确曾与他面谈此事,"李氏表示考虑后决定"。③ 在蔡的极力推荐下,行政院决定由李四光暂代校长并负责日常行政,并催促李南下"就职视事"。

7 月 27 日,李四光抵达南京,先后两次会见教育部部长朱家骅商讨整理事宜,并形成了初步整理办法。但李认为自己不过是代理整委会处理中大校务,并非代理中大校长。事实上,行政院也未曾下文任命李四光为代理校长,仅允其"代行校务"。对于这一微妙差别,李四光本人这样解释:

> 自段校长辞职以后,中大陷于无校长之局面,故整理委员会,不得不暂代校长负责。然整理委员各处一方,终日集居中大处理校务,势所不能,故由行政院指定整理委员之一人,商承整理委员会,代行校长职务。④

姑且不论李的说法是否代表整委会原意,但可以看出整委会在

---

① 《中大整委会继续开会讨论》,《申报》,1932 年 7 月 11 日。
② 《李书华表示不就中大校长》,《申报》,1932 年 7 月 17 日。
③ 《中大校长今日行政会可决定》,《中央日报》,1932 年 7 月 19 日。
④ 《中大代理校长李四光即日视事》,《中央日报》,1932 年 7 月 29 日。

情势逼迫下发生了微妙的变化：从一个建言献策的咨询机构逐步演化成整理工作的执行中心。

　　7 月 29 日，李四光赴中大办公，并任命钱天鹤暂代总务长，竺可桢暂代教务长。李四光认为，整理的首要任务是聘定各院院长和系主任，不然各项工作都是"空中楼阁，实无法着手"。① 李没有着手于重构大学与国家的关系，为大学开拓资源，稳定经费，而是对大学内部结构进行梳理，这势必触动各方利益，陷入矛盾纠缠和人事纷争之中。李上任不久，便传言中大各院院长已内定，其中教育学院为孟宪承，文学院汪东，法学院童冠贤，理学院胡刚复，并称李四光已征得本人同意。为此，李在 8 月 3 日解释说，自己并无权聘任院长，院长人选需整委会开会决定。所谓院长人选，不过是在特殊时期，在现有教授中推举一人临时处理该院事务。② 李的解释也说明，上述院长人选之说并非空穴来风。

　　与此同时，李四光成立了学校教授聘任审查委员会和各院院务设计委员会。院务设计委员会由各院全体教授共同组织之，专事讨论"各院经费之支配，课程之排列，及选定教授讲师助教之名额，学生甄别之推行及成绩之考核等项"。③ 院务设计委员会实际承担暂无院长时期的院务管理工作。而教授聘任因涉及教员个人的切身利益，尤为引人关注。在段锡朋离职前，曾为中大选聘了教授 62 人，聘书已发。学校便从 62 名已聘教授中按每院选举三人组成教授聘任审查委员会，以审查聘任新教授。8 月 4 日，教授聘任审查委员会在李四光主持下召开第一次会议，审查通过教授近 20 人，讲师 12 人。④

　　院务设计委员会和教授聘任审查委员会的成立，是李四光整理中大的重点。其用意一方面是通过制度力量和群体决策减少代理校

----

① 《中大代理校长李四光即日视事》，《中央日报》，1932 年 7 月 29 日。

② 《李四光今日赴沪》，《中央日报》，1932 年 8 月 4 日。从这点也可以看出，至少在李四光眼中，整委会已不再是初期定位的咨询机关。

③ 《中大聘任审委会昨开首次会》，《中央日报》，1932 年 8 月 5 日。

④ 《中大聘任审委会昨开首次会》，《中央日报》，1932 年 8 月 5 日。

长和代理院长在处置各种矛盾时的压力,另一方面也希望能通过一种更公开、更民主的方式推进中大整理工作的进行。但在派系林立、各方关系错综复杂的中央大学,人事纠葛可谓盘根错节。尤其是教授聘任又与个人切身利益紧密相连,受损一方必将矛头直指教授聘任审查委员会。中大一名教授以"穆"为名在《时代公论》上撰文,认为教授审查委员会以先聘教授为委员,审查续聘教授之资格,此种作法使得"师道尊严,扫地以尽"。而整理工作名为整理,实则流为校内野心家争权夺利的良机。修名难立、待隙而动之流,则视"整理"为天赋之时,见缝插针,无微不至,逞其私见,妄裁系科,更乘机谗谤,排除异己,推荐同僚,以备其将来盘踞黉舍,综揽教权之地步。在这种局面下,以故倒行乱命,层出不穷,谓为"整理",实南辕北辙也。①

不久,农学院又起波澜。李四光请农学院赵连芳以教授资格处理院务。但赵上任伊始,"整理之计划,尚未实行,而意想中无谓之攻击已至"。陈国荣等24人联名致电蔡元培,认为赵连芳曾煽动学潮,委任他主持院务,与中央政府整理中大的主旨相去甚远。②而赵则认为陈国荣等教员对他的攻击与教授聘任问题密切相关。按照整委会确定的经费支配原则,农学院的薪水每月不超过7 818元,而上学年每月薪金已达11 300元,因此不少教员在新学期将无法获得延聘,导致这批教员"有不得不作困兽之斗者"。③

赵的处境说明,李四光的整理方案未能有效整合校内各方力量。赵连芳的压力,李四光也感同身受。他在写给胡适的信中说到,"自从到了南京以后,终日活埋在人丛祸结中,打不开一条出路","关于中大事,惭愧极了。我不能整理,也觉无法整理。一面是整委会,一面是老教授,一面是政府,又一面是学生,四把尖刀好像都集在我一

---

① 《中央大学的"整理"与"审查"》,《时代公论》,第1卷第21期,1932年8月19日。

② 《中大农学院代表来沪竭蔡》,《申报》,1932年8月9日。

③ 《赵连芳致函李四光》,《中央日报》,1932年8月13日。

人身上"。① 在这种困境下,整理工作必然难以为继。

8 月上旬,李四光便向行政院请辞。14 日,蔡元培以整委会委员长名义上书行政院,以"困难太多,不能胜执行整理方案之任",恳请辞职。李四光此后一直留居上海,改由钱天鹤回校处理事宜,中央大学再次陷入无人主事的境地。直到 8 月 23 日,行政院最终批准了整委会的辞职,同时任命罗家伦为中大校长。

从 7 月 6 日到 8 月 23 日,整委会 40 余天的整理工作并未取得明显效果。对此,中大教师的失望之情溢于言表。

> 所谓整理委员会,亦已整理数星期之久,但整理结果,毫无表现,各院系负责人选,既未确定,学生甄别考试,亦迟未举行,各院系多数优良教授,又未续加聘定。……故吾对于中大前途,实不胜其感慨也。②

李四光在辞职后也承认,"及任事不到两星期,困难发生,校内各部,意见复杂,个人体弱才短,实穷于应付,整委会预定之计划,十未行一。"③

行政院成立整委会来推进中大的整理工作,是希望借助整理委员这些社会名流的声望和影响力,避免大学内部盘根错节的人事和利益关系纠葛的影响,推进整理与改革。但整委会并没有发挥群策群力的功效。整理委员们的工作热情不高,甚至有勉为其难之感,13名委员中参加教育部会议的也仅有蔡元培、顾孟余、周鲠生、竺可桢、钱天鹤及张道藩几人。蔡元培长期身居沪上,仅有李四光、钱天鹤和竺可桢三人参与了具体整理工作。即使是这三人,也均尽量表现出置身事外的超然姿态。李四光任命钱天鹤为总务长、竺可桢为教务

---

① 《李四光致胡适(1932 年 8 月 16 日)》,《胡适来往书信选》中册,香港中华书局,1983 年,第 131 页。
② 《某教授谈中大之前途》,《中央日报》,1932 年 8 月 22 日。
③ 《李四光谈辞中大整委会及兼职经过》,《申报》,1932 年 8 月 25 日。

长,钱、竺二人则特意向媒体声明,自己只是以整理委员的资格,受委员长委托,协助李四光处理各项事务,所谓总务长和教务长一事,并不属实。①而后来被任命为中大校长的罗家伦,虽身为整理委员,但基本没有参与过整委会工作。用他自己的话说,"中大是非多端,尤令人不愿涉足"。罗家伦的这句话可谓道出了整理委员的尴尬处境和矛盾心态:既不愿意被牵连到风波纷扰的中央大学,又不能抗拒政府的任命,而只得勉为其难。将整委会的集体责任加于李四光一人身上,李的辞职也在情理之中。

第二节　风潮根源探因

沸沸扬扬的中央大学风潮,引起了社会各界的广泛关注。而对于造成这种局面的根源,经费问题和校长人选被认为是关键所在。当时的舆论便认为:"教授及学生所急欲解决之问题,本极繁杂。但切要言之,仅为校长及经费两事。设政府果着眼于慎选人选,或善筹九牛一毛之款项,付诸该校,则何至各趋极端,而排演全武行殴段与夫严令解散之悲剧。"②虽然问题足够清楚,但解决起来却并非易事。

一、经费困扰

中央大学系以原东南大学为主体,合并河海工科大学、江苏法政大学等八所专科以上公立学校而成,系当时首都南京唯一所国立大学。大学名曰国立,经费自应由中央支付。但在国民政府成立初期,因经费紧张,乃沿袭东南大学旧例,中大经费仍由江苏省教育经费管理处负担。这种制度安排引起了江苏省地方的不满,也使得大学经

① 《中大各院长已内定》,《中央日报》,1932 年 7 月 31 日。
② 《中央大学的"整理"与"审查"》,《时代公论》,第 1 卷第 21 期,1932 年 8 月 19 日。

费时常难以保障,并因此屡发风潮。① 面对江苏地方对独立负担中大经费的不满,行政院于 1929 年 8 月曾议决:中大经费每年由江苏省支给 132 万元,财政部拨付 60 万元。对于这种明显"不公"的安排,江苏省此后以种种借口一再扣发中大经费。到 1932 年 1 月,江苏省积欠中大经费已达 61 万元。同时江苏省政府决定,自 1932 年起,江苏省教育厅管理处各项收入全数拨充省教育经费,停发中大经费。② 江苏省的这一做法是对此前行政院决议的公然违坑,也使中大经费的根基发生动摇。消息传来,全校师生发起了维护学校经费运动。

1 月 11 日,中大教授会发表了《为苏省府决议停发本校经费宣言》,对江苏省公然违抗行政院决议停拨中大经费,表示抗议。为此行政院于 12 日举行会议,仍维持 1929 年确立的经费分摊方案。江苏省教育经费管理处迅速作出回应,并于 13 日在镇江开会。中大代表携宣言到会力争,并赴江苏省政府请愿,要求江苏省遵照行政院决议,将积欠中大经费发清,保证不无故拖欠。③ 中大师生虽义正词严要求江苏省遵照行政院决议执行,但也深知其中的不合理性,并对江苏省地方表示同情。比如中大教授吴梅虽不同意政府拖欠大学经费,但也认为"省款应作省教费用,不当移作国立学校之用"。在中央和地方的博弈中,中大师生力争避免因此牺牲中大。利益所在,不得不争。

身处行政院和中大师生夹击中的江苏省也不退却。1932 年 1 月 19 日,江苏省执行委员会再电中央,请求中央指定款充中大经费。④ 21 日,中大教授会集会,决定向教育部、财政部和江苏省严正交涉,"限本月 25 日发清欠薪,否则全体总辞职"。⑤ 行政院鉴于双方僵持不下,为防止事态扩大,拟召集多方开会讨论。但江苏教育厅和省教育经费管理处以未接到通知为由拒绝出席。讨论会因此而改成"谈

---

① 许小青:《从东南大学到中央大学》,博士论文华中师范大学 2004 年,第 65 - 77 页。

② 《江苏省政府会议》,《申报》,1932 年 1 月 9 日。

③ 《中大代表请愿维持教费》,《申报》,1932 年 1 月 15 日。

④ 《力争苏省教育经费》,《中央日报》,1932 年 1 月 22 日。

⑤ 《中大教授决议限期发清欠薪》,《申报》,1932 年 1 月 22 日。

话会",仅仅由财政部允诺先拨 5 万元,"再增加若干,以维持现状",将来固定办法待国务会议讨论决定。① 经费问题仍悬而未决。

25 日,中大教授因经费问题无法解决,决定集体罢教。维护学校经费运动委员会于当日召集全体学生,明确下一阶段斗争目标:"(1) 索清积欠,在本月内,本校所有积欠,需一律拨清;(2) 请政府确定本校基金,应由政府指定专款,为中央大学基金,设保管处负责保管,任何机构任何事项不得动用;(3) 参加教育经费独立运动;(4) 联络国内教育界,一致奋起,主张教育经费独立。"②委员会决议 26 日全体赴行政院及财政部、教育部请愿。

江苏省教育厅厅长周佛海闻知行政院将再次讨论中大经费问题,于 26 日致电行政院秘书长郑洪年和教育部次长段锡朋,希望会议"慎重决议,如蔑视苏全省教育界之要求,中大经费仍由苏省负担,恐酿成严重形势"。③ 江苏省政府和中大师生的强硬态度使行政院左右为难。26 日,行政院决议,在 1 月底前先拨付中大 40 万元以维持局面。27 日,中大教授会再次集会,请行政院切实执行上述决议,并督促教育部负责向江苏教育经费管理处索发本校积欠经费。④

由于"一·二八"事变的爆发,民族危机再一次加重。在此背景下,中大师生"鉴于时局严重",教授会于 29 日决定复课。⑤ 至此,1932 年 1 月因江苏省政府拟停拨中大经费而引发的维护经费运动暂告平息。

这场经费之争展示了三方力量的博弈所导致的中大经费问题的复杂性。一方是以教育部、行政院为代表的中央政府,一方是以江苏省教育厅为代表的江苏省地方,另一方则是中大师生。问题的核心在于哪一方应该为大学经费提供保障。根据惯例,江苏省是中大经

---

① 《中大经费财部即发五万维持》,《中央日报》,1932 年 1 月 25 日。
② 《中大教授昨日罢教》,《中央日报》,1932 年 1 月 26 日。
③ 《周佛海请征卷烟附加以充中央大学经费》,《中央日报》,1932 年 1 月 27 日。
④ 《中大索薪运动》,《申报》,1932 年 1 月 28 日。
⑤ 《中央大学今日复课》,《中央日报》,1932 年 1 月 30 日。

费的最主要提供者。为此,江苏省多次要求中大经费改由国库而非
省库支出,并最终达成妥协,由江苏省担负 132 万元,中央财政部担
负 60 万元。中大作为民国最高学府,中央政府却迟迟不肯承担办学
责任,而援引成例将经费负担转嫁江苏省地方,这是造成中大历年经
费不稳的重要原因。从实际情况来看,江苏省教育厅负担全省的教
育发展重任,由于经费收入的锐减,无力承担中大的办学经费。江苏
省一直努力让中央政府承担中大经费,中大师生也一再强调政府(不
管是中央政府,还是地方政府)对于大学所应担负的义务,其中最重
要的就是提供稳定的经费支持。虽然奠都南京的国民政府将中央大
学置于国家建设的重要地位,但若无法为大学提供稳定的经费支持,
"国立"便有名无实,就难以形成大学与政府间良性的互动。动荡的
大学不仅不利于大学学术的发展,而且将影响到政权的稳定建设。

　　经费问题的解决势不容缓。1932 年 3 月,行政院通过了教育部
长朱家骅的提议,国立中央大学经费每月 16 万元,自二月份起一并
由财政部拨发。① 从而将原来由江苏省承担的每月 11 万元经费,统
一由国库支出。这一决议体现了江苏省请求中央财政维持中大经费
的一贯主张,也使得"国立"两字变得名实相符。

　　但画饼难以充饥。1932 年 2 月起,财政部因"国难"对教育经费
实行三成拨付,中大财政状况因此急转直下。中大教师如是描述当
时学校的经费状况:

　　　　计二、三月各领三成,四、五月各领五成。未领之款,与
　　去年十二月今年一月旧欠合计几达五十万元。而苏省去年
　　七月至今年一月积欠经费,复达五十余万元。②

　　百余万的积欠,连正常的办学都难以为继。6 月 17 日,教授会与

---

① 《中大经费二月起一并由财部拨发》,《中央日报》,1932 年 3 月 18 日。
② 缪凤林:《中央大学经费独立运动》,《时代公论》,第 1 卷第 13 号。

学生会合组经费独立运动委员会,将 6 月 20 日—26 日定为"经费独立运动周",共同致力于解决办学经费问题。鉴于教育经费无法得到有效保障,他们将目光投向庚款,希望将庚款作为中大的教育基金,从而为大学发展提供稳定的经费来源。6 月 22 日和 23 日,中大师生两次呈文教育部,请政府"明令指定在中英庚款及卷烟特税内,照中大每年经费全额,如数拨付,并援北平各国立大学成例,组织中大经费保管委员会,以保障其独立"。① 24 日,行政院讨论中大经费问题,师生再次赴行政院请愿,汪精卫当场答复说,"英国庚款,有换文规定用途,可查明办理,如无款可拨,政府亦必另行设法,以期充足中大经费"。② 但汪并未提出可行的解决办法。

　　殴段事件后,至中大被解散,经费问题仍悬而未决。与此前师生主要争取办学经费不同,此后的努力集中在追索教师欠薪上。从 7 月 1 日起,中大教师几乎天天赴教育部、行政院请愿索薪。这既是师生长期以来争取解决中大经费问题的延续,也是对政府解散大学行为的潜在抗议。

　　中大的经费问题包含了两层内容。其一是办学经费,其二是教员欠薪,而两者又紧密相关。经费积欠不仅阻碍了大学的发展,也危及到教职员的切身利益。办学经费短缺和积欠教师薪俸夹杂在一起,教师个人利益和学校利益相互纠缠。而从中大师生争取经费的历程看,以 1932 年 3 月行政院会议为分水岭可以分为前后两个阶段。此前,经费问题纠缠于中大、江苏省和中央政府三者之间。此后,经费问题演变成为大学与中央政府之间的正面冲突。前一阶段的实质在于江苏省和中央政府力量的较量,中央政府虽以制度强迫江苏省担负中大经费,但是江苏省也不断因实际困难推诿拖延,从而造成中大经费时常发生动摇。第二阶段的矛盾则在于中央政府在财政拮据的情况下无法为大学提供稳定的经费保障。也是在这种局面

---

① 《中大师生代表今晨再赴行政院请愿》,《中央日报》,1932 年 6 月 24 日。
② 《师生代表请愿结果圆满》,《中央日报》,1932 年 6 月 25 日。

下,中大师生才有以中英庚款作为中大办学基金的提议。

　　经费困难给中大的正常办学带来了极大困扰。师生四处奔走请愿,严重影响大学教学秩序和学术发展,更遑论优良学风的养成了。在6月20日《中大师生经费独立运动宣言》中,他们这样写道,"学校除催款外无行政。校长除筹款外无他事。索欠者络绎校门,避债者隐逃无所。黉舍已成债台,教授尽属债主。"师生终日为办学经费和薪酬困扰,学术进步何从谈起。对于这一层关系,中大师生并不讳言,也深明其中利害。同时他们指出,"大学教育为国家培植人之本根,而欲求教授学生之安心研学。必自经费之稳定始。"①因经费问题而使中大风潮不断,政府难辞其咎。

二、校长人选之争

　　与经费问题纠缠在一起的还有校长人选之争。根据1929年颁布的《大学组织法》,国立大学校长由教育部聘任,校长任命权操诸中央政府,本无异议。但自1931年底朱家骅辞去中大校长后,校长人选便长期悬而未决,成为困扰学校发展的主要问题。校长人选"难产"的关键在于政府任命的校长不能为大学认可。尤其是以学生自治会为代表的中大学生,在校长人选问题上表现出鲜明立场和积极姿态。他们不仅提出自己的标准和具体人选,而且还对政府任命的校长或迎或拒,以至酿成风潮。

　　早在1930年张乃燕辞职后,中大学生便提出校长人选标准四条:"一、学问道德素孚众望而无官僚习气者;二、能专心任事而有发展中大之决心及能力者;三、办理高等教育著有成绩者;四、在党国有相当历史者。"②并提出了五名候选人:于右任、蔡元培、翁文灏、胡汉民和戴季陶。随后学生向教育部、行政院请愿,向社会各界公开发表宣言,称"吾校全体同学认定上述各条实为大学校长应备之最低标

---

① 缪凤林:《中央大学经费独立运动》,《时代公论》,第1卷第13号。
② 《中大学生昨日举行全体大会》,《中央日报》,1930年11月6日。

准,吾人当以十分决心促其实现。凡合此项标准之继任校长,吾人誓竭全力拥护之,凡不合此等标准之校长,吾人誓竭全力反对之"。①

从学生所提人选标准以及具体候选人来看,其间存在很大矛盾。从学生所提候选人来看一方面是对学术水准和道德素养的要求,一方面又注重其行政能力和在党国的地位。五位候选人的政治色彩远远大于学术色彩。张乃燕时期中大校长较为弱势,尤其是在办学经费上举步维艰,难以担负起民国最高学府的重任。因而学生希望一个强势的、具有党政影响力的校长,表达了他们对于大学的政治能力上的期待。

继任校长朱家骅虽然在名气上与上述五位候选人有较大差距。但作为国民党内的政治新星,且此前有办理整顿中山大学的成绩,其政治影响远大于学术意义。而在朱家骅任职期间,着力将中大发展与国民政府建设紧密结合在一起,使得大学的政治色彩有增无减。这在某种程度上改变了此前大学游离于国家建设需求之外的局面。

但是朱家骅任职不到一年,便内外交困,举步维艰,不得不于1931年12月辞职。不久,中大学生再次提请政府在顾孟余、翁文灏、周鲠生三人中择一任命为校长。② 政府对此没有理会,却于1932年1月任命桂崇基为中大校长。这一任命在学生中引发了分歧。部分学生组织了"迎桂复课运动大会",发表宣言,请桂即日到校主持工作。而另一部分学生则组织"拒桂护校运动委员会",反对桂入长中大。10日,桂崇基赴中大商讨接收事宜时,遭到"拒桂派"学生的围攻。12日,"拒桂派"学生又赴国府请愿,请求政府收回成命。15日,两派学生在学生大会上发生正面冲突,以至于大打出手。③面对这一混乱局面,教育部决定另简人选。

就在教育部忙于物色人选之时,中大学生于1月18日再次提出他们的校长人选标准,"一、纯粹学者;二、办理高等教育有成绩者;

---

① 《第一次学生全体大会宣言》,《申报》,1930年11月8日。
② 《中大学生选求校长》,《申报》,1931年12月28日。
③ 《中大学生发生内部冲突》,《申报》,1932年1月16日。

三、毫无政治色彩。"同时提出候选人九人,最后票选了竺可桢(172
票)、翁文灏(152票)、任鸿隽(106票)三人。① 次日,学生派代表赴行
政院请愿,请求在三人中择一任命。

学生此次提出的校长人选标准,相比一年前的主张,可谓大相径
庭。最明显的变化是对校长学术水准和管理能力的要求,而此前被
看重的党政影响力被彻底摒弃。经过了朱家骅时期政治因素对大学
的全面渗透,②学生转而强调校长应具有的学术能力。学生心理取向
的转变体现了时代环境的影响,也展示了大学在政治和学术之间的
游离状态。在中央大学校园内"你方唱罢我登场"的政治喧嚣之后,
中大师生更倾向于大学向学术回归。

1932年1月26日,行政院任命任鸿隽为中大校长。任是学生提
出的校长人选之一,在学界交游广泛,并且是中华教育文化基金会的
总干事。若能就任,不仅学术水准能够服众,对于解决中大焦头烂额
的经费问题也将有所帮助。因此,任鸿隽得到了中大师生的广泛拥
护。政府任命下达后,"阖校莫不欣欣然有喜色,盖任在学术界素负
时望,若肯莅临则一切问题可以迎刃而解。于是教授会欢迎之,刘代
校长光华欢迎之,学生会欢迎之"。③

但是对于任鸿隽的到任,行政院和中大师生显得一厢情愿。政
府事前并未征得任本人同意。汪精卫、朱家骅和中大师生多次去电,
教育次长钱昌照和中大学生代表还亲赴北京劝其南下,但任鸿隽却
一直滞留北京,并多次恳辞,始终没有就任。

1932年6月27日,因经费和校长问题长期难以解决,中大学生
召开全体大会。其中关于校长问题决议如下:

---

① 《中大学生票选校长》,《民国日报》,1932年1月19日。
② 在1931年学生请求政府批准朱家骅辞职时曾招待记者,一位学生当场便说道:
"我们以为请朱校长到政治舞台去发展,其成绩一定比办中大好的多"。这一记录的准确
性难以考证,但记录本身却真切表达了学生对于朱家骅治校所体现的强烈政治色彩的不
满。见《学生拒段原因》,《申报》,1932年7月1日。
③ 《谁尸中央大学"停摆"之咎?》,《时代公论》,第1卷第22号,1932年8月26日。

一、请行政院即时批准刘代校长辞职，并明令查教务长代理校务。二、关于校长人选，仍保持前次全体选出之任鸿隽、翁文灏、竺可桢三人为校长标准，即请政府择一任命。但在新校长未接事以前，请教务长查谦代行。①

会后学生赴行政院请愿。汪精卫答复称已电催任鸿隽南下，若任鸿隽不就任，本月底之前校长问题定有办法妥善解决。这就是前述殴段学生事后宣言中所说"政府之前给予学生的答复。"②

当时，代理校长刘光华已辞职，任鸿隽又力辞不就，重新任命校长刻不容缓。翌日（28日）行政院专门开会讨论，会上有人主张由教育部长朱家骅代理，朱坚辞。此后，"起立推辞者达七八人之多"，中大校长职位俨然成了烫手山芋，无人愿意问津。后汪精卫提名教育次长段锡朋暂代，段虽力辞，但在多人极力敦促下，不得不勉为其难。③ 行政院会议的滑稽一幕让人啼笑皆非，人人将中大校长一职视为畏途，其中滋味耐人回味。

27日，汪精卫曾允诺学生将尽快为中大物色校长。次日，行政院便以这种形同儿戏的任命方式将段锡朋推上代理校长位置，这在学生中引发了激烈反应。从这个角度来看，29日殴段事件的发生便显得"合情合理"。而行政院之所以仓促决断，其间亦有隐情。殴段事件后，汪精卫道出了政府的两难困境。

本月二十八日行政院会议，派教育部次长段锡朋君，暂行代理中央大学校长，此事具有苦衷。一月二十六日任命任鸿隽君为中大校长，事前未征得任君同意，故蹉跎数月，迄未就职。刘光华君以法学院院长代理校务，因一部分学生，予以难看，遂萌消极，而此一部分之学生，又有以教务长

① 《中大学生揭汪请愿》，《中央日报》，1932年6月28日。
② 《中大学生请愿》，《申报》，1932年6月29日。
③ 《校长问题经过》，《中央日报》，1932年6月30日。

查谦代理校务之要求。当刘君离校时,查君固已代拆代行矣。则当准刘君辞职之时,以查君代理校务,自无不可,惟此一部分学生,既有迎此拒彼之表示,若悉如其请,不但教育行政无从整顿,且有引起他部分学生之反感,将使问题纠纷,愈不可解。故院议均主张另行物色校长人选,以谋解决。但人选即使决而不征求同意,必蹈任君覆辙,征求同意,又非旦夕可得。暑假期近,一切校务未便虚悬,所以在校长人选,未正式发布以前,不得不以段君暂行代理校长。……<u>至于校长若由学生选择,一如国会议员制选举议长者然,实为滑稽之至。若任其如此,则迎此拒彼,倾轧无有已时。且稍不如意,即以罢课为要挟,甚至纠率学生,凶殴师长,使之破头流血,体无完肤,试问尚有何人肯为师长。</u>[①] (下划线为引者所加)

　　汪精卫的话表达了政府在校长人选问题上的顾虑,也道出了政府和学生的分歧所在:选择校长的主导权应由谁掌握。政府虽对于校长任命具有决定权,但各方力量都试图对校长的任命产生影响,其中学生的做法最为明确也最为直接。自张乃燕去职后,学生在每次校长的更替中都会有所主张,并提出具体人选,表现得积极主动。政府虽然没有遂学生所愿,但学生的影响却不容忽视,任鸿隽的任命便在某种程度上体现了学生的主张。在敦请任鸿隽南下赴任的问题上,学生和政府也保持了高度一致。学生代表赴北京请其南下时,便携带了汪精卫的亲笔信,来回车票都是"行政院向铁道部领的免票"。[②] 这说明政府也希望利用学生的力量促成任鸿隽到任。但是学生与政府之间这种短暂的默契最终因任的辞职而破裂。学生提出在新校长未赴任前,只能由教务长查谦代理校务,试图强迫政府就范。

----

① 《汪院长之重要谈话》,《中央日报》,1932 年 7 月 1 日。
② 缪凤林:《中央大学解散后的几句话》,《时代公论》,第 1 卷第 18 号。

而政府委任的代理校长段锡朋在赴任当天即遭到围殴，这是学生对政府权威的公然挑战。站在政府的立场，要求中大解散和整理也在情理之中。

校长人选之争实则反映了不同利益集团对于大学管理权的争夺。学生对校长的迎拒，与当时的党派斗争、政治斗争密不可分。中大教授程其保曾指出政治变动对于大学校长更替的影响，"一般政客术士，恒利用之以为政治之工具，群思篡取大学之地盘，以为扩展个人势力之根据。是以每一政潮，大学校长必有一次之更迭。"[1]校长是政府管理大学的代表，在各种争斗中处于至关重要的位置，因而控制校长人选也成为政治势力扩展影响的重要手段。各方政治力量对校长位置的角逐，使校长人选更迭和政局变化息息相关。

大学内部派别林立，也使校长人选成为校内各派力量角逐的对象。派别之间"观念既深，势难得彼此融会之利益。故大学之校长，必从其特殊派别中产生，外来势力，绝无侵入之可能"。[2] 在中央大学，便始终存在着"东大派"和"北大派"的明争暗斗，并表现在对校长的迎拒上（详见后文）。中大教授会在提案中曾明确指出，对"关涉校长问题的决议总是不讨论"。[3] 但是，教授组织的缄默并不意味着教授个人没有主张。殴段事件后，朱家骅就直言教授在背后操纵学生。在学生集会上也可以看到某些教授的身影。比如6月27日学生大会，首先便由教师代表张其昀和缪凤林做报告。他们谈话内容虽不可知，但对学生情绪的影响和引导应该是显著的。正是基于此，殴段事件后有当局逮捕缪凤林等人之说。因此在对校长的迎拒上，不能忽视校内教授群体的影响。

在更深层面上，对校长的迎拒与各种力量对大学的定位密切相关，其中如何处理政治和学术之间的平衡是关键所在。国民政府出于国家意志考虑和政治需要，强调大学要为政权建设服务，要将党派

---

[1] 程其保：《论大学校长》，《时代公论》，第1卷第7号，1932年5月13日。
[2] 程其保：《论大学校长》，《时代公论》，第1卷第7号，1932年5月13日。
[3] 缪凤林：《中央大学解散后的几句话》，《时代公论》，第1卷第18号。

和国家利益放在首位。而大学作为探索和传播知识的学术组织,以追求学术卓越为目的,有着内在的发展逻辑。大学与政府之间存在无形的张力,大学校长则在其中承担着缓冲器和调解人的角色。在1932年的中大风潮中,政府和大学的冲突已经极端表面化且达到难以调节的程度。政府坚持对校长人选的决定权,但并未履行在其维持办学经费和保证学术自由上的基本责任,而是积极推动党派势力和政治因素对大学的渗透。在校长人选上,"学行两长堪以胜任者,恒坐视不问,而极尽钻营之能事者,反当其选"。① 无论是桂崇基还是段锡朋,虽有学术背景,但在学生眼中都是政界人物。学生则坚持在校长人选上有所主张,并表现出积极的参与意识和主动性。他们对于校长的标准也逐步从强调政治影响向强调学术地位转变,这正是对政治因素过度侵入大学学术传统的抗拒表现。

三、大学精神的迷失

历时数年的中大学潮在1932的殷段事件后达到高潮。无论是争经费,还是选校长;无论是解散令,还是整理风波,大学的发展都被深深卷入到政治风潮中,喧嚣一片成为各方利益集团明争暗斗的舞台。缪凤林在中大被解散后沉痛地写道,"仇视中大师生的人们,亦当晚大开其庆祝之宴(在校潮实录中详述)"。对于"中大这次校潮中恶势力之影响"也是"洞若观火"。② 虽然没能看到缪凤林编写的校潮实录,其中当有对此事的生动描绘,但片言只语透露出的利益分歧和敌对情绪却跃然纸上。

立场的不同决定了观点的差异。中大师生将风潮归因于政府在大学治理上的失职和政治势力对大学学术的过度干预,而政府则将风潮归因于不轨分子的挑动和大学学风的败坏。虽各执一词却均言之成理。可见,在一个变动的时代,各方在对大学的定位和期待存在

---

① 程其保:《论大学校长》,《时代公论》,第1卷第7号,1932年5月13日。
② 缪凤林:《中央大学解散后的几句话》,《时代公论》,第1卷第18号。

分歧,而频仍的风潮也反映了这所大学在历史剧变的洪流中难以避免的精神迷失。

中大虽为九校合组而成,但从校园位置、师生主体乃至精神承继上,中大都是以原东南大学为根基。东大和更早的南京高等师范学校,在中国近代大学史上具有举足轻重的地位,时人常将北大与东大并称,并有"北大以自由著称,东大以科学名世"之誉。20 世纪 20 年代初,就在北大大力倡导"新文化"之际,东南大学步入其发展的黄金时代。一批才华横溢的硕学宿儒和留洋博士汇集东大,发扬固有文化,昌明学术新知,成为一支新锐的学术力量。东南大学卓越的办学成绩和优良的学术氛围时至今日仍为人津津乐道。

从一贯的学术精神来看,南高和东大学风的显著特征体现在师生对远离政治、执意于学术的追求上。所谓"以淳朴之学风,为深沉之探讨",养成了一种"朴茂"而"不流俗"风气。王焕镳在《谈南高学风》中写道:

> 举校之人闇焉窾焉埋首专研于学问而不以外事乱其中,苟于学焉一有所获,极天下可欣可慕之事举无以易之。虽有惑世诬民之说足以倾动一国之人而不为其所夺,虽有高官显宦欲利诱青年以为爪牙而无所施其伎俩,……虽所就未能尽如其所期。固已皎皎铮铮,不苟同于习俗矣。斯我南高之学风也。[1]

同样毕业于南高的郭斌龢也指出,南高学生的学术兴趣远大于政治兴趣,他们"于学问上有师承,而于地位权势上则无系统"。[2] 南高和东大的毕业生多服务于学术界,而供职政界者罕有,即是最好明证。这一点也为长期任教于南高和东大的竺可桢所认同。

---

[1]　王焕镳:《谈南高学风》,《国风》,第 7 卷第 2 期,第 13 页。
[2]　郭斌龢:《南京高等师范学校二十周纪念之意义》,《国风》,第 7 卷第 2 期,第 2 页。

南高、东大毕业生中之研究物理学、生物学、历史学,而迄今能卓然成家者已不乏人,所谓种瓜得瓜,种豆得豆,决非偶然之事。然而政治兴趣,则甚恬淡,社会领袖人才,亦殊于学术地位不称,则以昔日南高、东大学子之多,不以热衷进取为怀也。①

这种摒弃政治、潜心学术的风气和当时东大远离国家政治中心的地理位置相适应。东南大学学风之优良,也多为时人所赞誉。1923年秋,清华学子梁实秋来东大游览并听了吴宓的授课,回京后便在《清华周刊》著文,极力赞誉"东南大学学风之美,师饱学而尽职,生好读而勤业"。② 当时即将从中大附中毕业的郭廷以在考虑将来的求学去向时,他的师友都对东大的朴实校风给予肯定,并大力推荐。如廖世承便说,"北京风气不好,这里功课实在。"同学周鸿经也说,"你是准备读历史的,徐则陵先生的西洋史很有名;你喜欢哲学,刘伯明、汤用彤都是权威。北大西洋史没人教,我还是劝你不要考了。"③也正是基于其学术上的成就,东南大学被国际教育会东方部主任孟禄认为是"中国政府设立的第一所有希望的高等学府",④"将来之发展,可与牛津、剑桥大学相颉颃。"

但随着时代环境和政治格局的变化,尤其是国民政府奠都南京使得政治对大学的影响与日俱增。与此前大学远离政治中心、潜心学术相比,中大作为"首善之地"的唯一一所国立大学,与国家政治发生了紧密联系,国民政府对中大也有着全新的定位和更高的期待。这不仅体现在对学术和文化期许上,也体现在对政治和意识形态要求上。国民政府要在首都建立一所"领袖群伦"的国家高等学府,使

　　①　《常识之重要》,1935年9月,《竺可桢全集》第2卷,上海科技教育出版社,2004年,第244页。
　　②　吴学昭:《吴宓与陈寅恪》,清华大学出版社,1992年,第28页。
　　③　张朋园等:《郭廷以口述自传》,中国大百科全书出版社,2009年,第81-82页。
　　④　王德滋主编:《南京大学百年史》,南京大学出版社,2002年,第73页。

它担负起服务国家政权建设的责任,有着通过中央大学来领导全国学术和文化发展的期待。[①] 朱家骅在 1930 年就任中大校长的演说足以代表政府对于这所大学的定位:

> 我们国立中央大学,对于本党中央的嘱望,对于国家和中国民族的独立、文化的复兴,尤其负有特殊的使命。……本校也是首都的大学,也应该负起如何居中掌握,发扬中国文化,复兴中国民族之责任。[②]

同时,中大师生对大学在国家中的地位和角色也有了新的期待。在 1928 年,学校数易其名而最终定名为中央大学,便集中反映了学生对大学未来发展的期望。时人的评论最足以代表师生心声。"中央二字,何等冠冕,何等辉煌,故吾国人不欲造成全国之中心学府而已,否则除该校正名为中央大学也,实别无相当之名称。"[③]校名的更易在某种程度上也推进了大学对自身的重新定位,乃至国家和社会对大学的更高期许,并潜移默化地影响到学校的风气和师生的观念。张其昀在 1929 年在中大演讲中便说:

> 现在南京,已变为首都了,中央大学是首都最高的学府,自然我们享了许多便宜,可是我们的责任,也因此格外重大。我们今后应如何使后世国民读中国建国史的,都会

---

① 实际上在中国社会,始终存在着在首都建设一所领导群伦的最高学府的意向和情结,比如北洋时期的北京大学,在系科的设置上就体现了首都大学这种意图。北京大学设立文法理医四科的理由:"文科为一国文艺之中心,学术之枢纽,自宜设于首善之地。法科则以法律、政治、经济皆经世之术,而从政之才出焉,亦宜设于北京为是。理科则皆实验之科学,如生物学科则必籍乎动植物院及水族馆之类,此等建设,在他处可以或无,而北京则不可不有,此则理科之宜设于北京也。医科为强健国民之要素,我国向来轻视,今宜于北京大学设立此项分科,亦所以耸四方之观听"。参见孟承宪《大学教育》,华东师范大学出版社,2010 年,第 32 页。

② 《中大校长朱家骅就职演说辞》,《中央日报》,1930 年 12 月 21 日。

③ 马饮冰:《读分区大学问题余议后》,《民国日报(上海版)》,1928 年 4 月 26 日。

自然而然的联想到我们中央大学,使中国和中大发生的
关系。①

他的话反映了当时中大师生的心态。对大学定位是各种社会力
量互动的结果,其中有政府的推动,社会的期望,还有大学师生的自
我审视。

在从东南大学向中央大学的转变中,将大学从一处潜心学术的
东南文化重镇转变为位居首都体现党国意志的全国学术中心,"成为
领导全国的大学",显得尤为必要。政府对大学的重组再造不仅涉及
到校园的迁移合并,教师的云散风流,还深深触及到学风的转变与大
学精神的重构。时异势移,东南大学原有的那种潜心学术的精神和
朴茂、不流俗的学风显得"不合时宜",原来被广泛认可的价值观也变
得模糊不清。对大学重新定位的进程充满了迷茫和矛盾,乃至尖锐
的冲突。20年代后期到30年代初大学中频发的学潮正是这种矛盾
真实的展现。学潮反映了这所大学的精神焦虑,由于缺乏释放压力
的渠道和崇高精神的指引,对大学的认同感在丧失。五四以后中国
学生运动风起云涌,但唯独南高、东大岿然不动,不随波逐流,其根源
在于当时的大学有其固守的学术精神和文化认同。而在20世纪20
年代后期和30年代初,中大校园内外风潮不断,甚至成为全国学潮
运动的"引领者"。以至于在1932年7月,国民政府因学生殴段事件
而将中大解散整理。

对于大学的精神迷失,曾经伴随这所大校历尽沧桑的人感受最
为深切。1919年便进入南高学习,后又留校长期任教的张其昀谈到
中大风气变化时,便多有感慨。

从前有人参观南京高等师范,说南高的学生有"老夫

---

① 张其昀:《我所希望于本校同学者》,《国立中央大学半月刊》,第1卷第4期,1929
年。

子"气。现在中大的学生,……奢华的程度,也远非南高时代所可及的了。……以前刘伯明先生说过:"我们的校舍是很朴陋的,学生的服装也是很朴陋;但是朴陋之中,有一种蓬蓬勃勃的生气,那就是我们朴茂的校风。"现在本校的校舍,陆续的盖造,有"崇楼杰阁"、"望衡对宇"的新气象,而男女生服装的进步,也同建筑物的进步,有并驾齐驱之势。①

曾求学南高、后任教中大的景昌极也认为:

南高自改为大学,直到如今,名义扩张了,经费扩张了,校舍扩张了,院系扩张了,甚至于学校附近供给物质生活的店铺也跟着扩张了,可是讲到同学方面朴实的学风,读书的成绩,似乎适得其反,这确是老教授老同学们良心上深深地感觉到的。②

中央大学成立后,学校资源得到大幅扩充。但物质的富裕,更加凸显了精神的匮乏和缺失。"中央大学的学风比起南高时代,差得远了,现在大学生既乏良师也乏益友,其实谈不到学风了。"③时代环境和政治形势的变动,影响着大学的变迁和其中学风的转变。在政治和社会激荡的民国时代,无论是政府还是大学自身,他们对于大学的期待都跟随着形势变动而急剧变化。频仍的学潮是大学精神焦虑的展现,折射出大学精神在新的时代环境和政治情势下的迷失。

---

① 张其昀:《我所希望于本校同学者》,《国立中央大学半月刊》,第1卷第4期,1929年4月。
② 景昌极:《民国以来学校生活的回忆与感想》,《国风》,第7卷第2号,1935年9月。
③ 《教育家之精神修养》,《国风》,第9号,1932年11月24日。

第三节　大学精神的重构

一、临危受命

正是在这种局面下,"百端待理"的中央大学迎来了一位意气风发的领路人。1932 年 8 月 23 日,行政院在批准整委会辞呈的同时,任命罗家伦出任中大校长。

罗家伦(1897—1969 年),字志希,早年曾求学北大,在新文化运动中与傅斯年共同创办《新潮》杂志,是五四运动学生领袖之一。1920 年北大毕业后,罗家伦成为第一批被蔡元培选派赴欧美留学的五位学生之一。1920 至 1925 年间他先后在普林斯顿大学、哥伦比亚大学、柏林大学、巴黎大学和伦敦大学学习,在欧美诸国游历收获颇丰。1926 年其回国后被聘为东南大学史学教授。1927 年加入国民党,参加北伐战争时,深得蒋介石信任,出任国民革命军总司令部战地政务委员会委员兼教务处处长。1928 年被任命为清华大学校长。1930 年因清华发生"倒罗事件"去职,后赴武汉大学任教,旋即被任命为中央政治学校教育长。

从罗家伦的经历可以看出几点。第一,他是五四运动中成长起来的学生领袖,有着强烈的民族危亡意识和时代使命感;第二,罗家伦的政治色彩浓厚,他本人不仅是国民党员,而且深得蒋介石赏识,和蒋私交甚笃;第三,罗有着从事大学管理的经验,曾长期在西方多所著名大学游历,对现代大学制度和理念有着较深了解,既具有国际视野也有行政能力;第四,罗出身北大,与蔡元培、胡适、傅斯年、蒋梦麟、朱家骅、段锡朋等"北大系"的学界和教育界要人关系密切。

对于罗家伦出长中大,各方反应不一。因正值暑期且学校被解散,学生在此次任命中未能有所主张,这减轻了罗任职的压力。但是以毕业同学会为代表的"本校力量"对罗的任命仍颇有微词。早在1930 年张乃燕辞职时,中大教授便指责教育部长蒋梦麟"一心想实现大北大主义,派其爪牙罗家伦为先锋,要求夺取中大地盘。"①罗家伦为此还曾出面辟谣,蒋梦麟最终也因此被迫辞去部长职务。此番罗家伦出长中大,此种声音又起,认为罗的任命"系徒以北大势力统治中大"。为此罗家伦在毕业同学会的欢迎晚宴上解释说,自己"对于用人方面绝无门户观念,只抱人才主义。说者谓本人出长中大,系图以北大势力统治中大,此种论调,极端错误"。②

罗的解释能否打消毕业同学会的顾虑姑且不论,但对罗的任命,北大势力的幕后推动确是不虚。早在1932年8月中旬,同为北大出身的教育部"领导"朱家骅和段锡朋便多次与罗商议,请其出长中大,但罗"再四思维,仍觉未敢应命"。③ 在23日任命公布后,罗家伦很快上书请辞。朱家骅为此还亲自拜访罗家伦,并"一再以国家及民族学术文化前途的大义相责"。④ 在他们的推动下,罗家伦才答应"再作考虑"。

从罗本人的态度看,他起初对出长中大并不热衷。1932年夏天中大解散整理时,罗家伦虽曾被任命为整委会委员,但并没有参加整理工作,始终置身事外。此后,他对于朱家骅、段锡朋等人的推荐也未敢应命。23日行政院发布对他的任命后,罗仍表示"命令朝达,呈辞夕上",并于25日上书行政院请辞。在辞呈中,他说道:"中央大学,值此零乱之余,百端待理,开学之期,又复迫切,断非家伦所能胜任。"罗拒任的理由与其致朱家骅、段锡朋信中的说法基本一致。其一是中央政治学校初上正轨,不忍舍去。其二是中大情况复杂,"规模太大,难有把握"。25日在对报社谈话中,他更直言"中大是非多端,尤令人不愿涉足。"对于如何收拾中大这个烂摊子,罗家伦起初是心存顾虑的。

<hr>

① 《所谓大北大主义》,《时事新报》,1930年11月8日。
② 《提高学术创立有机体的民族文化》,罗家伦先生文存编辑委员会编:《罗家伦先生文存》,第5册,台北:"国史馆"、中国国民党中央委员会党史委员会,1989年版,第234页。以下简称"文存"。
③ 《致朱家骅、段锡朋函》,《文存》,第7册,第120页。
④ 《朱骝先先生的事迹和行谊》,《文存》,第10册,第170页。

对于罗的推辞,国民政府多次慰留,各方力量也劝罗家伦能勇担重任。用罗的话说,他请辞后"因更受各方之责备与逼迫",乃答应"再作考虑"。① 罗家伦的顾虑主要是中大常年的混乱,同时,对这所大学的整理既牵涉到对大学内部关系的梳理,更重要的是需要对大学与政府的关系进行重新定位。傅斯年当时就曾指出,在教育危机中政府负有重要责任。"政府的责任第一是确立教育经费的独立,不管是中央还是地方;第二是严格审定校长,保障他们的地位。"②正是政府对这些责任的逃避,造成了各地学潮不断。就中大而言,如果办学经费无法保障,校长威信就不能有效树立,罗家伦可能要重蹈覆辙。

罗家伦是一个勇于任事的人,对学术救国和国家文教事业的发展始终饱含热情。此前罗家伦出任清华校长,虽然办学成绩卓著,但却因政治变动而被迫辞职,为此他始终心有不甘。而中大作为首都最高学府,对于罗家伦应更具吸引力,也是成就其内心抱负的理想舞台。所以虽然在 8 月 25 日罗上书请辞,但在各方劝说下其态度急剧转变,罗便于 9 月 2 日上书教育部和行政院,陈述其发展中大的构想。在上行政院呈中,罗提出"办理中央大学,应以形成有机体的民族文化为理想,使国立大学与民族生存发生密切不可分解之关系。国难至此,中央大学尤应对于中国担负 19 世纪初、中叶柏林大学对于德意志所负之责任,以此倡导成为全国之学风。"罗家伦对中大的远景规划表现出他在大学管理上的广阔视野和胸怀,也流露出他内心对于大学教育的热情。

罗家伦敏锐地意识到管理中大的前提是理顺大学与政府的关系,明确双方的权利和责任。他以困难重重为由拒任,更多的是一种以退为进的策略,其主要目的是希望政府能够在办学经费和校长权威等方面给予保障。在 9 月 2 日的呈文中,罗家伦同时向行政院提

---

① 《罗家伦发表谈话》,《中央日报》,1932 年 8 月 29 日。
② 欧阳哲生主编:《傅斯年全集》,湖南教育出版社,2003 年,第 13 页。

出了三个条件,作为任职的前提。

　　一、经费应请继续予以切实之维持及保障,每月按照预算全数发给;

　　二、对于任职校长者,请循成规,予以专责及深切之信任。如大学组织法有应予变通之处,在整理期间,乞酌予变通。际此力求安定之会,更望具决心以助其对于困难问题之解决;

　　三、如有建设计划,并乞尽全力以督促其实现。①

对于罗的要求,国民政府迅速作出回应,表示全力支持。"所陈三端,均极扼要,该校长愿为一种教育理想而牺牲,尤见勇于任事,至深嘉佩。中大开校在即,务请勉遵前令,即日视事,以副属望。凡有困难,政府当力为支持也。"在得到政府的支持后,9 月 5 日,罗家伦就任中大校长,到校视事。

二、维持稳定

罗家伦上任之初,稳定是其第一要务。面对整委会留下来的烂摊子,罗家伦把院系整理放在工作的首要地位。

(1) 院系整理

院系整理事关个人利益和派系争斗,若处理不当将进一步激化矛盾,李四光的境遇就是前车之鉴。罗家伦就任后,便有传言说罗任中大校长,"系图以北大势力统治中大",派系之争已暗流涌动。罗一方面公开解释自己不存"门户之见",另一方面将主要精力用在聘定院长和挽留教授上,用他本人话说,就任校长后数日,便是"忙于敦请院长,挽留教授"。② 但罗家伦与李四光不同,李以院系教授暂代院长

① 《上行政院呈》,《文存》,第 7 册,第 124 页。
② 《提高学术创立有机体的民族文化》,《文存》,第 5 册,第 235 页。

职务,并通过已聘教授任审查委员选聘新教授。由此造成院长人选悬而未决,为各方角逐提供了空间。而罗家伦在教育部支持下,上任后迅速确定了教务长、总务长和六大学院院长这些大学管理中的重要职位人选,搭建了基本的行政人事体系。赴任第二日(9月6日),罗便到校访问童冠贤、孙本文、卢恩绪等大学中的"要人",接洽院长人选事项,并聘定孙本文任教务长、钱天鹤任总务长、汪东任文学院院长、童冠贤任法学院院长、卢恩绪任工学院院长。9月7日,又聘任孙洪芬为理学院院长,黄建中为教育学院院长。罗又于12日聘请邹树文出任农学院院长。

罗家伦在9月7日谈及赴任后的工作状况时说,"就职后,连日与各方接洽,院长人选,尤费周折。幸汪东、卢思绪、童冠贤诸先生等,肯出任巨艰,使本人非常感佩。"①罗家伦雷厉风行的做事风格充分显示了他的行政经验和办事能力,也大大减缓了上任初面临的阻力。

各学院院长人选确定后,各系主任和院内教授也很快纷纷聘定。比如理学院,到9月23日各系主任便"均已聘就",其中化学系为张江树、物理系倪尚达、数学系周家澎、生物学系蔡堡、地理学系黄国璋、地质学系李学清。② 同时,面对教授纷纷离职他去的局面,罗家伦赴任后,多方走访中大原有名教授,"设法恳切挽留",尽量维持大学的元气,不因解散和整顿而"伤筋动骨"。当时在中大任文学院教授的黄侃在1932年9月9日的日记中便有所记载。"罗家伦晨间来访,未值。下午,黄建中偕罗复来。"③罗家伦在北大求学时,黄侃已在北大任教,当以师辈相称。而身为校长一日两次拜访,可见罗家伦对于聘任教授之用心。而对于所缺教授,罗家伦也"商洽各院院长,在积极延聘之中"。

---

① 《中大续聘两院长》,《中央日报》,1932年9月8日。
② 《中央大学各院系续聘教授及系主任》,《江西教育行政旬刊》,1932年5期
③ 司马朝军、王文晖:《黄侃年谱》,湖北人民出版社,2005年版,第373页。文中所提及的黄建中当时刚刚被聘用为中央大学教育学院院长。

待人事安定后,罗将精力转到院系整理上来。早在整委会时期,便有院系对整委会的院系调整方案不满。农学院教授曾联名致函蔡元培和李四光,说明农学院整理方案的不当之处。甚至连中国农学会和中国林学会这些校外团体也曾致函整委会,认为这种整理办法"在我国固属创举,征之欧美,亦未有前闻,显系破坏学制,别有用心",多数会员对于整理方案"均极愤慨"。①有校外学术团体介入中大院系整理工作,也反映了中央大学作为首都最高学府,受关注之程度,且校内利益关系之错综复杂。而对院系与学科的整理和裁撤,不仅事关学科发展,也和教员利益息息相关,剧烈调整势必影响学校稳定。

罗家伦根据实际情况,在"详慎考虑"后于1932年10月呈文行政院,对整委会的整理方案提出了变更整理办法。其要点如下:

一、原议取消理学院心理系,因教育学院对于心理系之需要尤切,拟在教育学院设心理学系,以应科学上之要求。二、原议将农学院六科改组为动物生产、植物生产、农业化学三系,并设农业经济课程。这一整理对原有农学院的结构触动较大,也引起了学院乃至校外学者的不满。为此,"考核全部实际情形,以应就原有设备情形,合六科为农艺、森林、畜牧兽医、农业化学四系,以应实际需要。"三、原议将化学工程科并入理学院化学系。罗家伦认为化学工程为我国目前急切需要之科目,至将来办理尚有待全盘之计划,且功课性质属于工程者较多,因此将化学工程组暂由工学院院长监管,俾免停顿。四、原议取消社会学系并入哲学系。罗家伦认为社会学对于解释我国当前社会问题颇有帮助,应予以提倡,在文学院设社会学组,以资补救。五、原议理学院动物和植物两系合并为生物学系。但因两系同学所学不同,中途混杂,颇多困难。于是在生物学系设动物、植物两组以补救。②

---

① 《两农学团体均表示力争》,《申报》,1932年8月9日。
② 《本校变通院系整理办法》,《国立中央大学日刊》,1932年10月15日。

罗家伦对整委会方案的调整,有几个明显的考虑。其一,遵循学科发展的规律和需要,不能为调整而调整。削足适履,生拉硬拽,必然伤及院系的元气。这体现在对心理学系、农学院和化学工程系的处理上。其二,实事求是,量力而行。调整方案要考虑到教学与管理的可行性,尤其是学生学习的便利。这体现在对动物、植物学系、社会学系等学科的调整上。第三,学科调整要基于未来国家的需要,立足前瞻性的国家和学术需求,对于国家急需的科目,要有长远发展的考量。这体现在对社会学系、心理学系和化学工程系的调整上。

从实际情况看,罗家伦的变通办法很快得到教育部认可。其整理方案面向国家发展需求和学术需要,削繁就简,量力而行,既大大降低了师生的抵触情绪,也为整理工作减少了干扰因素。

（2）甄别考试

学生甄别考试是整理工作的又一要务,整委会曾议决此事由教育部组织的甄别考试委员会全权办理。当时的代理校长段锡朋也曾在解散之前宣布于8月20日举行学生甄别考试,后因无人主事被迫推后。9月6日,罗家伦到校后与沈鹏飞、孙本文、钱天鹤会商中大甄别考试委员人选,并决定于4天后（即9月10日）举行考试。同日,教育部制订了甄别实施办法。其要点如下:

一、甄别分"平时品行"和"学业成绩"两项,由甄别考试委员会组织实施。

二、由中大校长推举该校教授六人（汪东、钱天鹤、卢思绪等六人被聘为委员）,教育部派员五人共同组成甄别考试委员会。

三、凡参与暴行及查有特别不良行为之学生,由教育部派员审查公布名单,不得参加甄别,并不给予证书。

四、学业成绩之甄别,由甄别考试委员会按学生年级考试其必修课目之全部,评定成绩后,连同试卷一并呈请教育部核准公布。凡成绩及格者,即作为毕业考试及学年考试,凡不及格者,分别降级或给予肄业证书(交由中大校长执行)。

　　　五、甄别考试的命题阅卷,由教育部聘请中大各院系教授若干人担任。①

　　7至9日,甄别考试委员会在教育部开会,讨论学生名单、考试命题、阅卷人选等事宜。其中品行甄别由教育部全权办理;而学业成绩一项,要求包括本届毕业生在内的全体学生必须参加,科目以1931学年第二学期的课程为限。②

　　9日,甄别考试委员会发出布告,严惩参与"殴段"的学生。其中陈克诚等19人,"参加暴行,历次鼓动风潮,行为特别不良,实属无可造就,不准参加甄别考试,并不给于证书";王枫等23人"屡次鼓动风潮,平日在校,每多越轨行动,本应不准参加甄别考试,但本部为爱惜青年起见,暂准参与甄别考试";耿永如"在校行动,亦多失检之处,应准予参加甄别考试,俟及格后,留校查看"。③

　　甄别考试委员会在学业和品行两方面的严格要求,在学生中引起了不满。本届毕业生曾三度向学校请愿,历陈各项困难,要求免去对毕业生的甄别考试。各学院也表示10日考试,时间过于仓促,难以举行。代理理学院院长李学清,便因办理该院甄别考试,颇感困难,向教育部请辞甄别考试委员。④ 在这种局面下,甄别考试委员会作出让步,决定"凡上学期已考课程概予免考"。⑤ 所谓甄别考试实际上缩水为"学期补考"。在9月14日罗家伦致教育次长段锡朋的信中,他便认为"甄别考试,已成掩耳盗铃之局"。⑥

　　甄别考试的先严后松反映了政府对于中大的整理是基于整顿而非惩处的目的。罗家伦无意去追究既往,对甄别考试也不热心,他更关

---

①　《甄别办法》,《中央日报》,1932年9月7日。

②　《中大甄考期已决定》,《中央日报》,1932年9月9日。

③　《开除学生》,《中央日报》,1932年9月10日。

④　《再请免考》,《中央日报》,1932年9月10日。

⑤　《中大昨行甄别考试》,《中央日报》,1932年9月11日。

⑥　《致段锡朋函》,《文存》,第7册,第126页。

注学校的稳定和发展。在赴任后罗家伦曾被媒体问及对甄别考试的看法,他表示:"本人对此无成见,因此非本人之责任,……乃在本人未到校前发生者。"在学生、教授和院系的压力下,甄别考试草草收场。

三、明确中央大学的使命

痛定思痛,中大风潮反映了在一个剧烈变动的"过渡时代"(蒋梦麟语)大学的精神迷失。曾任教育部次长的马叙伦于 1929 年在中大演讲时指出,大学管理在受限于行政事务的同时,大学精神的缺失是大学治理中更深层的问题所在:

> 今日办学者最感困难的,厥为二种:一为经济;一为人才,故师资与财政为当前所亟应培养和策划者。尤有要者,即为精神,精神为办学者之基本要素。①

中央大学肩负政府的期望和国家的使命,在新的时代环境和政治情势下,亟须对自身进行重新审视和定位。尤其是面对民族救亡和国家建设的迫切需求,中央大学如何承担对于时代和民族的责任,这是摆在校长罗家伦面前难以回避的问题。

罗家伦此前先后出任过清华大学校长和中央政治学校教育长,在办学中他强调将大学建设与时代和国家的需求紧密结合。在清华大学,罗提出了"学术独立与新清华"的口号,他呼吁要"为民族国家,树立一个学术独立的基础,在这优美的'水木清华'环境里面,我们要造成一个新学风以建设新清华"。② 在中央政治学校,他提出要让学校"担负法国普法战争后法国政治学校所担负的责任"。③ 罗对大学的定位,强调大学与它所处的时代和国家的密切关系。

接任中大校长后,罗家伦也把这一做法引入中央大学的管理工

---

① 《马叙伦在中大演讲》,《中央日报》,1929 年 5 月 28 日。
② 罗家伦:《学术独立与新清华》,《文存》,第 5 册,第 23－24 页。
③ 罗家伦:《中央政治学校的使命》,《文存》,第 1 册,第 508 页。

作中。在给行政院的呈文、毕业同学会的晚宴致辞以及面向全校师生的演说等多种场合，罗一再阐述了他对这所大学的定位和期望。尤其是 1932 年 10 月 11 日在中大礼堂向全体师生所做的《中央大学的使命》的演讲，集中阐释了他的办学理念和治校方略。

罗家伦认为，中大作为国家最高学府，有着不同于其他大学的特殊性和复杂性，办理中大并非有了经费盖房子、请教授便能成功。①熟悉大学行政的罗家伦，认识到管理中大不仅在于恢复稳定与秩序，经费的稳定和校内的有序管理是大学发展的前提，但从根本上，更要为这所大学树立新的理想和使命。他说，"办理大学不仅是来办理大学普通的行政事务而已，一定要把一个大学的使命认清，从而创造一种新的精神，养成一种新的风气，以达到一个大学对于民族的使命。"②1934 年又说道："大学没有理想，是不值得存在的。我们必须认清努力的方向，我们的事业方有意义。"③罗对大学精神和大学使命的强调，触及了大学自东南大学到中央大学转变进程中精神迷失的深层问题。

在五四时期成长起来的罗家伦有着强烈的民族危亡意识。九一八事变后，面对日趋深重的国难，他更加强调大学在民族救亡中的历史责任。他说，"我们正当着民族生死的关头，开始我们的工作，所以更要认清我们的使命，时刻把民族的存亡一个念头存在胸中，成为一种内心的推动力。"④"在此国难严重的时会，我们国立中央大学应当担负起复兴中华民族的重大使命。"⑤把大学建设和民族救亡的时代使命紧密结合，作为大学使命，不仅有鲜明的时代感，而且有着强大的号召力。通过重塑大学精神，倡导大学使命，既为大学发展提供了精神上的引领，也以更超越的姿态推动大学内部不同利益群体整合，

---

① 在 1932 年 8 月 18 日致朱家骅的信中，罗便说道"中大规模太散，难有把握，学校办好，决非有经费请教授或盖房子之谓。"见《文存》，第 7 册，第 119 页。

② 《中央大学的使命》，《文存》，第 5 册，第 236 页。

③ 《国立中央大学 22 级学生毕业纪念刊序言》，《文存》，第 10 册，第 215 页。

④ 《中央大学的使命》，《文存》，第 5 册，第 243 页。

⑤ 《国立中央大学 22 级学生毕业纪念刊序言》，《文存》，第 10 册，第 215 页。

把大学的治理建立在一个被广泛认可的基础之上。

为使中大担负起民族复兴的重任,罗家伦提出以"建立有机体的民族文化"作为中大的使命。在呈行政院文中,他称,"家伦潜思默察,认为办理中央大学,应以形成有机体的民族文化为理想,使国立大学与民族生存发生密切不可分解之关系。"9月中旬,罗在毕业同学会的宴会上说道,"现在中华民族衰落至此,非提高学术创立有机体的民族文化,不足以挽救危亡,而图复兴。"10月,罗在做《中央大学的使命》的演讲中明确提出把建设有机体的民族文化作为中央大学的使命。他说:

> 中国的国难严重到如此,中华民族已临到生死关头,我们设在首都的国立大学,当然对于民族和国家,应尽到特殊的责任,就是负担起特殊的使命,然后办这个大学才有意义。这种使命,我觉得就是为中国建立有机体的民族文化。①

"建立有机体的民族文化"的主张,与罗家伦一贯坚持的"民族文化复兴论"密切相关。罗认为民族文化是民族团结图存的基础。"如果缺乏这种文化,其国家必定缺少生命的质素,其民族必然要被淘汰。一个国家形式上的灭亡,不过是最后的结局,必定是由于民族文化和民族精神先告衰亡。"而一个民族能"努力建设其本身的文化,则虽经重大的危险,非常的残破,也终久可以复兴"。基于民族文化对于民族兴亡的重要性,罗家伦认为中国当前的危机,从根本上讲并不是政治的腐败,"其最要者,乃在缺乏一种有机体的民族文化,以振起整个民族精神"。②

罗家伦认为,"民族文化之寄托,当然以国立大学为最重要。"尤

---

① 《中央大学的使命》,《文存》,第5册,第236页。
② 《中央大学的使命》,《文存》,第5册,第236-237页。

其是中央大学，"须担负造成民族文化之使命，为民族求生存，使国家学术得以永久发展，使民族精神得充分振发"。① 罗以 19 世纪德意志的复兴来比照中国现状，阐释民族文化对于民族复兴的重要意义。他认为德意志民族能历经劫难而复兴，是基于三种力量。其一是政治改革，其二是军事改革，其三就是民族文化的建立。而民族文化的建立"此种力量最伟大，其影响亦最普遍而深长"。在其中，由洪堡创建的柏林大学代表了当时德意志的精神，整个民族在民族文化精神的推动下凝聚成一个有机的整体。罗家伦强调，中央大学要仿照柏林大学在民族复兴中承担起历史责任。"建设中华民族之文化，使国人有此共同意识，努力奋斗，以复兴我民族。"在"建设有机体的民族文化"中，罗家伦强调了两层含义。其一是文化的民族性，即以民族复兴作为最紧要的目标和共同意识；其二是文化的有机关联性，民族文化要能动员全民族的力量，把全民族整合到一个相互支撑、相互协调的系统之中。

而中央大学要能够担负起这一使命，首在养成新的学风。罗家伦反复强调，"必须能够养成新的学风，我们的使命乃能达到"，进而"由一校的风气，转移到全国的风气"。罗将学风视为大学的风格和精神，是学校的灵魂所在，对于大学的发展具有潜移默化的深层影响。他说，"一个学校若是没有一种学风，纵使其他方面都好，仍是没有灵魂。"②同时罗家伦认为，学风也随着时代而演进，随着环境而变化，具有很强的可塑性。他认为大学学风主要取决于三个因素。"第一是它本身的历史的演进，第二是它教职员学生组合的成分，第三是它教育理想的建立和实施。这三项互有不同，但互为因果。"③从这种意义上看，罗认为学风可以通过师生的努力加以重塑。

重塑学风成为重构大学精神的推进途径。而反观现状，罗家伦

---

① 《提高学术创立有机体的民族文化》，《文存》，第 5 册，第 232 页。
② 《诚实求真礼貌为公》，《文存》，第 5 册，第 558 页。
③ 《蔡元培先生与北京大学——谨以此文纪念先师蔡孑民先生百年诞辰》，《历史的先风：罗家伦文化随笔》，学林出版社，1997 年，第 131 页。

对当时大环境下的学风败坏给予尖锐批评。"现在各地学校的风气，败坏不堪，师生之间也没有真诚，荒废学生学业。"①在此局面下，罗提出中大作为最高学府，应以身作则，树立风气，以为其他学校的榜样。他说：

> 我们见此情形，更感觉着有树立卓然不拔的学风，以挽救这败坏风气的必要。中大位处首都，这是我们应该做的。假使我们中大不这样做，谁能这样做呢？所以树立卓然不拔的学风，是我们应负的责任。②

罗家伦强调中大在扭转全国风气上应成为先驱者。这一想法和他改进中国教育的思考密不可分。罗认为中国的教育问题，"制度性"困境并不是最重要的，重要的是"人的问题"，就是"什么人树立风气，什么学校作出榜样"的问题。③ 当前的教育制度虽有瑕疵，但仍然为教育发展留下了足够的空间。问题是身处其中的人和机构，是否有足够的勇气和理想来开风气之先。他指出，古代的书院在国家危难之际，往往能造就"挽回狂澜，支持大局"的人才。而在近代德国和法国，面对国家危亡，大学中的学者和领袖人物能站在时代前列，引领、鼓舞民族精神。罗认为，中央大学也应担负起这种责任。

1932 年 10 月，罗在中央大学提出要树立"诚朴雄伟"的学风。"诚"就是要诚于学问，对学问要有诚意，减少学术的功利性。"朴"是指戒除学术上的浮躁思想和作风，脚踏实地。他提出要"崇实而用笨功，才能树立起朴厚的学术气象。"④"雄"具有两成含义，它既指强健的体魄，也要在精神上养成"雄厚的气魄"。从"善养吾浩然之气"入手，以"大雄无畏"相尚，扭转纤细娇弱的颓风。"伟"是伟大崇高的意

---

① 《认识中大》，《文存》，第 5 册，第 461 页。
② 《认识中大》，《文存》，第 5 册，第 461 页。
③ 《亡国的教育现状》，《文存》，第 5 册，第 312 页。
④ 《中央大学的使命》，《文存》，第 5 册，第 240 页。

思,"集中精力,放开眼光,努力做出几件伟大的事业,或是完成几件伟大的作品"。罗希望学生把民族救亡摆在首要位置,消除狭小的偏见,共同致力于民族复兴的伟大事业。

从提出中央大学的使命,到倡导养成"诚朴雄伟"的学风,罗家伦为处于混乱中的大学提出了新的办学愿景、教育理想乃至是具体的精神风貌。在这一框架下,大学的精神和使命凸显,并与救亡图存的时代主题紧密相连。在当时民族救亡具有压倒性话语优势的时代背景下,这种大学使命,超越狭隘团体利益成为大学的精神黏合剂。罗对于中央大学使命的定位契合了时代的需要,因此产生了广泛的吸引力和强大的整合力。

罗家伦在赴任前便认识到,办理中大的难点在于"规模太散,难有把握"。这种"散"不仅是在形式上,更体现在精神上。罗家伦在上行政院呈中指出,"苟欲纳中央大学于轨物,因素甚多,各方面对于客观事实及民族前途之认识,尤关重要。"[①]将大学凝聚在一种新的使命和理想之下,对于大学的健康发展和有效管理意义深远。罗家伦明确提出大学要担负建设"有机体的民族文化"的重任,为饱受风潮侵扰、内部支离破碎的中央大学带来了新的精神寄托。

中央大学的新使命体现了国家和政府的需求,行政院和教育部对罗的办学方略给予了高度评价。罗的主张在学生中也产生了积极影响,法学院学生吴文蔚在 1933 年 1 月写给罗家伦的信中,便描述了自己当时的感受。

> 去岁 9 月,校长来校,于是衷心自喜吾校从此可上轨道,顺序前进矣。加之开学典礼时恭聆训诲,知校长对于本校希望无穷,使本校负起民族复兴之责任。凡吾同学莫不快然自得而若有所慰也。[②]

---

① 《上行政院呈》,《文存》,第 7 册,第 124 页。
② 《社会学系与江宁自治实验县县政府合办农村社会实验区等文书》,中大档 648—2459 号。

　　吴文蔚的说法,代表了饱受学潮困扰的中大学子的感受。通过树立大学的新使命,罗家伦不仅将大学发展导入正轨,而且实现了对大学师生初步的精神动员。

　　罗伯特·波恩鲍姆在论述大学的学术领导时曾强调大学领导者提出的愿景(Vision)对于组织发展的重要意义。他说:

　　　　成功的领导必须拥有愿景并能够和其他人交流这一愿景。……领导必须向前看,并对组织要前进的方向有一个清楚的认识。愿景是一种关于现实的、可信的、有吸引力的、面向未来的观点。……有效率的领导的标志就是让其他人能够"大量买进"(buy in)领导人的愿景,(从而)巧妙地影响成员对现实的理解,并推动他们共同拥有令人满意的关于未来的观点。①

　　罗家伦是一个善于创造、描绘"愿景"的大学领导者。他对中大的治理,是对大学愿景和精神的重构。通过描绘一个师生共同致力的伟大目标和理想,为这所备受困扰的大学找到新的使命。"建设有机体的民族文化"既体现了大学作为学术团体对于知识创新和学术发展的内在责任,也促使大学担负起对于国家建设和民族救亡的时代使命。这种结合避免了此前政治势力对大学过于直接和赤裸裸的渗透,从而维护了学术的尊严;同时大学也担当起在特定的历史时代所应该承担的责任,将大学的发展与民族救亡和时代需求紧密衔接在一起。

---

　　① (美)罗伯特·波恩鲍姆著、周作宇等译:《学术领导力》,北京师范大学出版社,2008 版,第 22 页、第 7-8 页。转引自孟丹青:《中央大学时期罗家伦的教育思想及实践》,江西人民出版社,2012 年,第 185-186 页。

第二章
治校举措与学风转移

1941 年罗家伦辞任中大校长前夕,在中大师生的惜别会上,他对自己办理中大有这样一段表述。"我到中大之时,正值一个大紊乱之后。所以我当时宣布治校方向,计分'安定'、'充实'、'发展'三个时期。在安定时期,应当有所充实,充实时期,应当亟谋发展"。[1] 罗家伦这段回忆并非事后之辞,早在他赴任之前上行政院呈文中,他就为中大建设提出了"安定、充实、提高"三步走的方略。"第一时期为安定时期,必须安定而后可以养成学术之风尚,而后可于安定中求进步;第二时期为充实时期,力求人才之集中,与设备之增进;第三期为发展时期,按预定之计划,为大规模之建设,使其成为近代式之大学。"[2]罗家伦时期的中央大学(至少在 1937 年抗战爆发前)正是按照这一规划稳步前进。在罗家伦的努力下,中央大学迎来了其发展历程中最富成绩的黄金时期。

第一节 大学回归学术

如上文所述,政治变动与党派纷争影响了大学发展,导致 20 世

---

① 《中央大学的回顾与前瞻》,《文存》,第 6 册,第 97 页。
② 《上行政院呈》,《文存》,第 7 册,第 125 页。

纪 20、30 年代之交的中央大学风潮不断。不同政治势力与利益集团利用大学为舞台争权夺利,举校师生为经费短缺奔走请愿,因校长迎拒而屡酿风潮。大学的教育质量、学术品质和学术风气都受到损害。为此,罗家伦赴任后采取一系列举措让大学回归学术。

一、恢复秩序、奖励学术

罗家伦对教学秩序的整顿首先从严查学生的缺课、旷课开始。1932 年 10 月 17 日,中大颁布《选课注册期内请假规则》和《上课后请假缺课及旷课规则》,规定学生请假必须有医生开具的证明或家长的亲笔函,在报请注册组主任同意后方可。① 10 月 20 日,大学又颁布了《检查学生上课缺席办法》,每周将检查结果报注册组公布。11 月 7 日起,学校对学生缺课情况开始定期检查,规定对每学期缺课次数占总学时的三分之一或旷课次数占总学时的四分之一以上者,将不给学分。与此相配合,学校注册组在《国立中央大学日刊》上定期公布旷课学生名单和旷课情况,以示警示。②

根据注册组对 11 月 7 日—13 日一周内缺课旷课的统计,无故旷课学生人数达到 233 人,涉及到全校 264 门课。而请假缺课的学生有 37 人,涉及到 156 门课程,缺课次数为 317 次。③ 当时全校六院在校学生为 1 409 人,而无故旷课者却达到 233 人,占到全校学生数的近 20%。如此高的比例说明了当时中大教学秩序的混乱。

表 2-1　中央大学 1932 年 11 月学生缺课、旷课情况

时间	无故旷课		迟到人数	请假缺课人数	
	人数	课程数		人数	课程数
1932 年 11 月 7—13 日	233	264	69	37	156
1932 年 11 月 14—20 日	112	131	32	41	143

---

① 《国立中央大学日刊》,1932 年 10 月 17 日。
② 《国立中央大学日刊》,1932 年 11 月 16 日。
③ 《国立中央大学日刊》,1932 年 11 月 16 日—23 日。

　　在此后的几个学期内,中央大学一直推行点名和请假制度,对规范学生行为、恢复教学秩序成效明显。在执行点名制度的第二周,学生旷课情况便明显好转。在 1932 年 11 月 14—20 日一周内无故旷课学生已从上周的 233 人锐减到 112 人,迟到学生也从上周的 69 人减到 32 人。而经请假缺课的学生则由原来的 37 人增加到 41 人。①无故旷课和迟到的学生数量大幅减少以及请假学生数量的稳步上升,都说明了点名制度在学生中产生了约束力和威慑力。1933 年 1 月,学校又针对学生陶元琳委托他人代为上课的行为,认为"殊为谬妄,应即勒令退学,以儆效尤"。② 这种严厉的处罚也有利于进一步端正学生行为。

　　与点名制相配合,大学进一步严格考试制度。学期考试"座位均由注册组临时编定,每场更换,且间隔甚远,不能谈问,考试颇严,并有校外专门学者,及本校教授到场监考"。在 1933 年 1 月的期末考试中,罗家伦亲临考场,"当场发现作弊者二人,随即宣布成绩无效"。③ 严格的考试制度使"每学期因功课不及格而被淘汰者,常有七八人,每学年常有十余人"。如 1936 学年上学期,学生因"课程过半数不及格,而不能继续者八人,因三分之一不及格,而不能补考者二十六人"。④ 严格考试制度对学生的求学态度产生了直接影响。中大学生后来总结导致学校学风好转的重要原因便是,"学校里一切规则加严,考试加紧,使学生不能不多花些时间去读书,去做实验。"⑤

　　罗家伦受德国大学理念和模式的影响,强调科研与教学的统一,强调科学研究对于大学的重要性。他在清华大学时就提出"研究是大学的灵魂。专教书而不研究,那所教的必定毫无进步。不但无进步,而且有退步。"⑥中央大学的局面初步稳定后,他采取了一系列举

① 《国立中央大学日刊》,1932 年 11 月 24 日—27 日。
② 《校务会议记录(1933 年 1 月 9 日)》,中大档 648—910 号。
③ 《中大严格考试》,《中央日报》,1933 年 1 月 12 日。
④ 《诚实求真礼貌为公》,《文存》,第 5 册,第 556 页。
⑤ 高山:《给准备投考中央大学者》,《生路》,第 10 期,1937 年 6 月 1 日
⑥ 罗家伦:《学术独立与新清华》,《文存》,第 5 册,第 21 页。

措鼓励研究工作,奖励学术发展。

1932年12月,中大决定发行定期的学术刊物。其一为《国立中央大学学术丛刊》,登载专门研究之著述,以学院为单位分文艺丛刊、自然科学丛刊、社会科学丛刊、教育丛刊、工学丛刊、农学丛刊六种,每种刊行2册。其二为《国立中央大学学术专篇》,刊载"有特殊贡献之著述,必须单印者"。① 此后,学校出版委员会多次举行会议,讨论丛刊征稿、审订和出版事宜。各学院也积极响应,召开教授会议组织丛刊的征稿和编订工作,一时在校内蔚为风气。如《农业丛刊》在1933年11月出版了第一卷第一期,以后每年刊行两册,到1937年1月出版第四卷第一期,中间从未间断。《教育丛刊》在1934年6月出版了第一卷第一二合期,此后每年刊行两册,到1936年6月已出版到第三卷第二期,后因抗战爆发而被迫中断。

为提高学生的学术兴趣,罗家伦对奖学金制度进行改革。此前中大设有"免费学额",其申请条件有二:第一,系"本校正式生,确系经济困难"。第二,"入校肄业至少一学年,品行端正,上学年学业成绩总平均在75分以上者"。② 可见"免费学额"对学生学绩的要求相对较低,其宗旨是"为减轻寒士求学困难起见"。

1932年12月,中大颁布了《国立中央大学奖学金暂行规定》,取消了"免费学额"制度。根据新规定,大学每学期设置70个奖学金名额,分学院奖学金和系奖学金两种,额度分别是每学期70元和50元。与原有规定相比,新规定取消了经济贫寒的资格要求,明确是"为奖进学生学业与操行起见,设立奖学金"。新规定将学业成绩作为最重要的考核指标,不仅对必修科目的成绩有最低规定,而且获奖学生必须是所在学院或所在系"学期总成绩比较最高"③。大学为此专门成立了奖学金委员会,由校务会议推举12名专任教授共同组成。如在1932年学年第二学期中,有13名学生获得院奖学金(其中

<hr>

① 《校务会议记录(1932年12月28日)》,中大档648—910号。
② 《国立中央大学一览》行政概况,1930年,第49页。
③ 《国立中央大学日刊》,1932年12月5日。

包括后来成为著名物理学家的吴健雄），43 名学生获得系奖学金。①
奖学金委员会坚持宁缺毋滥的原则，并没用满每学期 70 名的额度。

　　以学业成绩作为评定奖学金最主要的根据，是此次奖学金改革
的主旨，也体现了大学奖励学术、改进学风的用意。1937 年，罗家伦
曾谈及他对于奖学金设置的考虑。

　　　　余长清华大学之时，亦有奖学金之设置，乃系专为救济
　　贫寒好学之学生。但学生贫寒实况不易调查，如有失察，转
　　滋困难，故不如公开竞争，使贫寒之士得于公开竞争制度之
　　下，以学问成绩，谋经济补助；既有非贫寒之士，而得奖学金
　　者，亦为学术上之荣誉，以提倡学术之眼光观之，并无
　　不合。②

　　这段注解，表明了罗家伦设置奖学金奖励学术的初衷。虽所言
为清华，但也可以用于中大，并体现罗家伦在清华的大学管理经验对
其治理中大的影响。

二、避免外界干扰

　　中央大学位居首都，且地处闹市，学校周围政府机关林立，学府
与政府在空间距离上很近。由于这一缘故，校园内外车水马龙，高官
显贵川流不息，因而大学极易受到政治势力和政治因素的影响和
干扰。

　　罗家伦虽主张大学要积极回应国家和民族的需求，但这种回应
是落实到"建立有机体的民族文化"上，而不是卷入政治活动和政治
纷争之中。为了营造大学的学术氛围，养成优良的学术环境，大学应
与外界保持一定的距离，尤其要远离政治纷扰。1932 年 12 月，中大

---

① 《国立中央大学布告（第 22 号）》，《国立中央大学日刊》，1933 年 12 月 8 日。
② 《关于中大设置奖学金谈话》，《文存》，第 5 册，第 626 页。

颁布《学生领配证章规则》,规定证章不仅是"本校学生身份资格之标识",而且"为出入校门之凭证"。[1] 坊间流传的中央大学门卫与文学院黄侃教授因不佩戴校徽而发生争执,最后由校长罗家伦出面圆场并道歉一事,即与此节相关。要求所有学生出入校门需佩戴证章,严禁外人进出大学校园,将大学校园与周遭喧嚣的首都政治机关隔离开来,即含有减少外界干扰之意。

为了减少校内外各种力量对大学决策和管理的影响,罗家伦强化了学校管理层对于校务的行政权威和政策的执行力度。鉴于学生在历次风潮中的抢眼表现,他严格限制学生干预校政的范围。他说,学生对于校务"如有什么意见,尽可书面报告,不过事实决定以后,那就不能轻易更改,这是维持法治精神"。[2] 因此在上任初期,对于中大学生多次呈请商、医两学院复院的要求,罗家伦均予以拒绝。他始终认为在中大学生中存在"一部分有组织之学生","籍组织,以遂其私愿之情事,对于校务多所干涉",对于这些学生若放任纵容,"恐将牵涉学校当局,致应付殊属困难"。[3]

在严格限制学生干涉校务的同时,罗家伦对教员参与校务的态度则有所不同。以校长为代表的行政权力和以教授为代表的学术权力如何在校务管理上配置,是大学内部治理的重要事项。大学管理的诸多内容因涉及到学术因素,需要专业性知识辅助决策,吸引教授参与校务管理是有效、有序管理的保证。中大的最高权力机构是校务会议,罗家伦通过成立招生委员会、出版委员会、奖学金委员会、校景委员会等各种组织,在校务管理中引入教师参与。比如在 1933年,中大重组了招生委员会,以主办该年度新生招生工作。与此前的招生委员会相比,[4]新机构的变化在于延聘本校教授 5—7 人担任招

---

[1]　《国立中央大学日刊》,1932 年 12 月 26 日。
[2]　《整顿中大的几项重要举措》,《文存》,第 5 册,第 246 页。
[3]　《致蒋介石函(10)》,中国国民党中央委员会党史委员会:《罗家伦先生文存补编》,台北近代中国出版社,1999 年,第 197 页。以下简称《文存补编》。
[4]　对比此前的招生委员会章程,并无延聘教授担任招生委员的规定。见《国立中央大学一览(行政概况)》,第 38 页。

生委员,与教务长、各院院长合组成立。1933 年,马洗繁、顾毂宜、倪尚达、郑厚怀、常导直、金秉时、李寅恭等 7 名教授被推举为招生委员会委员。① 此后数年,中大一直坚持这一做法,通过招生委员会让教授参与学校招生工作中,同时应该看到,教授参与校务管理是通过参加某些校务组织来进行的,并且这种参与是辅助性的,而不是主导性的。从制度上来说,各类委员会的成立与否取决于校务会议,委员也由校长聘任产生。以校长为核心的校务会议在大学管理中始终处于核心地位。② 如 1932 年 12 月通过的《出版委员章程》中规定,本委员会的七名委员实际上由教务长和六大学院院长组成。而委员会得根据需要设"审查委员"若干人,由本会在教授中择人推定,并"由校长聘请之"。③ 可见出版委员会的 7 名委员都是由学校的行政管理层要员组成,而教授只能出任审查委员,并且还受到多种力量的规范和制约。教授参与校务,行使的权力主要是停留在学术层面,而对于学校行政事务,罗家伦坚持大学的管理需要事权统一,始终强调校方的主导地位。

对大礼堂的加强管理和 1933 年的校长辞职风波更集中表达了学校管理层使大学远离外界纷扰的用意。

伫立在中大校园的大礼堂落成于 1931 年,"为首都唯一之伟大公共建筑"④,也是大学的标志性建筑。民国时期很多杂志都曾以中大礼堂的图片作为封面。礼堂落成后,时常为校内外团体借用集会。国民党和国民政府的许多重要会议,如 1931 年 5 月的国民会议,都是假中大礼堂以召开。为此中大校园内时常车水马龙、政要云集。礼堂既是大学标志性建筑,又成为党国政治活动的重要场所,学术与政治中心的双重身份集于一身,学术和政治的距离在这里显得如此

① 《国立中央大学布告(第 1560 号)》,《国立中央大学日刊》,1933 年 5 月 6 日。
② 《南大百年实录》编辑组编:《南大百年实录(上)》,南京大学出版社,2002 年,第309 页。
③ 《国立中央大学布告(第 1060 号)》,《国立中央大学日刊》,1932 年 12 月 15 日。
④ 《中大礼堂规定借用办法》,《中央日报》,1932 年 12 月 24 日。

之近。

对礼堂的使用所折射出的大学与政治权力过往甚密的状况,体现了中央大学的特殊身份和它在国家的地位。但是,这和大学作为学术组织的本质特征很不合拍,也引起了很多中大老师的不满和诟病。文学院教授吴梅在 1932 年 12 月 14 日的日记中对蒋介石等人在中大礼堂开会的情景曾如是记载:

> 早到校,军警森列,大门前高扎彩牌,知蒋介石剿"共匪"凯旋。大礼堂前车水马龙,凡国府要人必至。因念山海关、热河一带,被日兵蹂躏,岌岌可危,此间则妆缀承平,又何逸也。①

在这则日记中,大学浓郁的政治氛围跃然纸上,而作者的不满之情也溢于言表。

吴梅的不满在中大师生中颇有代表性。礼堂作为大学的标志性建筑和重要的集会地点,既是大学精神与风尚的象征,也是校外机构与大学之间交流沟通的重要桥梁。但政治和社会活动过度干扰宁静的大学校园,对校内秩序和风气产生不良影响。数日后的 12 月 26 日,中大校务会议针对学校礼堂"校内外机构团体请求借用者日多"的情况,认为"若不稍加限制,将来不但有损建筑物,且与校内秩序,亦有妨碍"。为此,会议议决:

> 大礼堂为本大学集会地点,凡校外借用者,应由校务会议审查其集会性质方得许可。凡我校学生团体借用者,仅以全校学生团体举办学术等项集会为限,但仍须经校务会议审查许可。凡夜间借用者,并须照章纳费。②

---

① 王卫民编校:《吴梅全集·日记卷(上)》,河北教育出版社,2002 年,第 249 页。
② 《校务会议记录(1932 年 12 月 26 日)》,中大档 648—910 号。

大学对礼堂使用的限制说明学校有意减少校外因素对校园秩序的影响。虽然学校并未完全拒绝校外机构的借用，但传达了学校加强管理，使校园远离校外纷扰的态度。通过引入申请程序和审查环节，大大降低了校内外团体借用大礼堂的频率。校方将校内团体的集会严格限定在学术层面上，也将进一步强化校园的学术氛围，使礼堂不仅仅成为政治集会的场所，也要成为高深学术的讲堂。从后来的发展来看，中大举行的诸次学术演讲和全校性的隆重集会，都是在中大礼堂举行，无形中强化了大礼堂的象征性意义。礼堂所体现的历史感和学术色彩使其成为大学不可替代的象征。

1932 年罗家伦就任中大校长时，仍兼任中央政治学校代教育长，并言明以一年为限，一年后视情况再定去留。同时由于其担任党国最重要的两所学校的领导人，位高权重，常常受到各方攻击。1933年 8 月，罗家伦以一年期限已到为由，上书请辞中大校长职务。蒋介石和行政院鉴于"中大情形复杂，正在上轨道之时"，坚持让罗家伦继续担任中大校长。

事情本已平息，但是 8 月 21 日，毕业同学会在《中央日报》公开发表宣言，历数罗家伦六大罪状，要求罗辞去中大校长职务。其列六大罪状：(1) 不学无术，(2) 废弛校务，(3) 植党营私，(4) 贪污舞弊，(5) 卑鄙欺诈，(6) 购买日货。① 其中既有对罗个人人格的攻击，也有对校务管理的批评，虚虚实实，真假难辨。事后来看，宣言所列事项颇多失实之处。但毕业同学会对校长的公开责难，对于初入正轨的中大，影响颇坏。

毕业同学会虽为毕业同学联谊组织，但与中大师生关系密切，其立场代表了校外的某种势力，也代表了校内的部分群体。对于毕业同学会的倒罗宣言，中大学生的反应是"出人意料之外"。② 在他们看来，中大在罗家伦主持下发展方兴未艾，欣欣向荣，毕业同学会"居

---

① 《国立南高东大中大毕业同学总会为母校罗校长辞职宣言》，《中央日报》，1932 年8 月 21 日。

② 德良：《1933 年的中央大学》，《大学生言论》，第 2 期。

然"于此时倒罗,其间必有"某种关系"。虽未明言,但可以看出幕后势力对于此事的运作,也可以感到校内外力量意欲在中大校长人选上有所作为,大学有再次陷入风潮的危险。

针对毕业同学会的公开宣言,罗家伦给予了坚决反驳,并呈请教育部彻查真相。罗在呈请中指出,毕业同学会的这种做法不单单是对其个人声誉的污蔑,更重要的是有煽动学潮的危险,对刚刚归于平静的中大校园影响极坏。罗家伦将毕业同学会的行为与学潮联系在一起,使人很容易联想到一年前中大"是非多端"的混乱状况,容易得到政府的支持。罗进一步指出,毕业同学会对其公开发难,其根源在于觊觎校务管理权力。毕业同学会对学校事务妄加干预,尤其是在人事任免上多有干涉,严重危及到学校的行政管理工作。"毕业同学会对于校务动辄干涉,且随时荐人,稍不遂意,既加恶声,此种习尚,为各国大学所未闻。"①人事任免和教授聘任是大学行政管理的关键所在,毕业同学会在这一问题上试图产生影响,是对大学事务的干预,也是对大学校长行政权威的挑战。

在这场风波中,政府坚定地站在罗家伦一边,对毕业同学会进行斥责。事情虽然很快平息,但反映了各方力量的较量。在1932年"易长"风潮中,毕业同学会便曾表现出积极运作的姿态,在校长人选、学生甄别等一系列问题上均有所主张,在党国高层多方游说,对大学的行政事务也干预颇多。这种姿态显然危及到了以校长为代表的行政管理层的权威。他们对于外部因素对大学权力的干预表现出警觉的态度,并采取了坚决抵制的立场。而政府也坚定站在校长一边,"予以专责及深切之信任"。罗家伦力避外界纷扰,为30年代中央大学的稳定发展提供了良好环境。

---

① 《对南高东大中大毕业同学会总会名义所发之宣言谈话》,《文存》,第5册,第313页。

第二节　为中大求师

20 世纪 30 年代，程其保在《论大学教授与学生》一文中曾说道，"大学之中，教授为主体，而大学之风，亦恒以教授为转移。"[①]诚然，教授对于大学的学术品质和学术风气有着深远影响。罗家伦此前也指出，"要大学好，必先要师资好。……我认为罗致良好教师，是大学校长第一个责任。"[②]傅斯年在当时便说："大学以教授之胜任与否为兴立所系"。[③] 由于民国大学体制的开放性特点，学术人才在国内各大学、研究所和政府机构之间流动频繁。办好大学的关键就在于吸引、稳定一批高层次学者。而此前由于中央大学连年学潮，很多优秀学者离校他去。罗家伦在 1933 年就曾说，"过去有很多有名的教授来中大讲学，大多数是不愿长留，时间不久，就应他校聘请。"[④]所指的就是当时的状况。面对优良师资的流失，罗家伦把聘请和稳定教授队伍作为工作重点。

一、用人唯才与教师专任

对于当时中国大学的人才状况，罗家伦有着悲观的判断。一方面，大学在与政府机构的人才竞争中处于劣势，众多学者被政府网罗。另一方面，教授整体水平低下，大学间频繁的人才流动不过是一种虚假繁荣。在 1932 年《亡国的教育状况》中，他认为当时的大学教授，有不少不过是"招摇撞骗的野鸡教授"。即使是在学者之中，那些"学通中外，道贯古今的学者"，全国"总共还不到一打"。而多数人不

---

① 程其保：《论大学教授与学生》，《时代公论》，1932 年 7 月，第 16 号。
② 《学术独立与新清华》，《文存》，第 5 册，第 20 页。
③ 傅斯年：《改革高等教育的几个问题》，《独立评论》，1932 年 8 月 28 日，第 14 号。
④ 《中大一年和将来的希望》，《文存》，第 5 册，第 317 页。比如著名学者汤用彤便到了北京大学，并受聘为中华文化教育基金会研究教授。

过是"可能的学者",这些人往往过于自负,不肯下苦工,最终难有成就。① 基于这种判断,罗家伦对聘用人才的难度有着清醒认识,也更坚定了其用人唯才的信念。

罗家伦在中大尚未就任便受到了门户之争的困扰。在中国近代高等教育史上,北大与中大在学术上的论争始终若隐若现,并推广到人事和派系的对立上。罗家伦虽曾任东大教授,但出身北大,和北大渊源较深。罗就任中大校长,便出现了"北大势力统治中大"的言论。为此,罗家伦给予了正面回应:

> 本人以为办学决不应存门户之见,故对于门户之见极端反对。中国情形已经如此,全国人才,亦复不多,黄台之瓜,宁堪再摘;国之不存,门户何存? 故对于用人方面绝无门户观念,只抱人才主义。②

罗家伦欲破除"门户之见"的谣言,关键是要在人事任免上有所表现。上任伊始,他大量任用原有学者,尤其是在院长的聘用上没有因校长更迭而出现"一朝天子一朝臣"的局面。如文学院院长汪东、理学院院长孙洪芬、农学院院长邹树文、工学院院长卢恩绪等,"均系东大或东大旧日教授,学问道德卓著者"。教务长孙本文亦系中大原有教授,教育学院院长黄建中和法学院院长童冠贤虽非中大原有教授,但在教育学术界有相当地位。这些做法是对"北大势力统治中大"之说的有力回应。

在罗家伦看来,所谓用人唯才,不仅要抛开门户偏见,更重要的是坚持学术标准。他说,"为青年择师,必须破除一切顾虑,以至公至正之心,凭着学术的标准去执行。"中大地处首都,罗本人又与党国高层交往密切,常有政要推荐人才,谋取教职。对此,罗家伦以学术为

---

① 《亡国的教育现状》,《文存》,第 5 册,第 310 页。
② 《提高学术创立有机体的民族文化》,《文存》,第 5 册,第 234 页。

标准,时常加以拒绝。当时担任教育部长的王世杰后来曾提及这一层,"据我所知,罗志希做大学校长之时,政府中和党中许多人向他推荐教职员,倘若资格不合,他不管什么人,都不接受,因此得罪了许多人。"①

罗家伦强调用人唯才,并非以学术地位决定一切,更看重其学术成就能否为我所用,能否对大学发展作出贡献。为此,他不请有虚名而停止了上进的名教授,而着眼于在学术上根基扎实、学术兴趣浓厚并愿意继续做研究的年轻学者。聘请外国学者,他也认为"不是请外国最享有盛名的人来一短期,而是请几位造诣已深,还在继续工作,日进未已,而有热忱的学者,多来'为师'几年"。② 罗尤其看重那些刚学成归国的年轻学者。年轻学者需要良好的工作环境,使他们能继续在国外所进行的高水平研究;大学也需要一批年富力强、具有创新精神和学术活力的青年才俊。这是一个双赢的互动过程。在这一过程中,青年学者不仅取得了学术上的成就,也与大学共同成长,同大学的荣辱利害攸关,并能形成深深的认同感和归属感。不务虚名,注重人才的实用性,是罗家伦用人唯才观念的深层体现。比如罗拒绝对国际知名的育种学专家洛夫的聘任便体现了这一点。洛夫当时在中国进行农业科技改良工作,此前在 1929—1931 年间,由中大每年担负其薪金近6 000元,但洛夫(H. H. Love)本人并没有在中大任课。1932 年聘约到期,江苏省政府与中大讨论续聘问题。罗家伦便不主张续聘,认为除非他"能在本校办公,并担任一种功课,则本校愿参与续聘之协商"。③

罗家伦在聘用人才上的另一个主张是"教授专任"。在此之前,中大教师兼任情况十分普遍。根据 1930 年的《全国高等教育统计》,中大 329 名教师中兼任者就达到 148 人(其中校内兼任 50 人,校外

---

① 王世杰:《我对罗先生三点特别的感想》,《文存》,第 12 册,第 842 页。
② 《学术独立与新清华》,《文存》,第 5 册,第 22 页。
③ 《江苏省政府电商续聘洛夫教授案》,中大档 648—910 号。

兼任 98 人),占全体教师总数的 45%。[1] 教师兼任的高比例反映了当时中国学术人才的匮乏。校外机构争夺人才,名人不得不多处"帮忙",造成兼任盛行。过多的兼任也反映了非学术因素对于大学教授席位的影响,这一点在法学院和工学院表现得最为明显。这两个学院因与国家建设和政府机关联系紧密,许多教授都是政府公务人员,教授兼任现象尤为突出。根据 1931 年度编制的《中央大学教职员录》,中大法学院教授 50 人,其中明确为专任者仅仅有 6 人,明确兼任者达 35 人,另有 9 人未注明专任或是兼任。[2] 而工学院 32 位教授和讲师中,其中专任者 14 人,兼任者达 18 人,[3]兼任比例也达到五成以上。

教员兼任过多,不利于提升大学教育效能和学术品质,这在当时的政学各界已成共识,批评之声也不绝于耳。罗家伦到校后,多次主张教师应该以专任为原则,奉行"凡可请其专任者,决不请兼任",以求其教师"心无二用,专心在中大授课"。

1932 年 10 月,中大颁布了《国立中央大学教员待遇章程》,对教员的兼任和专任进行了明确规定。第一,各院系院长、主任必须由专任教员担任;第二,专任教授或专任讲师,每周讲授不低于 9 小时;第三,专任教员不得在校外兼职,若有特殊情况需要兼职者需经本大学同意,且每周兼职不得超过 6 小时。[4] 经过几年努力,中大教师兼任教授过多的局面得到扭转。1933 学年,全校兼任教员减到 80 人,专任教员讲授的课目超过全部课目的四分之三,从根本上保证了教学队伍稳定和良好的教学质量。到 1935 学年,全校兼任教员更减少到 34 人。[5] 而这些少数的兼任教员,也"多系某种特殊科学之专家,系

---

[1] 教育部高等教育司编:《全国高等教育统计》,表 12:近三年度各大学教员专兼任分析表,1928 年。

[2] 《国立中央大学一览》中央大学教职员录,1931 年。

[3] 《国立中央大学一览》中央大学教职员录,1931 年。

[4] 《国立中央大学教员待遇章程》,《国立中央大学日刊》,1932 年 10 月 4 日。

[5] 《中央大学之最近四年》,中国国民党中央委员会党史委员会:《革命文献》第 56 辑,抗战前之高等教育,1984 年,第 452 页。

政府及其他学术机关所借重,为本校所欲罗致而事实上有不可能者"。中大因 1932 年停招,到 1936 年恢复 4 个年级,教师人数增加到 424 人,而其中兼任教员也仅 54 人。到 1940 年,全校教师人数 386 人中专任达到 347 人,兼任仅 39 人。① 以此前兼任盛行的法学院为例,罗家伦赴任前法学院教授多系各政府机关人员兼任,全院专任教授仅有 3 人。罗家伦针对这一情况,在赴任时强调法学院此后聘请教授以专任为原则,"凡应聘为专任教授者,均须辞去其他职务"。② 1932 学年法学院专任教授已增至 13 人,到 1940 年,法学院教师 29 人中,兼任者仅有 9 人。工学院的教师结构也体现出这种变化趋势。工学院在 1937 年时有教授 34 人,其中兼任者仅有 8 人。③ 到 1940 年,工学院教授 41 人中,其中专任 33 人,兼任仍仅 8 人。较之 1930 年,教师兼任情况已经大大改善。

二、总荟各类专门人才

罗家伦有意将中大建设成为领袖群伦的学术重心,高度重视延揽人才。1933 年秋天,他说自己就任中大校长一年来,"无时无刻不与各学者接洽,亦无时无刻不想有名的学者来中大讲学"。罗家伦所言并非空话,也就是在 1933 年,中大新聘的教师人数高达 98 人,其中专任教授 49 人,兼任教授 13 人,专任讲师 7 人,兼任讲师 2 人,助教 27 人。而当时全校教员人数仅 348 人,新聘人员占教员总数的 28.1%,其中尤以新聘的教授为多,占总数的 32% 以上。该年度引进人才的规模被罗家伦称为"中大有史以来最大的一次"。④

---

① 《中央大学教职员学生概况简表》,《南大百年实录》(上),南京大学出版社,2002 年,第 424 页。
② 《中央大学各院系统聘教授及系主任》,《江西教育行政旬刊》,1932 年 5 期。
③ 王德滋主编:《南京大学百年史》,南京大学出版社,2002 年,第 126 页。
④ 《中大一年和将来的希望》,《文存》,第 5 册,第 316 页。

表 2−2　1933 年度中央大学新聘教员情况①

	总数	教授(含副教授)	讲师	助教
1933 学年教员人数	348	191	40	112
1933 学年新聘教员人数	98	62	9	27
新聘人数所占百分比	28.1%	32.4%	22.5%	24.1%

在此次新聘的学者中,不乏国内外知名教授。仅理学院新聘教授就有 12 人,其中包括留美数学博士孙光远、胡坤陞和曾远荣,化学博士庄长恭、杜长明,生物学博士孙宗彭;留日归国的农学博士罗宗洛;受业于居里夫人的物理学博士施士元;地理学博士胡焕庸和王益崖以及两广地质调查所所长朱庭祜等。另有德籍物理、化学教授各一人。可谓极一时之盛。

此后数年,中央大学吸引了大批优秀人才来校任教,扭转了 30 年代初期因学潮频仍所导致的教师外流的局面。长期任教中大的方东美在回忆罗家伦当年求贤若渴的情景时这么写道,"全国的学会每个月在南京开学术会议不知有多少,……但凡有新型的学术会议,他无有不到的,而且是第一个到最后一个退席。"对此,方东美曾戏谑他不务正业,而罗家伦的回答却是"我对这样的学术会议,绝不放过,无论我对这些学问是如何的外行,没有退过一次席,我的目的是在'为中大求师'"。② 在 1934 学年,中央大学新聘教授 31 人。③ 1935 学年,又新聘教授 23 人。所聘教授多为国内外知名的学者,如医学院院长戚寿南,牙医专科学校黄子濂主任,农学院林世铎、工学院吴钟伟、张谟实、王守竟等,教育学院常道直、高剑父等,法学院章任堪、童冠贤、尹葆宇等,理学院丁文江、郑华炽等(其中丁文江为兼任,但不

---

① 数据来源:1933 年中大教员人数见《南大百年实录》,第 310 页。1933 学年中大新聘教员人数见《中大一年和将来的希望》,《文存》,第 5 册,第 316 页。学年与年度不同,学年所指为本年 9 月至次年 8 月。如 1932 学年指的是 1932 年 9 月至 1933 年 8 月,关于学年的说法下同。

② 方东美:《但求凋谢无死亡的罗志希先生》,《文存》,第 12 册,第 836 页。

③ 《中央大学新聘教授共有 31 人》,《中央日报》,1934 年 9 月 26 日。

在中大领薪)①。这些学者的到来使得中央大学俊彦云集,学术气象为之一新。1937年中大举行建校十周年纪念,在大学出版的纪念册中这样写道:"现各院系师资,大致均已充实。今后自仍随时留意,多方延揽,俾本校蔚为各种学术专门人才之总荟。"②从中可见中央大学师资之充实,以及中大师生对未来的期待之情。不幸的是抗战爆发,打断了大学建设的连续性。

即使如此,抗战时期的中央大学仍然拥有一支高水准的教师队伍。由于中大成功西迁,较好保存了图书、仪器、设备,且学校选址在作为战时陪都的重庆,一时间抗战时期众多学者云集中大。对于考察大学教授队伍的整体水平历来缺乏统一的标准,现以抗战时期国民政府实施的"部聘教授"制度为参考,对于展示当时中国大学最优秀的教授群体的分布情况应能提供一个相对公平的尺度。部聘教授共评选了两次,产生了44人,其在国内各大学的分布情况具体如下:

表2-3　民国时期"部聘教授"44人名单及所在学校分布③

学校名称	人数	具体名单
中央大学	12	胡焕庸、艾伟、孙本文、梁希、蔡翘、胡小石、楼光来、柳诒徵、高济宇、戴修瓒、徐悲鸿、常导直
西南联大	9	汤用彤、吴宓、吴有训、饶毓泰、张景钺、庄前鼎、曾昭抡、冯友兰、刘仙洲
浙江大学	4	苏步青、王琎、吴耕民、胡刚复
武汉大学	3	杨端六、刘秉麟、周鲠生
中山大学	3	何杰、邓植仪、梁伯强
四川大学	1	萧公权
重庆大学	1	何鲁

　①　《站在民族复兴的最前沿》,《文存》,第5册,第440页。
　②　《国立中央大学概况》,见南京大学校庆办公室校史资料编辑组编《南京大学校史资料选辑》,1982年,第291页。
　③　具体数据引自曹天忠《档案中所见的部聘教授》,《学术研究》,2007年第1期。其中吴有训、胡元义、何杰、周鲠生等四人为第一批部聘教授,在第二批部聘教授公布时他们的所属学校发生变化。今仍按第一次公布时的所属学校进行统计。

学校名称	人数	具体名单
西北工学院	1	余谦六
江苏医学院	1	洪式间
湖南大学	1	杨树达
西北师院	1	黎锦熙
国立师范学院	1	孟宪承
燕京大学	1	陈寅恪
中央政治学校	1	胡元义
中国科学社	1	秉志
交通部桥梁设计处	1	茅以升
中央研究院	1	李四光
西北大学	1	萧一山

在44位部聘教授中,其中有12位来自中央大学,所占比例远远高于国内其他大学,并且涉及文学、历史、哲学、艺术学、地理学、教育学、化学、法学、医学、农学等众多学科领域,足见中大当时教授队伍质量在国内大学中的领先地位。

第三节　调整学科结构

学科结构的调整和变化,体现着大学发展的思路与方向。对于中大的学科发展,罗家伦在1933年提出了明确的定位,他说:

> 我认定我们以后所有的学科,都要切合国家的需要,以后各方面的行动,要与政府有最密切的联络。……我们今后一切的学科都要在一个中心目标和整个计划之下配合国家的需要。在教学的各种活动中,一定要与政府取得密切的联络。我们要使本大学变为国家定选人才的机关,要使

本大学为完成全国总动员之知识上的功臣。……我们必须寻求实际的应用,尤其是要切合国家的需要,在政府的指导赞助下求实际的应用;这就是我们今后的中心政策。①

在这一思路指导下,中大的学科建设对国家需求和现实应用需要给予了密切关注。国家的需求,尤其是国防的需要,成为大学学科调整的重要指引。新系科的增设紧密围绕国家建设的需要,并且和政府的背后推动密切相关。

罗家伦要求各学科要"在政府的指导赞助下求实际的应用"。院系的学科调整始终与各级政府机构的需要步调一致。1931 年中大与卫生署合作开设了卫生教育科,培养师范学校及中学校卫生学科师资暨卫生教育行政人员。1933 年,中大应社会需求把该科扩展为四年制本科,其中关于卫生教育方面的课程,均由卫生署聘请专家担任讲授。② 1932 年 10 月,罗家伦曾对整理委员会的院系整理方案进行修改,考虑到国家和社会的现实需求,保留了化学工程科、社会学和心理学等多门学科。同年,中大应教育部要求开设国防化学讲座。③ 1933 年,大学再次应教育部要求开设师资训练班,培养中小学师资队伍。1935 年大学又与各地省政府合作创办畜牧兽医专修科。罗家伦认为,"中央大学的农、工、理各学院都非和国防打成一片不可。"他在农学院调研时,提到粮食生产对于国防关系重大,而森林系在幕府山的造林、畜牧系的军马研究,都与国防关系密切。④ 针对水灾频发的状况,罗家伦在 1935 年决定把土木工程系的水利组扩充成系。他认为从国民生计来看,这是当前的迫切需要。该系"不但要研究水利工程这项重要的科学,我们还得把握住中国最严重的几个水

---

① 《太平洋大战与中国前途》,《文存》,第 5 册,第 276 - 277 页。
② 《中大卫生科课程将有新设施》,《中央日报》,1933 年 7 月 23 日。
③ 《本校特设国防化学讲座》,《国立中央大学日刊》,1932 年 12 月 14 日。
④ 《中国农业的新趋向及今后发展的途径》,《文存》,第 5 册,第 549 页。

工问题:如治黄导淮,必须加以实际的研究"。① 为此中大与中央水利委员会合作,先设立水工研究室。到 1937 年,双方又合作成立水利工程系。

在 30 年代中大的学科调整中,最具代表的则是医学专业与航空专业的发展。

一、发展医学

中大重点发展医学专业的主张在当时颇受质疑。1932 年,整委会议决将位居上海的医学院从大学的主体中剥离。而医学院学生此后曾多次向中大和教育部请求复院,均遭到拒绝。但未满三年后,中大于 1935 年决定重办医学院。

1935 年 5 月,教育部在对中央大学的训令中提出,"吾国医学人才至感缺乏,首都亦尚缺乏高等医学教育机关。该校应即添办医学院于下年度开始招生,以应国家急需。"②但是教育部并未为此事拨付专款,而是要求中大在现有经费中撙节使用。当时距离下学期开学仅有数月,关于地址、经费、教师、招生等问题众多,中大任务颇为艰巨。

即使如此,罗家伦仍迎难而上。在 5 月 22 日会晤记者时,他便明确中大医学院将在秋季招生,各种计划正在有条不紊进展之中。③在后来他这样回忆当时的情形:

> 在民国 24 年我决定要开办医学院的时候,我去和卫生署长刘瑞恒先生商量。他劝我迟一年办,他友谊的警告我道,医学院是不容易办而且最费钱的。我说,我都知道。但是我要办就今年办,明年我就怕顾忌太周,没有这股勇气。决心是不容易下的,有了决心又何必等一年呢? 所以当时

---

① 《兴水利与除水害》,《文存》,第 5 册,第 449 页。
② 《教育部改进专科以上学校训令汇编》第一辑,商务印书馆,1935 年,第 2 页。
③ 《罗家伦谈中大添办医学院》,《中央日报》,1935 年 5 月 23 日。

我只筹出了三万块钱,就开办了一年级。①

罗家伦在开办医学院上所体现出来的决心和勇气,一方面与其个人勇于任事的性格有关,而更为重要的则是罗家伦深刻意识到培养医学人才对于国家建设和民族救亡的重要意义。

众所周知,开办医学院需要大笔投入。也正因为此,当时国内大学设医学院者寥寥无几。在1935年,国立大学办有医学院者,只有北平、上海、同济、广州四处。而私立大学办理医学院并有所成绩者,也只有湘雅、齐鲁、协和、华西四处。根据1934年的高等教育统计,该年全国大学毕业生共计8 325人,但其中医药类学生仅有216人,只占学生总数的2.25%。② 所以在1935年中大添办医学院时,罗家伦认为"医学院纵添办十个,也不为多"。③ 国内高等医学教育的落后,也正是国家要求中大筹办医学院的原因所在。中央大学作为最高学府,在此问题上应该不畏困难,勇于担当。至于添办医学院的目的,罗家伦1940年在医学院全体师生的演说中再次提及,他说"当时急于开办医学院有两种用意。一是准备对日作战,训练救死扶伤的人才;二是为了复兴民族,培养主持民族健康的人才"。中大添办医学院,国家建设和民族救亡的需要是其首要的考量。

但是经费问题难以回避。当时,政府预算筹建国立牙医专科学校,其中预算经常费84 000元,开办费80 000元。教育部为缓解中大筹建医学院的经费压力,乃呈文行政院提出变通举措,就中央大学医学院内附设牙医专修科,"所有原定经临各费,照数拨给专修科作为开办经常费用"。行政院虽坚持国立牙医专科学校经费独立预算,但"为谋教学之便利及设备之经济起见,该专校由部指定国立中央大

---

① 《发扬科学的医学》,《文存》,第6册,第49。
② 教育部统计室编:《23年度高等教育统计》,1936年,第9页。
③ 《站在民族复兴的最前线》,《文存》,第5册,第439页。

学主持办理"。① 于是在 1935 年秋,罗家伦聘请著名学者戚寿南为医学院院长、黄子廉为牙医校主任。医学院和牙医专科学校同时添办,这成为中央大学医学学科发展的重要转折点。

医学在此后数年成为学校发展的重点所在。1936 年兴建的牙医院耗资近 15 万,目标是建成"国内唯一最完备最新式的牙医院"。同时牙医校还向德国订购了价值约 10 万元的仪器设备。这批仪器虽然战前没有使用,但后来费尽周折,在战时辗转香港运至重庆。② 医学院由于缺乏专项经费,学校虽"迭经呈请政府增拨经费",但因"国家财政困难已达极限,于事实未能获准"。为此罗家伦不得不多端筹措资金,其中,中英庚款委员会和中华文化教育基金会对于医学院建设均出资相助。1936 年,中基会拨款 1 万元用于医学院聘请教授的津贴,1937 年又拨款 15 000 元用于该院图书购置。1940 年罗家伦致函中基会,对"贵会不断补助"医学院事业发展表示感谢。1936 年,医学院也向中英庚款董事会提出申请补助试验设备费 8 万元,但未获批准。当年中英庚款董事会分两年补助中大经费 6 万元,其中 2 万用于算学系的图书设备,4 万元用于工学院的机械设备。但有趣的是,在拨付第二年的 3 万元时,中大向董事会申请将该年度经费移作医学院建设之用。③ 这一举措一方面反映了医学院经费的紧张局面,另一方面也说明了大学管理层对于医学院发展的特别照顾。朱希祖在 1936 年 6 月 30 日的日记中便提及,"上午到中央大学文学院开院务会议,因本校新添医学院,故拟裁去社会学系及蚕桑系,而各系亦须再裁教员,史学系闻欲裁去上古史教员程仰之,力争不得。"④ 事实上,校方节省其他学院经费用于发展医学院并非秘密,戚寿南便曾说,"中央大学医学院自奉部令开办成立,即无基金,亦无开办费

---

① 《教育部关于牙科学校由中央大学主办训令》,《南大百年实录》上卷,南京大学出版社,2002 年,第 320 页。

② 《牙校仪器即将运蓉》,《中央大学校刊》,1938 年 7 月 18 日。

③ 《中央大学致中英庚款董事会请款申请(1936 年 6 月 4 日)》,中大档 648—4744号。

④ 朱希祖:《朱希祖日记(中册)》,中华书局,2012 年,第 673 页。

用,一切经费均系本校各学院结余之款补充"。① 1936 年 9 月,罗家伦也提到,"我们为充实医学院,最近增加八万元的设备,其他院的学生听着这句话,或会感觉不舒服。"②罗家伦的这番坦白,更可看出校方的良苦用心和医学院发展的步履维艰。

　　大学西迁后,医学院和牙医校在成都借用华西大学的实验室和教室开学,其后齐鲁大学医学院也迁入。当时的办学条件极为艰苦,尤其是缺乏实习设备和实习医院,严重影响到正常的教学进程,乃至在 1938 年初发生了牙科学生要求转学和罢课事件。但在校方的苦力维持下,中大的医学事业没有中辍。1938 年,在戚寿南的努力下合并成都原有的三家教会医院,改组为三大学联合医院,供高年级学生实习之用。1939 年,大学增设了 6 年制牙医本科,牙医校所有在校生转入本科学习。1941 年,中大医学院脱离联合医院,独立开办四川省公立医院。同年,医学院设立医科研究所生理学部,开始招收研究生。医学院在师资、设备、条件等多方面得到极大改善。1937 年,医学院(含牙医校)仅有教授(含副教授)7 人,讲师 6 人,助教 6 人,到1939 年,医学院已有教授 24 人,讲师 10 人,助教 21 人。③ 其中戚寿南、蔡翘、郑集、李廷安、胡懋廉等都是国内一流的学者。时人所谓"本院人才,在国内医学院校中,向系首屈一指"。抗战时期的中央大学医学院已"蔚为今日大后方唯一设备完备人才齐备之医教机关"。④根据 1940 年为该年度参加国立各院校统一招考学生编写的《到大学去》一书,认为在国内大学中,"医学院以中央大学、同济大学与西北联大为优"。⑤ 中大医学院的办学成绩已经得到了社会的广泛认可。

---

　　① 《戚寿南致中英庚款董事会函》,中大档 648—4744 号。
　　② 《锻炼有为的体格培养苦干的精神》,《文存》,第 5 册,第 459 页。
　　③ 《南大百年实录》编辑组编:《南大百年实录》(上),南京大学出版社,2002 年,第429 页。
　　④ 《罗家伦致中华教育文化基金会函(1940 年 2 月 6 日)》,中大档 648—4758 号。
　　⑤ 余蕾主编:《到大学去》,新新印务馆,1940 年,第 26 页。

二、航空工程

与医学院的步履蹒跚相比,航空工程因与国防直接相关,得到政府的密切关照。航空工程专业的快速发展,是中大与政府密切合作、围绕国家战略需求优先发展工程学科的典型,也成为大学发展与国家建设互动共赢的范例。

1933 年 7 月,罗家伦参加庐山国防会议时,很多代表提出"无空防即无国防",主张从培养人才做起发展航空事业。因发展航空工程需要多学科的支持,所以认为在大学里设置最为相宜,乃决定"在中央、清华、交通和武汉四个大学"实施航空工程人才训练。虽在四校创办,但实际上是以中大为主体。10 月,教育部会同航空委员会指定中大设立航空工程学系,其第一年设备及经常费用补助 30 万元;并指定武汉大学及交通大学筹备设立航空工程学系,其第一年设备及经常费用补助 5 万元。① 这一决议确定了中大在国内大学发展航空工程上的主导地位。

由于缺乏相关的学科支撑和人才储备,中大开办航空工程本科的条件并不成熟。但为应对国家急需,中大与航空委员会磋商后决定先办研究班,"招收各大学机械工程、土木工程和电机工程三系的毕业生,再加以两年航空工程的训练",以收速成之效。该班称为机械特别研究班,不登报招生,而由"工学院院长和负责教授分函通知各著名大学的工学院长和教授,请他们分别通知并劝导优秀的毕业生前来投考"。② 1935 年秋,第一届机械特别研究班开班,录取学生 28 人,其中许多人原是大学的讲师和助教。1936 年底第一届学生中有 21 人修业期满,于 1937 年初分发国内各航空机关服务。

1937 年,中大谋划在航空工程上有个大的发展。其一是将自动工程学系改为航空工程学系,招收大学一、二年级学生各一班;其二是将"特别机械研究班"更名为航空工程研究班,不待第二届学员毕业,再重

---

① 《指定国立大学至少两校从速设立航空工程学系案》,中大档 648—816 号。
② 《在特别机械研究班开学演讲》,《文存》,第 5 册,第 417 页。

新招收 30 名学生加以训练。1937 年 8 月,在抗日战争的烽火连天中,中大航空工程系公开招生,共录取新生 50 名(其中毕业 38 人)。

为了加快航空机械人才的培养,中大在西迁后从工学院的机械、电机、土木、化工、建筑等系及理学院的物理、化学、数学系等八个系修完一年级的学生中招插班生 20 名,转入航空系二年级,这些人1940 年毕业,成为首届航空系毕业生。而 1937 年录取的第一批新生在 1941 年毕业,倒成为第二届。学校的这一做法显示了大学在培养航空人才上的急切心态。1939 年,中大在磐溪沟底修建了大型棚场,可以存放数驾飞机和发动机,其中设有结构、风动、发动机和仪表四个实验室,配有修配工程室和图书室。

1937 年初,中大受航空委员会委托举办航空工程训练班,进行为期半年训练,前后结业学员有 46 人。[1] 1939 年又受航空委员会委托代办航空工程专修班,目的在于"以增进现役航空技术人员之航空工程学识,使其增加工作效能,拓展航空业务",[2]由航空委员会选派现役航空技术人员入班学习,为期两年,前后毕业 14 人。

在航空工程人才的培养上,中央大学与政府机关始终保持着紧密合作,尤其是与航空委员会的合作。所以在 1937 年中大拟创办航空工程系时,新增加的预算达 25 万元。而大学自身只能筹款 5 万元,其余 20 万则希望航空委员会给予资助。[3] 事实上,从 1935 年 7月到 1938 年 9 月之间,航空委员会拨付中大用于发展航空工程的经费达到 40 万元,而同时期学校用于航空工程发展的自筹经费仅 10万元。[4] 航空委员会的资助对于中大航空工程专业的开展至关重要。

紧密服务于国防建设和国家需要的航空工程系因校方和政府的支持成为中大最"得宠"的系科。机械特别研究班的学员中吸引了不

---

① 国立中央大学学生自治会编印:《国立中央大学概况》(29 周年校庆纪念),1944年,第 88 页。

② 《航空委员会致中央大学函件》,中大档 648—817 号。

③ 《拟建立航空工程研究班、航空工程系报告》,中大档 648—817 号。

④ 《国立各大学航空工程系调查表》,中大档 648—817 号。

少优秀工科毕业生,更有助教和讲师前来就读,并且享受国家的公费津贴。[1] 抗战后中大更是从理学院和工学院选拔了优秀生插班航空工程系学习。后来担任中大教务长的唐培经曾谈及抗战时期的学生招生,他指出"当时优秀生集中在中大,取分最高;而中大取分高的则集中在工学院;而工学院航空系的学生最为优秀。"[2]航空工程系俨然成为中大系科"王牌中的王牌"。

中大航空工程的发展,是罗家伦时期中大工学院发展的缩影。东南大学原本没有工学院,在九校合并时工学院主要是河海工科大学的基础。新成立的工学院无论是在人数还是在影响力上在学校都不占主导地位。根据 1929 年的中大师生人数统计,虽然工学院的学生人数较多,但教师人数仅有 58 人,占全校教师总数的 10.5%。

表 2-4　中央大学各学院教师和学生人数(1929 年)[3]

	学生情况		教师情况	
	人数	占比	人数	占比
文学院	264	14.8%	71	12.9%
理学院	258	14.4%	90	16.3%
法学院	445	24.9%	55	10.0%
教育学院	250	14.0%	60	10.9%
农学院	83	4.6%	107	19.4%
工学院	283	15.8%	58	10.5%
商学院	131	7.3%	47	8.5%
医学院	73	4.1%	64	11.6%
合计	1787	100.0%	552	100.0%

---

① 学校对于机械特别研究班的学员也非常重视,1935 底,第一期学员中,顾逢时"托故请假,中途离校,就任清华大学助教",学校对此十分恼怒,不仅开除该生学籍,而且"追缴所领全部津贴,以资惩戒"。见《中央日报》,1935 年 12 月 17 日。

② 阳新:《七七专题——航空教育与救国》,http://blog.sina.com.cn/s/blog_53b7229601000bm8.html。

③ 中央大学秘书处编辑组:《国立中央大学校况简表(民国 18 年度)》,京华印书馆,1930 年,第 12-13 页。

罗家伦上任之初,工学院仅设有四系(土木、机械、建筑、电机)一科(化工)。但罗出于服务国家建设的考虑,对工学院发展有着整体的设想和较高期望。他调整了整理委员会将化学工程科并入理学院的方案,在工学院保留了化学工程组,并且很快将化学工程组独立成系。1935 年创办的机械特别研究班后改成自动工程系,并于 1938 年正式更名为航空工程系。1937 年,中大又与经济部合作成立水利工程系。1939 年,大学增设工科研究所土木、电机和机械三部。到 40年代初,中大工学院已包括 7 个系和 1 个研究所,并设有技工训练班及各类附属试验场。

通过对比 1929—1940 年间中大各学院教授人数变化的情况,工学院的快速发展引人注目。在此期间,中大教授总数并未显著变化,但工学院教授人数和所占比例却始终在增长。1929 年,工学院仅有教授 29 人,占全校总数的 13.9%,落后于法学院、文学院和理学院。到 1937 年,工学院教授已达 34 人,占全校教授总数的 18.6%,不仅在人数上居全校之冠。到了 1940 年,工学院的领先优势得到进一步强化。

表 2-5 中央大学各学院教授(含副教授)人数的历年变化情况①

学院名称	1929 年		1934 年		1937 年		1940 年	
	人数	占比	人数	占比	人数	占比	人数	占比
文学院	35	16.8%	34	17.8%	27	14.8%	27	13.2%
理学院	31	14.9%	35	18.3%	33	18.0%	32	15.7%
法学院	43	20.7%	40	20.9%	29	15.5%	24	11.8%
教育学院	16	7.7%	28	14.7%	28	15.3%	29	14.2%
农学院	27	13.0%	20	10.5%	25	13.7%	27	13.2%
工学院	29	13.9%	34	17.8%	34	18.6%	41	20.1%

---

① 1929 年数据见《国立中央大学校况简表》,第 12 页;1934 年数据见《国立中央大学教员人数统计表》,《南大百年实录》,第 310 页;1937 年数据见《中央大学概况》,《南大百年实录》,第 336 页;1940 年数据见《中央大学教职员学生概况简表》,《南大百年实录》,第 424-428 页。

（续表）

学院名称	1929 年		1934 年		1937 年		1940 年	
	人数	占比	人数	占比	人数	占比	人数	占比
医学院	16	7.7%			7	3.8%	24	11.8%
商学院	11	5.3%						
合计	208	100.0%	191	100.0%	183	100.0%	204	100.0%

工学院学生人数的变化更为突出。罗家伦上任之初，工学院学生仅为 272 人，占全校学生的 17.7%。而到了 1939 年，工学院学生达到了 805 人，占全校学生的 33.9%。这种增长反映了工学院在罗家伦时期的迅猛发展。

表 2-6　中央大学工学院学生与全校学生人数对比变化情况①

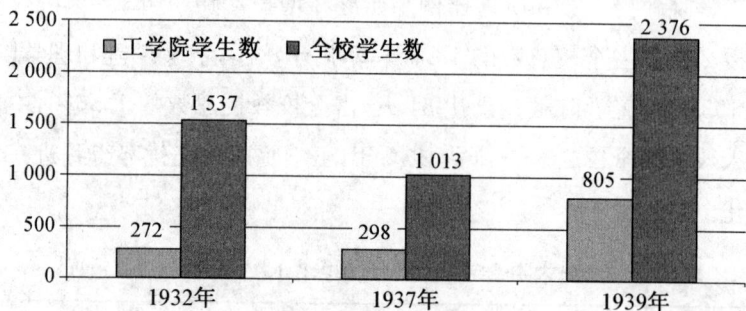

在 30 年代中大学科结构的调整中，医科和工科的发展是其中浓墨重彩的章节。医学院从"无"到有，工学院则从大学院系结构的"边缘"走向了"中心"。而无论是医学还是工学，都与国家建设事业密切相关。中央大学正是通过与政府机构的紧密合作，对国家需求给予了积极的回应，大学在工科和医科的发展正是充分融入到国家建设之中的体现。医科和工科的发展反映了罗家伦将大学建设与民族救亡、国家需求紧密结合的办学理念。这种结合不仅为学科发展提供了强大的整合动力和资源保障，也体现了大学勇于担负起对于时代

① 1932 年数据见《国立中央大学历年学生人数统计表》，《南大百年实录》，第 314 页；1937 年数据见《中央大学概况》，《南大百年实录》，第 336 页；1939 年数据见《国立中央大学要览》，《南大百年实录》，第 415 页。

和社会的责任。

第四节 打造学术环境

罗家伦十分留意大学的学术环境和条件建设,他认为养成优良学风,既要在大学汇聚一批献身学术的学者,更要为他们提供开展学术工作的条件与环境。

一、扩充图书设备

整委会曾就中大经费的使用提出如下分配比例:"教职员薪俸不得超过50%;办公费(连同各院系在内)不得超过10%;其他40%概作设备费。"这一方案是针对中大经费使用中的浪费现象提出的。而对于中大经费的浪费,以及设备费支出比例过低的问题,已在校内师生中引起诸多不满。张其昀在1929年就抱怨说,"两年以来,薪水一项并未拖欠,也并无折扣,可是图书设备,就因此相形见绌了。现在中大,图书杂志,残缺不全的状况,影响于研究著作,到底怎样?这在我们学校当局,一定是深切感到的,用不着我来多讲。"[1]我们以1928年中大的经费支出为例。该年度中大总计支出155万余元,其中薪俸91万元,占总额的58.5%;办公费达到26万余元,占总额的17%;图书仪器连同建筑费总计才37万元,还不到经费总额的四分之一。具体如下表:

---

① 张其昀:《我所希望于本校同学者》,《国立中央大学半月刊》,第1卷第4期。

表 2-7　1928 年度中央大学财政支出情况①

类别		金额（元）	比例
薪俸	教员薪俸	637 766	41.0%
	职员薪俸	209 139	13.4%
	薪饷	63 796	4.1%
办公	办公费	264 639	17.0%
设备	建筑修缮	144 236	9.3%
	图书	70 466	4.5%
	仪器标本	74 253	4.8%
	校具	90 887	5.8%
总计		1 555 172	100.0%

　　对于整委会所确定的设备费占大学经费支出 40% 的比例，罗家伦认为这对于树立良好学风、建设学术环境"极为重要"，并称"本人就职后，第一任务即谋扩充图书馆与实验室"。②赴任之后，罗更指出，"中大此前行政费漫无限度，不免很多浪费的地方，所以设备方面，自难扩充。"为此他提出节省行政开支，作为增加设备之用。此后数年，中大行政费用逐年递减。1932 年度，中大行政费占学校总预算的 10.5%，1933 年度减少到 9.5%，1934 年度减少到 9%，1935 年度更减少到总预算的 8%③，已经低于整委会提出的 10% 标准。

　　根据中大学生的描述，1933 年中央大学的显著特征就是"经费充足大兴土木"，这生动地展现了罗家伦赴任后大学繁忙的建设景象。学校对残破的教学建筑进行了大幅整修，其中包括生物馆、教习房、法学院（东南院）、教育学院（南高院）教室及实验室、学生宿舍等。同时又根据教学的需要新建了农学院教室、种子室、昆虫研究室、工学院教室、工厂等。尤其是耗资 22 万余元加建了学校图书馆，落成

---

① 教育部高等教育司编：《全国高等教育统计》，表 72：十七年度各大学岁出经费分析表，1928 年。

② 《罗谈整顿行政》，《中央日报》，1932 年 9 月 9 日。

③ 《中央大学之最近四年》，《革命文献》第 56 辑，抗战前之高等教育，第 451 页。

后的新图书馆可以容纳 1 000 人以上,容量较前扩大了 4 倍,成为了当时首都最为雄伟和现代化的图书馆。从 1932 年 9 月到 1934 年 6 月不到两年时间里,中大用于建筑的费用就达到 449 464 元。[①] 而在 1929 年,中大校方对未来五年大学扩充营建的计划中,规划的总建设费每年才不过 15 万元。[②] 而规划尚且如此,实际执行情况当更不容乐观。两相比较,便能看出差别。

在图书方面,学校一方面对原有图书进行编目整理,另一方面广购新书以充实馆藏。所订购的"新书陆续到校,尚有继续订购者,亦为数甚巨,每日均有订单发出"。[③] 根据教育部编辑的《全国高等教育统计》,1930 年度中央大学有中文图书 70 285 册,西文图书 26 199 册,共计 92 484 册,远远低于同时期国内主要大学的水平。而到了1934 年,中大藏书量急速增长,达到 162 592 册之多,较之 1930 年增加了近80%,与国内主要大学在图书馆藏书量上的差距也明显缩小。

表 2 - 8　20 世纪 30 年代主要国立大学图书馆藏情况[④]

学校名称	1930 年	1932 年	1933 年	1934 年
中央大学	92 484	123 611	138 181	162 592
北京大学	218 000	195 374	227 198	227 196
中山大学	243 800	253 959	260 515	271 362
清华大学	316 467	246 975	257 108	279 363

自 1932 年 9 月到 1937 年 5 月,中大添购书籍达到 98 209 册,其中,中文书 63 381 册、西文书 34 828 册,另添购中文杂志 286 种、西文杂志 233 种。在 1932 年 9 月到 1936 年 6 月的四个学年内,大学用于购买图书的经费支出就达到 37 万余元。到 1937 年,中央大学

---

① 《南大百年实录》编辑组编:《两年来的中央大学》,《南大百年实录》上卷,南京大学出版社,2002 年,第 317 页。
② 秘书处编:《国立中央大学沿革史》,1930 年 9 月,第 57 页。
③ 宇野:《本校图书馆之近况》,《校风》,第 1 期,1932 年 12 月 26 日。
④ 1930 年数据见《全国高等教育统计》,1932 年数据见《21 年度全国高等教育统计》,1933 年数据见《22 年度全国高等教育统计》,1934 年数据见《23 年度全国高等教育统计》。

的图书量达到 186 617 册,另有杂志 220 586 册,总计有 407 203 册,在其中,中文 204 514 册,外文 202 689 册。① 中文图书中颇多善本,西文书中有很多也极为珍贵。为了追踪国际学术进展,大学不仅所购西文杂志种数多,而且还耗巨资进行补购,所购齐的西文杂志多达 30 余种,比如自 1878 年发行以来的 *American journal of mathematics*,自 1887 年发行的 *Harvard law review* 等等。这些杂志中,有些全套的价格高达六七千元。

仪器一项,自 1932 年 9 月至 1934 年 6 月,大学支出经费246 819 元;自 1934 年 7 月至 1936 年 6 月,支出经费 589 578 元。其化学药品等列入消耗项下者,还尚未计入。故四年来实支仪器费达836 397 元。② 到了 1937 年,大学教学所需之"仪器机械标本模型等,种类即繁,数量尤多",成为教学和科研工作的主要依托。根据 1937 年编写的《中央大学概况》,可以看到当时各院系的实验室建设取得的可喜成效。比如,理学院的无机化学实验室,可以同时供 250 名学生进行实验。教育学院的普通心理实验室,共有心理实验及测验统计仪器 1 900 余件,模型 150 余件,实验用仪器 1 400 余件。③

二、打造"理想的学术都城"

对于营造优良的学术环境,罗家伦有着更宏大的蓝图。在经过安定和充实阶段后,他在 1934 年认为"中大发展的时机到了"。为了将中大办成一所能容纳万人的现代式大学,他决定为中大另辟新址。新校区建设,集中体现了罗家伦对中大未来的规划。

当时的教育部长王世杰曾有在南京东郊以中央体育场为中心建立一个"大学区"并将中央大学迁来的想法。在 1933 年春天,王世杰

---

① 《南大百年实录》编辑组编:《中央大学概况》,《南大百年实录》上卷,南京大学出版社,2002 年,第 317 页。

② 《中央大学之最近四年》,《革命文献》第 56 辑,抗战前之高等教育,第 450 页。

③ 《南大百年实录》编辑组编:《中央大学概况》,《南大百年实录》上卷,南京大学出版社,2002 年,第 330 页。

邀胡适登紫金山时还向其提及。① 在 1933 年 7 月，罗家伦便呈请教育部"在中央运动场东北指拨基地三千亩为中央大学建设校舍之新址，并将中央运动场拨归中央大学"。② 据罗家伦后来回忆，中大迁校的计划得到王世杰的极大赞成。此后，罗在国民党高层积极运作中大迁校事宜，并与教育部长王世杰、行政院长汪精卫、财政部长孔祥熙等人多次商议。罗家伦"觉得发展中大，有许多困苦情形，非另换一环境，则极难解决，学术上的设备，在此断难有扩充的希望"。在罗家伦的推动下，1934 年 1 月，国民党第四届中央执行委员会通过了"中央大学移筑郊外由行政院月拨建筑设备专款 8 万元案"，③提出在 20 个月内完成理、工、农学院之建筑及迁移，在 30 个月内完成其他学院之建筑及迁移。此后中央政治会议通过了一项执行办法，并于 1934 年 8 月训令行政院加以推进。

因中山陵园管理处的反对和首教城市建设规划的需要，中大在南京东郊征地建校的计划夭折。为此大学改在中山门外马群一带征地建设新校区。④ 1935 年 7 月，财政部开始分三年拨款 216 万元，每月拨款 6 万元推进中大新址建设。后因该处为京沪、京芜两路接轨既定路线通过之处，且该处农田村庄甚多。中大乃"另行勘得中华门外京建路上石子岗唐家凹附近山地农田两区，面积约 2 000 余亩"为新校址。⑤

从 1933 年 7 月提出迁校动议，到 1935 年 11 月确定石子岗作为新校址，罗家伦一直是迁校的积极倡导者和推动者。罗家伦积极倡导建设中大新校区，主要基于三点考虑。第一，大石桥校区面积过于狭小，已经远远不能满足大学发展的需要，尤其是工学院建设，急需发展空间；第二，原有校区农学院与主校区隔离，教员分割居住，给教

---

① 曹伯言整理：《胡适日记全集》第 6 册，1933 年 6 月 14 日，第 672 页。
② 《上教育部呈：请在总理陵园范围指拨地亩及中央运动场全部以建设首都学府》（1933 年 7 月 30 日），《文存》，第 7 册，第 130 页。
③ 《重其大而忽其小以诚朴雄伟为怀养成泱泱大风》，《文存》第 5 册，第 379 页。
④ 《中大决分期迁移》，《中央日报》，1935 年 8 月 29 日。
⑤ 《中大新校址勘定》，《中央日报》，1935 年 11 月 5 日。

学工作造成诸多不便；第三，学校杂处市井，不利于优良学风的养成。① 中大现址地处闹市，且学校周围政府机关林立，对大学学风有着很大影响，中大学生对此有着切身的体会。"眼看社会上的高车大马、衣住阔绰的大人先生们，究有几位是有高深的学问的？学生的脑袋充满着荣华富贵的做官思想，奔走权要之门，结果，无怪中国学术落后。"②市区办学空间狭小也影响了教师的生活和工作，学校为教师提供的教职员宿舍供不应求。当时中大教职员宿舍共有 10 所，合计能住单身教职员 140 余人，住带眷属教职员 30 余人。但是各舍都是满员，对于已经登记而未能入住的教职员，庶务组"只得照章遇有空屋，依照登记先后，依序通知承租入住"。③ 许多教师不得不择地租房。教授和学生难以集中居住，"复不能使得教授学生，常相接近，收问难质疑之充分效果"。④

罗家伦曾屡次在全校师生大会上强调新校区建设对于中大的重要性。但迁校计划在校内仍然遇到阻力，尤其是与南京高师、东大有着深刻渊源的旧人颇有微词。1935 年 9 月，毕业同学会呈文国民政府，反对将母校迁址郊处。国民政府以该案已经确立，且经费已纳入预算，给予驳回。但与南高感情深厚的张其昀在《独立评论》上仍撰文公开批评罗家伦迁校之举是好大喜功、铺张浪费，他希望"大学教育精神物质应双方兼顾，我们很不愿把一切流风余韵置之不顾，何况迁校以后更有澌灭殆尽的恐惧。"并直言自己此前征求了郭斌酥和张江树等多位中大教授的意见。⑤《人言周刊》也撰文认为中央大学的

---

① 《南大百年实录》编辑组编：《两年来之中央大学》，《南大百年实录》上卷，第 320 页。
② 雅言：《学生的风气》，《大学生言论》，第 1 期，1934 年 4 月 1 日。
③ 《本校教职员宿舍近状》，《国立中央大学日刊》，1934 年 2 月 3 日。
④ 《两年来之中央大学》，《文存》，第 5 册，第 398 页。
⑤ 张其昀在文后还有一小段附记，言及撰写此文的时候曾与郭斌酥和张江树等人谈及，二人均同意此文的观点，因此他的言论并非个人之言，而是代表着一群人的立场。张其昀、张江树和郭斌酥等人都系出身南高东大。张其昀：《中央大学迁校问题》，《独立评论》，第 127 号。

迁校"有百弊而无一利"。① 张其昀等人长期在这所校园求学、任教，对大学旧址感情深厚，他们认为迁校是对大学文化传统和学术精神的割裂。

阻力重重的罗家伦却坚信对此问题，"二三年后，学术界当有更明朗之认识。"事实上，罗家伦的迁校主张的确与学科建设的需要密切相关。比如中大在与航空委员会合办特别机械研究班时，航空委员会迟迟不拨经费，其中一个重要原因就是认为中大老校区没有进行航空工程试验的条件。航空委员会在给中大的建议中提到，"本会视航空工程系永久校舍之建筑，早日决定兴工，视为此项计划之要素，旧校址余地不多，未便多增临时建筑，希望能在新校址之一隅，指定足敷二三年内航空工程系逐渐扩充之基地，曾草拟建筑计划图交罗荣安教授携备参考。并望指定地点，能与全校建筑计划，无甚妨碍者，在全校建筑图案未定之前，航空工程系部分，可于本年 7 月间单独兴建。"航空委员会把新校址的建设看做大学航空工程专业能否切实发展的前提，使新校区建设变得更为紧迫。为此大学在复函中指出，"新校址建设正在办理征地手续，自动工程系永久建筑，决于新校舍开始建筑时，提前完成，以副贵会补助的盛意。"②可见，新校区建设，符合学科发展的迫切需要。

这里尤其需要提出的是，罗家伦希望建设一个远离城市喧嚣的大学校园，在其中教师和学生能朝夕相处，教学相长，以养成优良的学风。罗家伦把大学看作是一个由学者和学生组成的，致力于寻求真理之事业的共同体，这和德国人雅斯贝尔斯（K. T. Jaspers）的大学理念颇为相似。张其昀等人批评罗家伦迁校是在割裂大学的传统和精神，而罗家伦则强调新校区的建设将推动大学养成新的学风。双方均强调大学精神和学风，却立场迥异。考虑到批评者更多是集中在文学院和理学院的南高学人（在后面的章节会有详细论述），而

① 郭子雄：《中央大学之迁校》，《人言周刊》，1936 年第 44 期。
② 《中央大学致航空委员会函件》，中大档 648—816 号。

罗家伦着力发展的则是工学院,其中的缘由耐人寻味。

　　罗家伦对新校区建设寄予厚望,他甚至认为,"本校能否成为国家完善之学府,当视新校址是否能建筑迁移而定"。新校区建设在1935年底开工,并由教育部聘请叶楚伧等9人为新校舍建筑委员会委员。按照罗家伦的设想,除医学院外,其他学院分两批迁移。预计到1938年,工、农、理三学院提前迁入;1939年,文、法、教三学院最后迁入。罗家伦曾经畅想,"完成之后,站在小山顶一望,于美丽而含蓄的校景之中,一面工厂的马达齐转,一面机械化农场的火犁触动,图书馆里人头攒拥,运动场上几千百的男女活泼泼地跳跃,悠扬的歌声,相和相答,这不能不叫人心旷神怡。"但是由于回民坟墓和征地问题,新校区建设一拖再拖,直到1937年1月才凿井动工。同年5月,工学院和农学院方才动工。后来由于抗战的全面爆发,新校区建设被迫全面停顿,罗家伦为中大规划的"万人大学"美好图景并未变成现实。1938年,罗家伦在其创办的《新民族》杂志上写了一首《忆南京》,其中有一段描述新校址的场景,文词之间,流露出无尽的遗憾。

> 我又想到雨花台南,
> 岗名石子,
> 桥唤铁心。
> 南望牛首,
> 东望方山。
> 北往紫金。
> 山头放眼呵,
> 大江雄浑,
> 秦淮澄清。
> 这二水三山的中间,
> 正是理想的学术都城!
> 有的是很老的森林,
> 更加上手种的榆柏,

也快成荫。

牧场的花背牛羊，

利落地沿着山岗西下，

夕阳里，

映出来如雪如金！①

第五节 学风的转变

罗家伦的治校举措，推动了 20 世纪 30 年代中央大学的快速发展，他一直关心的学风也明显好转。春江水暖鸭先知，在 1933 年中大学生便认为，"这一年的中央大学，可说是风平浪静，不像前几年的干戈扰攘了。"②到 1937 年，他们更是自信满满的写道："社会上有许多人认为中央大学最易闹风潮，学生是没有多时间读书的，但是近年来，中大的风气完全改变，大家都是埋头在图书馆和实验室，到讲演台上去宣读提案，……所以现在中大的空气是严肃而平静，换句话说已成了一个极好研究学问的环境。"③

从干戈扰攘到风平浪静，再到极好研究学问的环境，其中的变化学生们最能切身感受。当时在中大社会学系读书的田蕴阘回忆当时的情形，将学风转变归功于校长罗家伦。"罗先生接任校长不到一年，学校的风气即有了重大的改变，一些上课人云亦云的先生们，已经失去了踪影，而那些教学认真的教授们，上课时格外觉得精神饱满，说话生动有力。图书馆的书籍源源而来，学生进图书馆的人数也与日俱增。"④田的说法系事后回忆，虽多褒誉之词，但与其他说法相

① 罗家伦：《忆江南》，《新民族》，第 1 卷第 3 期。
② 德良：《1933 年的中央大学》，《大学生言论》，1934 年第 2 期。
③ 高山：《给准备投考中央大学者》，《生路》，第 10 期，1937 年 6 月 1 日。
④ 田蕴阘：《悼罗志希校长》，《文存》，第 12 册，第 655 页。

印证,也足以反映学风的真切变化。

　　校长罗家伦关注着学风的变化,并给予了积极回应。在1934年9月,他说:"过去两年,我觉得有两种好现象,很值得提出:第一种好现象便是内部学风的改变。图书馆的扩充和仪器设备的增加,提高了大家研究学术的兴趣,而大家也同时觉悟对于国家的真正责任,唯有有学问的人才能担负,故在过去两年中,大家已能安心读书。"在多次全校师生的大会上,罗都提到中大"学风的转变,习惯的改好,非仅校内人有此感觉,即校外人也有相当认识"。①

　　1934年6月,中央大学举行第七届毕业典礼,汪精卫、王世杰等党国要人纷纷到场。王世杰在讲话中肯定了中大两年来的学风转变,并对大学未来充满期待。他说:

　　　　中大就其所处之地位而言,是非常优越。录取学生之程度,较国内其他各大学为整齐优良,是中大在全国大学中,应居领导之地位。不幸二年以前,校中时起风潮,社会上对于中大的印象,极其不良。因此学校的发展上,遂感到种种的障碍。现在中大已安定,并日在进展,各方面对于中央大学是有很大的希望,且政府已有决心将中大造成为领导全国的大学,设中大不能改进,则改进其他学校,更不免有种种困难。②

　　王世杰的这番话,是政府对于罗家伦赴任两年来在中大办学成绩的认可,也代表了党国高层对于中大的定位和期望。对于致力于国家建设的南京国民政府而言,需要在首都建立一所"领导全国的大学",以为国家高等教育和学术文化的中心,在学术研究、人才培育和对国家贡献上担当特殊的责任。这一点对于推动罗家伦长校后大学

____

① 《重其大忽其小以诚朴雄伟为怀养成泱泱大风》,《文存》,第5册,第377页。
② 《中央大学第七届毕业典礼》,《中央日报》,1934年6月24日。

风气和精神的转变非常重要。罗家伦通过广泛延揽人才,营造学术环境,让大学回归学术,使得中央大学从人人畏避的"是非场"逐步转变成一所学风日进的学府。

更为重要的是,中央大学的发展与国家、政府的需求紧密结合在一起。通过系科调整,大学加强了与政府机关的合作,充分融入到国家建设事业,并得到了政府的积极支持。大学不再是脱离社会发展和国家建设需求的学术"象牙塔",而是成为国家所需要的学术和知识的生产者和传播者。通过罗家伦对中央大学办学理念的重构和实践,学术和政治两方面无论是在大学的精神层面,还是在具体的办学实践中都紧密地结合在一起。

而对于大学与政治的密切关系,身处其中的师生有着深切的感受。抗战时期的中大学生如是总结学校的风气,他们说:"一个学校的学风与它的历史传统是有关的,中大因为一贯的毗邻首都,所以都城的气味都不免要吹进学校,实际政治与中大的距离似乎是比较短的。因为这个缘故,中大是比较多事。"①30 年代曾经在中大任教的历史学者郭廷以在其晚年回忆中,也提到与政治紧密"毗邻"对大学学风的影响,他说,"中大教员都是规规矩矩的教书,但论研究精神则略有欠缺,这是因为课多而且接近政府的缘故,许多教员混资格'做官'去了,所以赶不上清华,清华安定,条件好。周炳琳就说过:'中大是不错,但好像是缺少什么,研究风气不盛'。"②郭廷以和学生的评论都强调政治环境对于中大学术研究的深刻影响,与政治的过往甚密,使得中央大学学术氛围略显不足。

在高等教育发展史上,大学与国家的关系始终在大学自治和国家控制两个极端之间摇摆,双方的博弈导致了不同历史时期两者之间不同的关系模式。前文曾提到,与东南大学时期大学潜心学术、远离政治生活的局面不同,南京国民政府希望将中央大学打造成与国

---

① 楚崧秋:《素描抗战中的中央大学》,《中国青年》,1943 年第 1 期。
② 《郭廷以口述自传》,第 145 页。

家建设和党国意志保持密切联系的全国学术文化重心,"成为领导全国的大学"。这一转变过程对于中央大学的影响是剧烈的,也的确给中大造成了长达数年的动荡和精神迷失。但经过罗家伦的努力,在1930年代中期,大学与国家得以在一个新的关系模式下运作。

罗家伦有意让大学回归学术,远离政治和社会运动的纷扰,养成优良的学风,打造理想的学术都城。但是,罗家伦并不是要让中央大学成为学术的象牙塔,而是更关注大学如何服务于国家建设和政府需要。在罗家伦看来,大学的这种服务和贡献,不是体现在政治上或运动上,而是体现在知识与学术上。大学要成为国家人才的储备库,成为国家建设的知识源泉,成为民族复兴的参谋本部。在罗家伦的引导下,国家意志和政府需求对大学学术的影响显著增强。大学与国家的密切联系不仅符合政府的期望,也在中大师生的言论中得到明确表达。大学通过与政府的合作获得了更多的资源和发展空间,但在合作背后,也对大学应该坚守的学术品质造成一定的损害。

以大学与航空委员会的合作为例,航空委员会对于中大航空工程的发展投入巨大,但是问题也随之而来。首先,航空委员会在经费资助上严重缩水,并且一拖再拖。1934年双方原定应拨付中大第一年的建设经费为30万元,但直到1935年8月,航空委员会才拨付了第一期的建设费用7.5万元。随后该会便要求待中大航空工程系的永久地址确定后,再拨付后续经费。其次,航空委员会对经费的使用提出了很多限制,并直接介入大学的学术事务中。根据要求,中大不仅要把详细的经费使用预算报告航空委员会,航空委员会还直接过问相关的人事聘任、课程设置、设备购置和人才培养等问题。在对中大拟定的建设预算书和计划书的审核意见中,航空委员会甚至为中大草拟了研究班课程表、经费支配表和仪器购置表。而大学对此审核意见答复是"研究班课程照来表办理","经费支配当依据来表开列大纲,审慎支用"。[①] 航空委员会要求研究班在一年内分四学期培养

---

① 《中央大学致航空委员会函》,中大档648—816号。

的方案与大学学制不合，但大学尽量"克服困难"，并未对此提出异议。就连航空委员会也承认"本会益感贵大学对于此项计划之努力"。可见在双方的合作中，航空委员会占据了支配地位。大学对航空事业的发展主要是为了满足国家的急切需求，并非源自学科内在发展的需要。而在具体的操作上，大学也处于配合的地位，国家的需要远远超过大学和学科内在的需求。对于航空委员会的要求和"审核意见"，大学几乎照单全收。

也正是由于双方并非对等的合作关系，在 1938 年，航空委员会甚至请求中大为双方合办的航空工程专修班学员发给"大学毕业文凭"。该班系由航空委员会选送的"在高中毕业受过专门训练之现役航空技术人员"，由中大代为训练，以补充其航空工程学识。航空委员会的这一请求显然超出大学原则范围。最终经校务会议议决，"该班与本大学本科性质不同，大学本科课程及毕业手续，均须经教育部专门规定。所请超越本大学职权"，[1]给予拒绝。

中大与航空委员会的合作在中大发展历程中被认为是成功范例。即便如此，仍然可以清晰看到，在科研合作与人才培育中，政府机关对大学学术事务的过度介入。又比如 1937 年资源委员会与中大分别出资两万元"合作研究专题培植专才"，在拟定的 13 条合作办法中有如下规定：

> 第四条、专任教授之人选及薪金、助教及研究生之名额及薪金或津贴等项，于每年度开始前经会校双方会同决定后由校方办理之。
>
> 第五条、一切应办之设备及图书于每年度开始前由校方开具清单项列名目用途及所需经费等项，经会校双方会核决定后由校方购置之。
>
> 第六条、专题研究之计划及课程之调整与三补充经会

---

① 《校务委员会会议记录》，中大档 648—918 号。

校双方商定后由校方施行之。①

　　从合作办法中的某些规定可以看到,资源委员会不仅严格控制了经费的额度和使用范围,而且对于教授的人选和待遇、研究生培养、图书设备的购置以及课程和授课计划的调整,都具有主导性。而这些原本是应由大学独立处理或主导的学术事务。在这种合作中,双方所处的地位并不对等。大学在不违反原则的情况下(如上述航空委员会的请求)对政府方面的要求大多全盘接受。大学的这种弱势姿态,一方面是基于获取建设经费和发展资源的需要,但另一方面应该是"应国家急需"的责任感。大学的"委屈就全",是对民族救亡和国家建设需求的一种担当。

　　雅斯贝尔斯在论述大学与国家关系时曾对双方的界限有段经典的描述。他说:

　　　　如果在什么时候政治上的利益考虑开始直接干预到大学生活,那么国家的管理者就对大学形成了一种威胁。如果国家不再为大学提供受过职业训练的人,而是要从大学里面得到更直接的服务,这与大学的理念是不相容的。……国家对于教育有一种直接的关切,因为它需要公务员、医生、部长、工程师、化学家以及诸如此类的人。但是它必须留待大学来决定这种训练应该如何来完成才能取得最好的效果。国家必须将自己限制在一个纯粹监管性的角色。②

　　抛开大学所处的环境和文化体制差异,中央大学和政府机关的合作已经远远有悖于上述有关大学与政治关系的基本理念。国家不仅要从大学得到更直接的服务,而且也参与、决定大学学术训练的过

---

① 《中大与资源委员会合作研究电机机械办法及有关文书》,中大档 648—2461 号。
② (德)雅斯贝尔斯:《大学的理念》,上海人民出版社,2007 年,第 181 - 182 页。

程和产品。由于对大学学术生活的直接干预，国家早就不再是一个纯粹监管性的角色。

　　无论如何，罗家伦时代的中央大学努力融入到它周围的政治环境和社会需求，呈现出积极参与和迅猛发展的特征。这种参与为大学的发展获得了新的资源，但也对大学学术品质和文化传统造成了损害。正是基于这一点，各方对 30 年代中大学风的评论有着矛盾之处。一些人认为，中大学风较之 30 年代初年明显好转，学校的办学质量和办学成绩日有增进。而另一些人则认为大学受政治环境的深刻影响，学术品质受到损害，学术和研究精神略有欠缺。换角度思考，可以看到双方结论的差异主要是基于立场的不同和立论角度的不同，也可以理解为关注点在于大学的办学成绩和大学精神之间的差异。前者主要是来自体制内的评论者和学者，他们从国家和政府的角度看，更加关注大学的办学成绩和对国家的贡献，这么看来，30 年代的中大的确取得了突飞猛进的发展，并且在抗战时期成为了名副其实的国家最高学府。[①] 而后者主要来自学者群体，他们更关注于大学独立自主的学术精神。由于与政治的密切联系，非学术因素对中央大学的影响远较其他学校为深。从知识分子的视野来看，大学对国家意志过于紧密的追随，大学对外部势力的"委屈就全"，使得大学缺少了应有的立场、襟怀、风骨和更为重要的"独立"精神。

---

　　① 在 1936 年 1 月，罗家伦还对全校师生说，"现在人家恭维我们说中央大学是最高学府，大家不要以为真是如此，这是人家给高帽我们戴。"见《让我们把中大造成民族复兴抗日的大本营参谋本部》，《文存》，第 7 册，第 453 页。到了 1940 年 9 月，罗家伦在同学会发起的母校 25 周年纪念会上便直言，"25 年以来，本校已成为全国最高学府。"又说，"中大因地位关系，全国青年确有心向往之的趋势。"见《母校创立 25 周年纪念会志盛》，《国立南高东大中大毕业同学总会会刊》，1940 年 11 月，第 28 期。

第三章
学生群体——读书与救国

民国时期的大学生人数很少。据统计,1933 年全国接受高等教育的学生有 42 936 人,而全国人口达到 4.74 亿,每万人中的大学生数不到 1 人。而同时期每万人中的大学生数日本是 9 人,英国是 12 人,美国则高达 73 人。① 大学生被视为社会的精英和国家未来的栋梁。罗家伦说:"后十年国家的时事就是现在大学教育的反映,现在的大学教育好,将来的情形也就会好,现在的大学教育坏,将来的情形也就会坏。"②未来中国的命运和当前的大学教育质量紧密相连。

民国大学生所担负的这种使命,反映大学教育与国家建设息息相关。大学作育人材,培养国家栋梁和民族精英,正是国家建设和民族图强的需要。如何对大学教育进行规范、施加影响,在大学的知识生产与传播中体现国家意志,是政府参与大学人才培养的主要考量。它既反映了知识和学术的发展,也体现了国家和政治的需求,是国家意志融入大学学术发展的重要表现。

"国难"和空前的民族危机,又使得学生群体的角色更加复杂化。他们在接受高等学术训练的同时,还介入挽救危亡的政治活动中。国家意志、学术标准和民族救亡这三个因素成为考查学生群体的重

---

① 教育部统计室编:《22 年度全国高等教育统计》,1936 年,第 3 页。
② 中国第二历史档案馆编:《中华民国史档案资料汇编》,第五辑第一编,教育(一),江苏古籍出版社,1994 年,第 287 页。

要视角。在读书与救国之间，无论是大学师生还是管理层，都面临着抉择困境。在最高学府中央大学，两者关系更为复杂微妙，并体现出那个时代国家救亡和大学发展之间的微妙关系。

第一节　课程整理与为国储才

一、课程整理

课程是大学人才培养模式的核心。课程的设置、组织和教学的实施，对于人才培养具有很强的规范性和导向性。大学课程的设置，不仅是基于学术规范的需要，也深受外部环境尤其是政治环境的影响。

对于当时大学的课程设置，政学各界批评颇多。罗家伦长期从事大学管理，对此有着深刻认识。在他看来，大学课程设置的问题主要有二。其一是目标定位不准确，设置"不甚适合实际需求"。课程多因袭国外大学，对中国国情与实际需要的考虑不足。其二是课程名目繁多，因人设教，"缺乏有机体的组织"。"无论哪个教员，只要自己喜欢那门课程，就照样把它开起来，所以大学的课程，完全表现一种没有组织没有计划的状态。"①罗家伦认为，大学课程不仅要能为学生提供严格系统的学术训练，而且要符合中国国情和国家建设的需要。

为此，他提出大学课程设置要"分别认清学术的本体与环境的需要，使课程的组织成为精密而系有机体的"。所谓"学术的主体与环境的需要"，是强调将学术发展与中国社会的需求紧密结合，将大学的知识生产、传播与其所处的社会与民族需要密切联系，将学术标准与时代需求有机统一。大学不是国外学术界的"飞地"，而应深深扎根于并紧密服务于他周遭的社会生活。而在课程的组织上，也要遵

---

① 《亡国的教育现状》，《文存》，第 5 册，第 309 页。

循学科规训的内在要求和基本规律,为学生提供系统完备的学术训练。总之,课程设置既不能叠床架屋,远离实际,也不能因陋就简,削足适履。

(1) 1933 年前后的课程整理

罗家伦的办学理念直接影响到此后中大的课程调整。1932 年 9 月 17 日,学校尚未开学,刚刚赴任的罗家伦便召集各院院长会议,讨论"整理学课问题",并通过整理学课大纲八条。其中第一条提出,要"各院系重行厘定课程"。[①] 可见在上任之初,罗便有整理中大课程的构想。但是整理的目标、原则和具体举措当时并未明晰,此次大纲八条的重点仍在于对学生选课、修习、考试、实习等教学环节加以规定,以整顿教学秩序。

为推进课程"重行厘定",各学院随后以系为单位成立了课程起草委员会,组织教授起草新的课程方案,并报院务会议讨论。以法学院为例,该院在 1932 年 10 月召开院务会议,其中心议题即是"课程标准应如何修订",并主张先由各系主任召集本系教授,共同讨论决定本系课程标准。[②] 12 月底,院务会议鉴于学期临近尾声,议决在下学期开学前完成本院课程标准初稿,届时再召集本院教授会议决定。[③] 通过院、系两级的制度设计,并充分吸收教授参与讨论,中央大学此次的课程修订中"教授参与"的程度很高。后来罗家伦回忆时也说道:"中央大学于民国 22 年与 23 年间的重定各院系课程,各院系的教授不知道开了多少次分系分组的会议,费时一年以上。"[④]教授的广泛参与,不仅有助于梳理出存在的问题,本身也是思想动员和统一认识的过程。

经过半年多的讨论,中大校务会议于 1933 年 4 月通过了《各院系修订课程时应注意事项》,用于指导各院系进行课程修订。这份文

① 《中大昨开院长会议通过整理学课大纲》,《中央日报》,1932 年 9 月 18 日。
② 《法学院第一次院务会议记录》,《国立中央大学日刊》,1932 年 10 月 22 日。
③ 《法学院第三次院务会议记录》,《国立中央大学日刊》,1932 年 12 月 22 日。
④ 《抗战的国力与文化的整个性》,《文存》,第 1 册,第 560 页。

件集中体现了中大课程整理与人才培养的理念,其要点体现在以下几方面:

第一,在课程设置的宗旨上,突出了民族救亡和时代环境的需要。《各院系修订课程时应注意事项》明确提出,课程设置"应注重发扬民族文化培养其独立进展之基础,当此国难严重时期,一切课程之设置,尤应特别注意有关民族生存之问题,以养成健全实用之学术人才为主旨"。[①]

第二,注重基本课程与核心课程设置。罗家伦认为,"课程之核心既能形成,则教学之意义自可明了。"各院系课程"注重基本课程,使学生集中精力,贯注在几门基本课程,务求十分透彻。"[②]在加强基本课程同时,学校对选修科进行了限制。"选修科目应以各系科最需要者为限,并须顾及必修课目之程序以收相辅相成之效"。

第三,明确学分规定,完善课程结构体系。调整后的课程分为全校必修课、院系必修课和选修课三种,学生修满 132 个学分方可毕业。全校必修课有党义、国文、英文、普通体育、军事训练五种。院系必修科目由各院系设定,但其"数目学分及学习程序应有确切之规定,经规定后不得随时变更"。院系选修科目的"数目学分及修习程序亦应有确切之规定"。[③]

第四,注重课程建设的长期性和连续性,加强课程间的有机联系。"各种科目内容应力求充实完整,凡可综合讲授者不必分设科目以避免重复和分割之弊。"课程建设首先确定教学目标和计划,根据计划编制大纲,明确规定各院系必修和选修科目,形成完备的课程体系。

中大的课程调整强调课程的系统性和适应性,通过建设系统性的课程体系来满足民族救亡对人才培养的需要,体现出对学术规律的尊重和对国家需求的积极回应。根据这种指导理念,各院系制订

---

① 《各院系修订课程时应注意事项》,中大档 648—2290 号。
② 杨希震:《志希先生在中大十年》,《文存》,第 12 册,第 602 页。
③ 《各院系修订课程时应注意事项》,中大档 648-2290 号。

了相应的课程标准和人才培养计划,并编制了《学生选课指导书》,课程整理工作初步完成。

以教育学院为例。1933年,该院编制了各系科课程标准,其中关于课程建设的目标定位为"根据中华民国教育宗旨及其实施方针,培养教育建设所需之各种人才,以完成民族复兴之使命。"[1]这一定位体现了紧密服务国家建设和民族需求的理念,与学校的指导方针是相符合的。从具体课程来看,更能看出此次课程整理在院系的落实。比如教育学系的课程说明,其要点有六,兹列如下:

(1)"各课目内容力求充实完整"。例如,合并教育概论与教育原理为教育学,合并小学普通教学法与中学普通教学法为普通教学法等等。

(2)"第一学年侧重教育学术之基础科学及关系科学",如生物学、社会学、哲学概论、伦理学、论理学等。

(3)"必修课目逐年减少,第一年不设选修课目;第二年得选修八学分;第三年得选修16学分,第三年20学分。"

(4)本课程标准对于学理与实际兼重,逐年均订有"指导观察及实习";第一年教育学应附带本市教育机关之考察;第二年教学法应附带实验学校及本市学校之教学观察;教育行政应附带本市行政观察;第三年应就实验学校或其他特约学校,从事教学法及学校行政实习;缺实习者不得毕业。

(5)"为增进学生之独立研究能力起见,本系学生于毕业考试前,须提出教育论文一篇作为毕业考试成绩之一部分。此项论文题目至迟须在第四学年开始时决定,并由学生商请本系教授一人担任论文指导。其论文不及格者不得毕业。"

---

① 《国立中央大学教育学院22年度进行计划》,《教育丛刊》,第1卷第1期,1933年。

（6）"为适应中等学校教学上之需要起见，本系学生应
于第二学年起选修他系课目三年共 24 至 32 学分。"①

这份课程说明中对基础课程的强调、对重复课程的删除、对学理
与实践环节的兼重以及对服务社会的重视，都体现了此次大学课程
调整的方向，也说明学校的方针政策在院系层面得到了很好的贯彻。

又比如历史学系，在调整前的 1930 年，该系将课程设置定位：

研究历史之重要知识，期以阐明历史对于人类社会之
关系，并策专精研究之效。盖稽古所以知今，故讲明历史最
有助于事理之观察与推断分析。言之于本国史则注意政治
文化蜕变之因果，庶可明其利弊，知所兴革。于外国史则详
察各国兴衰存亡之故，庶可明其得失而有所取舍，识其情状
而知所应付。惟同时于各门类之历史仍注意专研之功夫，
庶于切合实际之外，兼图专深之造诣。②

调整后，该系将课程设置的目标定位：

养成治史之专门人才；以科学方法整理国史；研究外国
历史并探讨其治史之方法；培养中学历史学科之师资
人才。③

前后对比，变化有二。其一，前者对课程设置目标的描述模糊、
混乱、繁琐，而后者则更加清晰、简洁、明确。这在一定程度上说明对
课程的厘定不单单是重订人才培养方案的课程，也是统一思想、理清
问题并形成共识的过程。其二，与前者强调"专精研究"、"专深造诣"

---

① 《国立中央大学教育学院 22 年度进行计划》，《教育丛刊》，第 1 卷第 1 期，1933 年。
② 教务处出版组编：《国立中央大学一览》文学院概况，1930 年，第 45 页。
③ 中央大学出版组编：《中央大学文学院选课指导书》，1935 年，第 51 页。

不同,调整后的方针在注重"养成治史之专门人才"的同时,增加了培养中学历史学科师资的内容。从当时学生就业情况看,中学教员确是该系毕业生最主要的就业去向。1930 年到 1932 年该系三届毕业生 49 人,在 1933 年 12 月统计有服务单位的为 28 人,其中服务于中学或乡村师范的高达 21 人之多。[①] 此前的课程定位中并未对此有所体现,这一修改可以视为大学对社会现实需求的适应。

同样的问题也体现在文学系课程定位上。该系从 1930 年到 1932 年毕业生共计 59 人,在统计有服务单位的 32 人中有 23 人服务于中学或师范学校,[②]这与历史系学生的就业结构十分相似。反观该系 1930 年的课程设置目的则是"(1) 以文学声韵训诂为研究一切国学之根底;(2) 欣赏高等文学之能力;(3) 阅读古书之能力。"[③]这种课程设置强调了学术训练,而忽略了国家和社会的现实需要。大学的人才培养游离于国家建设需求之外,课程设置与社会现实需求的脱节,正是此次中大课程整理的重要动因。

中大的课程调整体现了两条鲜明的主线:学术的标准和民族的需求。抗战时期,罗家伦回应外界对大学教育于国家民族无益的诘难,曾提及中大 30 年代初课程整理的三个方针。第一,"是根据世界各国大学教学的经验定的";第二,"是根据本国实际的要求而定的";第三,"规定这些课程的手续,是经过许多教授学者长期研究商量定的"。[④] 其中前两条便充分反映了学术的标准与民族的需求。

(2) 国难形势与课程调整

随着 30 年代民族危机的加剧,大学人才培养如何服务抗战建国便成为重要议题。罗家伦与中枢接触频繁,对国难和国策都十分了解,对于大学如何服务于"国难"这一层也尤其注意。他后来回忆说,

---

① 国立南高东大中毕业同学总会印:《国立南高东大中大毕业同学录》,1933 年 12 月。

② 国立南高东大中毕业同学总会印:《国立南高东大中大毕业同学录》,1933 年 12 月。

③ 教务处出版组:《国立中央大学一览》文学院概况,1930 年,第 1 页。

④ 《抗战的国力与文化的整个性》,《文存》,第 1 册,第 560 页。

"在抗战发动前三年,我对于中央大学的课程中,已经注意到如何调整,以适应战时需要的问题,如理学院开设弹道学、军事化学等等,在战前即已开始。"① 基于这种想法,他在上任之初便修改了整委会的决议,将化学工程科留在了工学院,其中就有国防上的考虑。校务会议在讨论化学工程组的办理方针时便指出,"本校化工组办理方针应以研究国防化学及重工业之基本原料制造为主体,其对普通工业之研究仅以所费轻而需要切之化工事业为限。"② 化学工程的发展紧密服务于国防和国家建设事业。1932 年,中大又应教育部要求开设国防化学讲座。1934 年,罗家伦进一步提出中大要能帮助政府解决目前国家的生死存亡问题,为此"应使一切科学的研究,能与外界发生关系,尤应特别注意使实用科学与国防发生关系"。③

1935 年华北事变爆发后,罗家伦意识到国难紧迫。在 1936 年初给校内师生的信中,他明确提出要"加紧教育与国防的关联",中大"在不妨碍基本训练原则之下,和在人才经济可能范围以内,急于应用而与国防有关的课程,似可酌量增设"。④ 罗家伦提出"我们并想将整个各方面的功课,加以郑重切实的考虑。我们看到许多东西缺乏,须由教授与同学一道去研究准备。"⑤ 所谓切实的考虑,便是如何将课程设置与国防需要紧密结合。比如算学,便可以讨论对于弹道学研究有何作用。而在化工方面,罗家伦更指出"关于爆炸、毒气等等,只要有意识的去研究,无不与国防有关。"

罗家伦强调加强大学与国防的联系,并非削足适履,一味为服务国防而降低学术品质。抗战爆发后,"战时教育"的呼声甚嚣尘上,主张停办大学、改革课程,让学生组织民众、从事宣传、参加游击战争等。社会舆论也对抗战中高等教育的功用出现了激烈争论。针对

---

① 《抗战时期中央大学的迁校》,《文存》,第 8 册,第 457 页。
② 《本校化工组办理方针案(1932 年 12 月 30 日)》,中大档 648—910 号。
③ 《希望 23 年度的中央大学》,《文存》,第 5 册,第 404 页。
④ 《大学到了备战时期》,《文存》,第 1 册,第 514 页。
⑤ 《让我们把中大造成民族复兴抗日的大本营参谋本部》,《文存》,第 5 册,第 454 页。

"战时教育"论,罗家伦坚持大学教育和课程设置应遵循学科内在的规律,这种规律"是几百年来几百个大学几千几万的学者所试验出来的结果"。因此,他在中大要求"正规的教育必须维持,正规的课程不可破坏"。[①] 针对社会上对大学教育功用的质疑,罗家伦指出,中大的课程与维持中国文化传统、培育抗战建国力量息息相关,大学课程必须坚持学术的标准。即使抗战时期,国家也需要大学培养一批批受过系统学术训练的人才。中央大学作为抗战初期保存最为完好的国立大学,在培养国家所需基本人才上负有不可推卸的责任。

如何在严格的学术标准和紧迫的现实需求之间寻求平衡,成为当时中大课程设置面临的最主要问题。尤其是面对广大学生高涨的抗战热情,大学对课程的现实性调整在所难免。

抗战爆发后,中大为适应战时需要,"造就战时急需之技术人才,增加国家之抗战力量起见",[②]于 1937 年底开设了各种短期训练班,如电信训练班、炮术训练班和战地卫生工作训练班。这类训练班在学生中得到积极响应,"各班报名者均极踊跃"。虽为短期训练班,但课程并非课外辅助性质,而被纳入大学的学分体系。比如电信训练班是 4 个学分,学习时间 4 个月,每周学习 8 小时,其中 4 小时为电码收发,2 小时为有线电信,2 小时为无线电信。同时大学规定,经所在系主任许可,选习本课程者可于已修选课中退修一学程或两学程,但中途不得退修本课程。选修训练班不仅有学分,并且在选修课中具有优先权。[③] 随后,中大又根据需要开设了军事干部训练班与国际宣传训练班。军事干部训练班选修者有 100 余人,"并有教职员及女同学多人自动参加"。[④] 该班除每晨练习跑步、刺枪及其他武器使用外,每星期另有三小时术科、三小时学科、一次野外演习、一次夜间演习。

---

① 《一段惨痛的校史和本大学现在的方针》,《文存》,第 5 册,第 637 页。
② 《本校开办三种训练班》,《中央大学校刊》,1938 年 1 月 1 日。
③ 《电信训练班办法大纲》,《中央大学校刊》,1938 年 1 月 1 日。
④ 《军事干部班训练认真》,《中央大学校刊》,1938 年 1 月 24 日。

为适应抗战救国需要,中大成立了战时教育训练委员会,研究战时教育的具体实施办法。1938 年 3 月,校务会议及战时教育训练委员会联席会议议定了战争时期中大课程设置的若干原则。第一,是"正常课程不必改动",维护大学课程体系的完整性和学术标准。第二,"在正常课程之中,多开有关战事课程,由院长会同系主任商定,得以此更换必修或选修课程。"第三,"下学期现有训练班照开,并筹备加开,并于下学期设立战时问题讲座。"①根据以上原则,中央大学在保持正常课程的前提下,对课程进一步调整。"课程方面,除正常的功课外,凡与战争有关的课程,自然可尽量增加或特别注重。"比如理学院算学系增开弹道学,物理系增设机械课程,外文系注重宣传文字等。② 通过这种方式,大学既保持了原有课程体系的基本架构,维持了人才培养质量和学术水准,又通过对课程的局部调整,适应战时的需要,对青年学生的抗战情绪给予积极回应。

1939 年 10 月,中大校务会议对"常规教育"和"辅助常规教育"的各项原则进行了进一步调整,规定如下:

一、常规教育

1. 原有课程应该设法集中并简单化;

2. 每课目应该注意精粹之点,力免相互间之重复并极力缩短教授时间;

3. 应该直接或间接战时应用课程;

4. 于一般课程之中注意人格及国民精神训练;

二、辅助常规教育

1. 辅助下级军官训练;

2. 防护及救护训练;

3. 修理机械及有关机械之技术训练。③

---

① 《下学期要多开有关战事课程》,《中央大学校刊》,1938 年 3 月 9 日。
② 《一段惨痛的校史和本大学现在的方针》,《文存》,第 5 册,第 637 页。
③ 《便函(特字第 558 号)》1939 年 10 月 30 日,中大档 648—2278 号。

与一年半前确立的原则相比,大学对"常规教育"的课程范围和讲授时间都进行了压缩,显示出"战时"因素对于大学难以抗拒的影响。但即使如此,仍然难以适应学生参与抗战救国的热情。学生自治会鉴于"抗战形势的严重",草拟了一份《中央大学学生战时教育草案》供全校师生讨论,并希望校方采纳。在草案中,学生提出大学课程"必须和抗战密切联系,以民族解放的政治教育为中心,学习各种和抗战有关的技术"。在具体的改革方法上,草案列举了四点:(1)暂时停开与目前抗战无关的课程,或尽量减少其讲授时间;(2)添设和抗战有关的课程或增加其讲授时间;(3)性质相同的课程应行合并;(4)聘请校内外专门学者,开辟各种适于目前抗战迫切需要的训练班。[①] 与学校相比,学生的"战时"倾向更为强烈,他们在草案中的主张与罗家伦强调正规教育的立场有很大差别。但无论是学生的主张,还是校务会议确立的原则,都显示了战争和战时政治对于大学课程设置的深刻影响,大学课程建设不得不与政治环境和国家需求更加紧密地结合在一起。从历史的发展看,中大的课程在抗战时期基本上属于"平时"体制。正如当时的人这样评论,"中大在组织方面和课程方面,除了新添不少的军事的科目及增设航空工程等系直接和战时有关者外,其余一切还是本着它一贯的精神,更加切实的埋头苦干下去。一点也没有为浮议所动摇。"[②]

二、为国储才

课程体系建设是人才培养的制度性保障,而学科体系与学生结构的变化则更能反映出大学的发展取向。为了将大学人才培养与国家需求紧密结合,30 年代的中央大学不仅通过课程调整实现人才培养的学术系统性和时代适应性,而且在人才培养的结构和规模上发

---

① 《中央大学学生战时教育方案草案》,中大档 648—3641 号。转引自蒋宝麟硕士论文,第 25 页。

② 金易:《抗战中的中央大学》,见王觉源《战时全国各大学鸟瞰》,独立出版社,1941年,第 45 页。

生鲜明的转变以适应国家的需求。

（1）战前的"内涵发展"

在 1932 年整委会决议中，一项重要内容便是控制学生规模、停招新生。提议停招新生的原因已无从查实，但在 1932 年中大解散期间，曾有将文学院移入武汉大学、法学院移入中央政治学校、教育学院移入无锡江苏省民众教育学院的传言，其理由便是"该校学生过多，分子复杂。……拟将该校学生分散，以匿学潮"。[①] 可见认为学生过多以致学潮频仍应是停招新生、拆分学校的主要考量。而在这一传言"方案"中，文、法、教三个文科类学院作为"被移除"的对象，也与舆论认为文科学生成分复杂、热衷运动的评判不无相关。虽然教育部很快澄清无此计划，但社会对中大"学生过多，分子复杂"的忧虑却并未解除。根据整委会决议，1932 年的中大停招新生一年。

政府控制学生规模主要是为了消弭学潮，而从大学发展的实际来看，也确有必要限制学生规模，"学生过多"这一说法也反映了大学实情。1927 年的九校合组后，学校规模迅速扩张，学生人数已远非东南大学时期可比。在东大极盛的 1924—1925 年，学生规模达到 1 400 人左右。1926 年因郭秉文去职学生人数锐减到 930 人。[②] 而到了 1929 年，学生数便激增到 1 838 人。[③] 增速之快，反映了中央大学发展的"蓬勃"[④]势头。大学的快速扩张和学生人数激增给大学管理带来了挑战，学生层次参差不齐、鱼龙混杂，学风浮躁、学潮频仍，对大学的教学质量和学术品质均造成损害。

罗家伦在上任前便认为，中大太大、太散，整理有诸多困难，他甚至担忧任职后，"反受学生之气"。在接受任命后，罗就指出，"欲整顿

---

① 《当局拟将学生分散》，《申报》，1932 年 7 月 5 日。
② 秘书处编辑部编：《国立中央大学沿革史》，1930 年 9 月，第 17 页。
③ 秘书处编辑部编：《国立中央大学沿革史》，1930 年 9 月，第 42 页。
④ 1929 年出版的《国立中央大学校况简表》记录了当时中大的"校声"，其内容如下："中央啦！中央啦！中——央——。啦啦啦！蓬勃！蓬勃澎！中央大学蓬蓬澎！"大学的校声充分反映了当时中大的"蓬勃"气象。见中央大学秘书处编辑组《国立中央大学校况简表》，1930 年，第 5 页。

中大,必须慎选学生"。[1] 因此,他坚定贯彻了整委会停招新生的决定,并多次拒绝学生提出的将商、医两学院回归中大的请求,以缩小学校规模,加强管理。虽然商、医学院已经分出,并且大学停招一年新生,但在 1932 年 11 月,中大学生人数仍高达 1 540 人。

表 3-1　中央大学 1932 学年第一学期学生统计[2]

院系	一年级	二年级	三年级	四年级	未定级	特别生	旁听	休学	总计
文学院	5	49	86	58			2	29	229
理学院	1	56	60	56				18	191
法学院	2	85	90	81	7	30	1	10	306
教育学院	8	153	89	61		13	1	41	366
农学院	6	57	58	22				10	153
工学院	8	90	81	86	7			23	295
总计	30	490	464	364	14	43	4	131	1 540

此后,中大对学生规模进行严格控制。从 1932 年到抗战爆发,中大学生人数急剧减少。1933 学年,全校学生数下降到 1 186 人,而到了 1935 学年,学生人数更是降到 834 人。1937 年即便中大四个年级已经齐全,全校学生人数也仅有 1 013 人。[3] 大学对学生规模的控制取得了显著成效。

通过控制学生规模,不仅便于教学管理,大学也得以将更多的资源集中使用,这点在每年"生均占用经费数"上有所体现。在 1928 年,中央大学的"生均占用经费"仅为 890 元,远远落后于清华(1 437 元)、武大(1 279 元)、同济(1 187 元)、浙大(979 元)等国立大学。[4] 到 30 年代中期,中央大学无论在经费数[5]还是在学生人数上都不是

---

① 《致段锡朋函》,《文存》,第 7 册,第 126 页。

② 《本学期本校学生数目统计》,《国立中央大学日刊》,1932 年 11 月 24 日。

③ 《南大百年实录》编辑组编:《南大百年实录》上卷,南京大学出版社,2002 年,第 337 页。

④ 教育部高等教育司编:《全国高等教育统计》表 18:十七十八两年度各大学学生每人岁占经费数,1928 年。

⑤ 中央大学的办学经费一直低于位于广州的中山大学,中山大学因与国民党和民国政府的特殊关系,受到国民政府的特别眷顾。

最多的大学,但是在"生均占用费用"上却位居首位。充沛的经费既保证了大学教学效能的有效提高,也为中央大学各种改革举措的推进提供了有力的支撑。

表 3 – 2　1934 年度主要国立大学经费与学生人数情况表①

学校	经费数(元)	学生人数	生均经费(元)
中央大学	1 720 000	932	1 317.97
同济大学	692 583	428	1 273.04
武汉大学	1 419 283	563	1 173.94
交通大学	814 012	687	1 020.18
浙江大学	801 512	681	1 017.11
北京大学	900 000	1 001	846.26
清华大学	1 247 875	1 154	844.21
北平大学	1 413 105	1 451	792.46
中山大学	2 036 608	2 315	719.81

(2) 抗战时期的扩张

抗战爆发后,大学战前控制学生规模、着力提升教学效能的思路面临新的挑战。抗战初期,中国的高等教育事业遭到了巨大破坏,而中大则因成功西迁成为保存最为完好的国立大学,也因此承担起更多的责任。不仅有沦陷区学生要求转学中大,而且报考中大的考生人数较之战前显著增长。抗战时期的中央大学在学生招收上呈全面扩张态势,学生人数急剧膨胀。

虽然经过西迁的颠沛流离,但中大学生人数在 1937 学年不降反增。1937 年 6 月中大西迁前有学生 1 013 人,但西迁重庆之后的新学年学生人数却增加到 1 352 人,到 1938 学年更增加到 1 944 人,1939学年达到 2 497 人,增幅惊人。到罗家伦请求辞去校长的 1941 年 1 月,"大学学生总额已逾三千,较在南京时增加三倍"。② 通过图表可以明

---

① 教育部统计室编:《23 年度高等教育统计》,1936 年,第 59 页。
② 《上总裁书》,《文存》,第 7 册,第 169 页。

显看到中大在 20 世纪 30 年代学生人数的变化,即从 30 年代初的庞大规模,到 30 年代中期的整顿和缩减,再到抗战后的急剧扩张。

表 3 - 3　20 世纪 30 年代中央大学学生人数变化情况

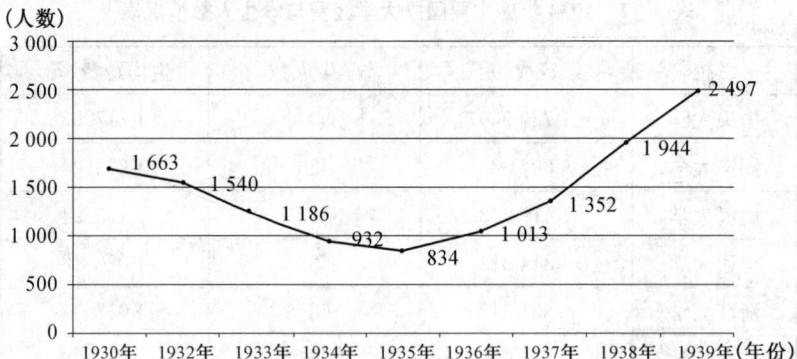

战前中大对学生人数的严格控制反映了大学追求"内涵发展"和提升学术品质的发展理念,抗战爆发后大学学生数的急剧膨胀更多是基于时代环境的需要,反映了大学紧密服务于民族和国家急需人才的现实要求。中大在抗战初年承担起了维系中国高等教育发展命脉的重要使命。1937 年 12 月罗家伦说,"现在中国的大学不多了,平津的各大学已不存在,淞沪的各大学已被炸毁,西安临时联合大学已不能维持,武汉大学最近也已停课。在这种情形之下,中央大学尤其值得宝贵。"①他认为在这种情况下,中大更应该承担起为国家培养人才的重任,这既是大学的责任,更是国家和政府对于大学的要求。因此,中大不仅要接收来自沦陷区学校的转学生,还要根据政府的要求扩大招生人数。这种扩张并不是大学内在发展的需要,让大学倍感重负。对此校长罗家伦十分清楚,他在 1939 年 9 月说道,"就本校现在的经济状况而论,原不能如此扩充,但为国家的需要着想,为一班青年和幼年的求学机会着想,我们不得不勉力做去。"②可见,在民族危亡的时刻,大学更多是站在政府和国家的立场来考虑问题。

① 《一段惨痛的校史和本大学现在的方针》,《文存》,第 5 册,第 637 页。
② 《中大现状》,《文存》,第 6 册,第 7 页。

（3）学科结构的变化

在大学如何围绕国家需求培养人才上，从学科结构的变化可见一斑。如前所述，在 1932 年曾有将文、法、教育三学院从中大分离之说。后虽证明不实，但对文科类学院的调整却就此开启。文科类学生人数的下降和理工科类学生的持续增长贯穿了整个 20 世纪 30 年代。

在 1932 年罗家伦上任之初，文科类学院（文学院、法学院和教育学院）的学生占全校学生总数的 58.5％，理工科类学院（理学院、农学院、工学院，不包括后来的医学院）学生占 41.5％。到了 1935 年，文科类学生的比例已下降到 36.9％，而理工科类学生的比例则增加到63.1％。到了 1939 年，这一比例分别变化为 34.6％和 65.4％。在30 年代初，文科类学生是中大校园的主体，到 30 年代末，理工科类学生的人数优势已非常明显。

（人数）

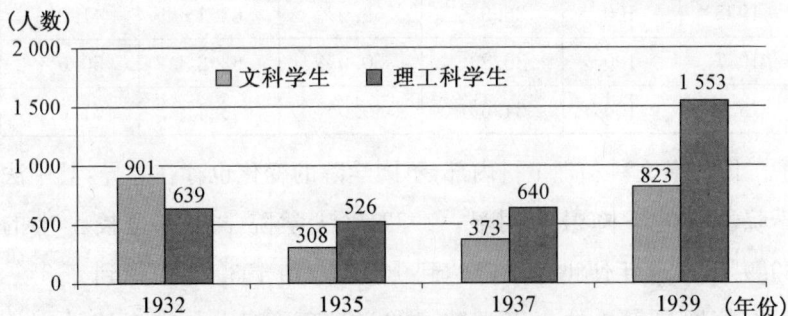

表 3-4　中央大学 20 世纪 30 年代各学院学生人数变动情况①

年度	总计	文学院	法学院	教育学院	理学院	农学院	工学院	医学院
1932	1 540	229	306	366	191	153	295	
1935	834	86	84	138	103	92	286	45
1937	1 013	89	119	165	142	123	298	77
1939	2 376	162	210	451	291	313	805	144

"重农工抑文法"是 30 年代国民政府调整高等教育结构的重大

———————————

① 数据来源：1939 年数据见《国立中央大学要览 1939》；1937 年数据见《国立中央大学概况 1937》；1932 年数据见《本学期本校学生数目统计》，《国立中央大学日刊》，1932 年11 月 24 日；1935 年数据见中央日报，1935 年 11 月 25 日。

举措。从中大来看,这一举措在大学层面得到了很好落实。通过与30年代专科以上学校学生分科人数比较,可以看出中大文科学生所占比例始终低于全国平均水平,理工科学生所占比例则始终高于全国平均值。尤其是在30年代中期,中大理工科学生占全校的学生比例连续两年以百分之十以上的幅度增长,远远高出全国水平。这种变化集中体现了学校大力发展理工科的决心和成效。

表3-5　中央大学文科理工科学生所占比例与全国情况比较表①

年度	总计	文科		理工科	
		中大	全国	中大	全国
1932	100	53.3%	72.0%	38.3%	28.0%
1933	100	53.5%	67.0%	41.7%	33.0%
1934	100	46.9%	66.0%	53.1%	34.0%
1935	100	36.9%	59.0%	63.1%	41.0%
1937	100	36.8%	50.0%	63.2%	50.0%
1939	100	34.6%	49.0%	65.4%	51.0%

即使在文科和理工科内部,不同学院的变化也存在差异,其中法学院学生的下降最为明显。1932年法学院学生占全校学生的19.9%,1935年便迅速下降达到10.1%,到1939年更降到8.8%。而人数增幅最快的为工学院,1932年工学院人数占全校学生的19.1%,到1935年便激增到34.3%,并在此后一直保持在高位,成为中大名副其实的第一学院。

从变化幅度来看,法学院、教育学院②、工学院和医学院是变化较明显的学院,而文学院、理学院和农学院虽然也跟随总体的变化趋势有所变动,但是波动不大。尤其是理学院学生数,长期稳定在全校人数的12%左右。参照另一种分类法,以文、理学院为代表的基础学科

① 中大数据来源同上表,全国数据来源见《第二次中国教育年鉴》,第526页。
② 教育学院在1932—1934年间学生人数的下降比例甚至大于法学院,不过由于后来国家对中学教育和师范教育的提倡,尤其是在1938年各校设置师范学院后,该院学生人数得以稳步回升。

在这次调整中保持了相对稳定的态势。而与社会、政治、经济发展联系更为紧密的学院则更容易受到政策和环境的影响,变化也更为剧烈。基于这种视角,可以看到30年代的学科调整并不是对基础学科与应用学科之间的比例结构的调整,以文学院和理学院为代表的基础学科所占的比例在整个调整中始终变化不大。学科调整更多是在应用学科之间展开,与社会政治生活紧密联系的法学院首先受到抑制,而与国家建设、科技、民生相关的医学院、工学院则大受提倡。国家的需要是此次学科比例调整的主要动力。

表 3-6　中央大学 20 世纪 30 年代各学院学生比例变化情况

年度	文科				实科				
	合计	文学院	法学院	教育学院	合计	理学院	农学院	工学院	医学院
1932	58.5%	14.9%	19.9%	23.8%	41.5%	12.4%	9.9%	19.1%	
1933	53.5%	13.2%	16.5%	23.7%	41.7%	9.4%	10.8%	21.5%	
1934	46.9%	10.9%	12.3%	12.3%	53.1%	11.4%	12.4%	29.3%	
1935	36.9%	10.3%	10.1%	16.5%	63.1%	12.4%	11.0%	34.3%	5.4%
1936	36.8%	8.8%	11.7%	16.3%	63.2%	14.0%	12.1%	29.4%	7.6%
1939	34.6%	6.8%	8.8%	19.0%	65.4%	12.2%	13.2%	33.9%	6.1%

第二节　学生来源与就业

30年代中央大学学科结构的调整体现了国家的政策导向。通过将学术发展和国家需要相结合,中央大学的人才培养紧密服务于国家建设的现实需求和民族救亡的时代主题。新的课程体系的构建为人才培养提供了制度性保障,经过大学的规训,一批批学生转变成具有扎实学术素养且适应国家需要的人才。而学生的选拔、来源以及他们融入社会的方式,也体现了大学与国家、社会之间的互动。

一、学生选拔

（1）学校美誉度的提升

大学与社会的交流是一个互动的过程。学生对大学的选择与认可，与大学在国家中的地位相关，也与大学的社会美誉度密不可分。

中央大学在国家的高等教育体系中占据显要位置。但由于连年的动荡，知名教授他就，办学质量下降 00 年代初的中大虽在官方的大学排位中地位显赫，但在教育界和社会上却声誉不佳。1934 年 6 月，王世杰在中大就直言不讳说，"二年以前，校中时起风潮，社会上对于中大的印象，极其不良。"①王以教育部长的身份尚有此评价，足可见当时中大社会声誉的低下。

社会对中大"极其不良"的印象，使得中大在招生中对于青年学子缺少吸引力。虽然 1932 年停招新生，但 1933 年中大的招生计划仍十分谨慎，仅拟招新生 350 人。② 即使如此，从实际报考和录取来看，该年的招生目标仍未完成。投考的新生仅两千余人，而最后发榜录取则为 232 名，③距离原定的招生计划差距较大。一方面，仅仅两千余人报考反映了中大对青年学子的吸引力不强，但另一方面显示了大学在招生中坚持宁缺毋滥，对考生质量要求较高。④

从地域上看，中大考生主要来自苏浙皖一带。在北方京津地区，中大对考生吸引力不足。这既是基于求学的便利，也与京津地区名校林立不无相关。1935 年中大设立了北平、南京、武汉、广州四个考点，总计报名人数 3 758 人，其中南京考点报名人数就达到 2 268 人，占总人数的 60％以上。而在此前的 1934 年，中大同样设立了四个考点，在南京的报名人数为 1 609 人，而北平考点仅有 200 余人。⑤

中大在京津地区招生遭遇的尴尬局面也反映了大学的区域色

①　《中央大学第七届毕业典礼》，《中央日报》，1934 年 6 月 24 日。
②　《国立中央大学招生简章》，《国立中央大学日刊》，1933 年 5 月 16 日。
③　《中大新生今日揭晓》，《中央日报》，1933 年 8 月 20 日。
④　该年度考取与报考人数比例达到了 1∶12。见《南大百年实录》上卷，南京大学出版社 2002 年版，第 319 页。
⑤　《中央大学在平招生》，《中央日报》，1934 年 8 月 4 日。

彩。就中大学生的籍贯来看,来自江苏、安徽、浙江三省的学生占据了绝对比例。中大1934年毕业学生470名,来自苏、皖、浙三省的学生达到292人,占学生总数的60%,[①]而来自京津地区的学生则寥寥无几。生源的地缘结构反映了此时的中大仍然有着很强的区域色彩,对于全国的辐射力和影响力有限。

随着大学的稳定和发展,到30年代中期,上述情况逐渐变化。从历年学生投考情况看,报名人数呈现出快速递增的趋势。1935年报考人数达到3 758人,"超出过去历届报考新生人数之记录"。[②] 到1936年,投考中大考生更达到4 500人以上,"人数之多,在本校历史上可以说是空前了"。[③] 而在三年前的1933年,报考中大的学生仅仅有两千余人,短短数年,考生人数已经翻倍。

在考生人数快速增长的同时,中大对于一流学生的吸引力也显著提升。1936年初任浙大校长的竺可桢就真切感受到中大等校对考生的吸引,造成了浙大优秀生源的流失。1936年浙大原拟录取230人,结果最终来校就读者仅170人,其中重要原因就在于学生同时被二三学校录取,"尤以与交大、中央、中央政治、清华等大学冲突为多"。[④] 因有更好的求学机会,许多学生最终放弃了浙大而另择他校。

在当时,大学实行单独命题招考,这使得各校对优秀生源的竞争十分激烈。考生可以同时报考多所大学,有着更多选择自由,但为了应付多场考试,往往在各校考试间疲于奔命。竺可桢在日记中生动记录了考生在南京参加完中大考试后乘车到上海应浙大考试的情景。"至八日而中央大学考后之学生到达,蜂拥而来,自晨迄晚五点,几乎应接不暇,办公直至次晨四点为止,……闻沪宁车特开专车,有

---

① 中央大学教务处注册组编:《国立中央大学第七届毕业生名册》,新新印书馆,第47页。

② 《中大招新生》,《中央日报》,1935年8月3日。

③ 《锻炼有为的体格培养苦干的精神》,《文存》,第5册,第456页。

④ 《一年中之计划与方针》,《竺可桢全集》第2卷,上海科技教育出版社,2004年,第366页。

八百人自京赶至上海投考。"①学生八百余人由京至沪应考,也成为当时独特风景。

正是鉴于各校单独命题招考存在弊端,各大学在 1937 年便酝酿联合招考,而中大是积极的倡导者。原定该年度北大、清华、武大和中大四校联合招生,后因北大和清华发生异议,乃决定由浙大、武大、中大三校联合考试,②设立杭州、上海、南京、北平、广州、武汉六个考点,并定于八月一日至三日与北大、清华招考同时举行,以免考生多处报考之弊。在 1937 年的联合招考中,中大占据了明显优势,其对学生的吸引力远远超出武大和浙大。在考分平均分 50 分以上的学生中,投考中央大学的学生占据绝大多数,在平均分超过 60 分的 49 名考生中,有 32 名投考中央大学。这一数据充分显示了中大在考生心目中的地位和影响力。

表 3 - 7　1937 年中大、武大、浙大联合招考考分平均分 50 以上考生报考情况③

	中央大学	武汉大学	浙江大学
70 分以上人数	2	0	1
60 分以上人数	30	4	12
50 分以上人数	300	不详	120

抗战爆发后,中大由于在西迁中教学资源保存得较为完整,声誉不降反升。抗战时期的中央大学成为众多考生的首选。校长罗家伦便指出,"中大因地位关系,全国青年确有心向往之的趋势。"④1938年,教育部继续并扩大战前的联合招生政策,举行高校统一招生。从考生的第一志愿分析,虽然中大录取人数并非第一,但在 11 119 位考

① 《竺可桢日记》(1936 年 8 月 13 日),《竺可桢全集》第 6 卷,上海科技教育出版社,2005 年,第 128 页。

② 《竺可桢日记》(1937 年 4 月 7 日),《竺可桢全集》第 6 卷,上海科技教育出版社,2005 年,第 280 页。

③ 《竺可桢日记》(1937 年 8 月 18 日),《竺可桢全集》第 6 卷,上海科技教育出版社,2005 年,第 354 页。

④ 《母校创立 25 周年纪念会志盛》,《国立南高东大中大毕业同学总会会刊》,1940年 11 月,第 28 期。

生中,选择中央大学作为第一志愿的达到 4 309 人,远远高于国内其他高校,可见到中大在学生心目中的地位和号召力。

表 3－8　1938 年国内主要高校第一志愿报名和录取人数情况①

学校	报名人数	录取人数
中央大学	4 309	697
中山大学	1 906	754
西南联大	1 576	662
四川大学	569	327
武汉大学	538	341

在 1942 年 8 月重庆区十校联合招生中,“五千余投考学生中,他们以中大为第一志愿学校的竟达四千三百人之多”。中大此时在全国的地位可见一斑。当时的舆论也认为,这“可以说明国人对于中大的印象”。②

与此同时,学生来源也从过去集中在苏浙皖地区扩展到全国各地。通过对理学院 1934 年和 1947 年毕业生的籍贯分析,也可以约略看到其间的变化。理学院 1934 年 47 名毕业生来源于 10 个省(含南京),其中江苏、安徽与浙江三省学生达 34 人,占据绝对多数,其余省份学生均低于 5 人。而 1947 年理学院 95 名毕业生则来源于全国的 17 个省,分布面更为广泛,并且区域性色彩已经较淡,最多的三个省湖北、安徽和江苏合计也仅有 40 人,而超过 5 名学生的省份有 9 个,不仅包括原有的苏、浙、皖,还有湖南、湖北、四川、广东,甚至包括北方的河北和山东两省。

①　《教育部 27 年度招生委员会报告》,1939 年,第 92－93 页。
②　楚崧秋:《素描抗战中的中央大学》,《中国青年》,1943 年第 1 期。

表 3-9　中央大学理学院毕业生来源情况对照表(1934 年、1947 年)[①]

年份	小计	河北	安徽	湖北	辽宁	江苏	四川	福建	湖南	山东	广西	广东	江西	陕西	浙江	贵州	山西	河南	不详
1934	47	1	11	2		16	2		4	1		1	2		7				
1947	95	6	11	16	2	11	9	2	8	5	1	5	3	3	6	1	2	2	2

理学院学生的来源结构虽然不能代表大学整体,但从中我们可以感受到大学在全国青年学生中的吸引力在增强。这一方面是因为抗战爆发后学校地理位置上的优势,另一方面也说明了大学的影响力和辐射力较之战前已有显著增强。与 30 年代初考生望而却步、招生偏于一隅的局面相比,抗战中的中央大学生源已经覆盖更多的省份,并且各省份的比例也更为平均。

（2）选拔标准

罗家伦在上任之初便指出,"欲整顿中大,必须慎选学生。""从严"成为学生选拔的基调。1932 年中大虽停招,但教育部要求中大接收劳动大学和暨南大学的转学生。为此,罗家伦在给教育次长段锡朋的信中,坚持所有学生要"由中大予以严格之入学及编级试验（由弟主办）,不及格者不收"。他认为,不然将"弄到中大一塌糊涂,鱼龙混杂,成一旅馆,连将来安定之希望,亦将断绝"。[②] 罗家伦态度十分坚决,甚至以去职相威胁。这一事件体现了罗家伦宁缺毋滥的选拔标准。1933 年初,北方部分大学学生因华北战事请求转学中大,罗家伦则以中大"寒假向不招生,概未允许"。[③] 罗家伦在招收新生上的审慎态度,既源于控制大学规模、便于管理的需要,也是出于正本清源、选拔优秀学生的考虑。

在学生选拔上,学业成绩成为最重要的标准。1933 年,中大重

---

① 1934 年数据见中央大学教务处注册组编《国立中央大学第七届毕业生名册》。1947 年数据见《国立中央大学三六级毕业纪念册》。
② 《致段锡朋函》,《文存》,第 7 册,第 126 页。
③ 《中大今日开课》,《中央日报》,1933 年 2 月 11 日。

组了招生委员会,主办该年度新生招生。与此前的招生委员会相比,①新机构的变化在于延聘本校教授 5—7 人担任招生委员,与教务长、各院院长合组成立。1933 年,马洗繁、顾毂宜、倪尚达、郑厚怀、常导直、金秉时、李寅恭等 7 名教授被推举为招生委员会委员。② 此后数年,中大一直坚持这一做法,通过招生委员会让教授参与学校招生工作,其目的在于强调学生选拔中学术因素的重要性。

如前所述,中大通过改革将学业成绩作为评比奖学金的依据。而在入学筛选时,考试成绩也是最重要的标准。1933 年由于坚持宁缺毋滥的原则,原定招收 350 名新生的计划远远没有完成,最终仅发榜录取 232 名,而录取与报考的人数比例达到了 1∶12 之多。中大教育学院院长艾伟通过对 1931、1933、1934 年一年级新生英语成绩进行比较研究后认为:"(一)22、23 两年度所录取之新生其程度确较 20 年度所录取者为高;(二)22、23 两年度之新生不但成绩较好而且程度较齐。"③1933 和 1934 年新生学业程度的普遍提高,与严格招考标准不无关系。1936 年,由于时局不稳,很多中学课程断断续续,中大在录取中不得不降低标准录取了 475 名。为此,罗家伦在入学典礼上还告诫新生,很多人都是"侥幸过关","若是按照去年的标准,只能取 243 人"。④ 而当年度报考中大考生超过 4 500 人。即使根据降低的录取标准,录取率也仅有 10.5%。而如果按照"去年的标准",那录取率仅有 5.4%。而根据教育部编制的《1935 年度专科以上学校考生考选情况》,该年度报考国立大学的总共有 21456 名考生,最终录取 3748 人,录取比例为 14.68%,而各类专科以上学校的总录取率更高达 25.55%。⑤ 中央大学的录取率远低于全国普通高校录取率。

---

① 对比此前的招生委员会章程,并无延聘教授担任招生委员的规定。见《国立中央大学一览》行政概况,1930 年,第 38 页。
② 《国立中央大学布告(第 1560 号)》,《国立中央大学日刊》,1933 年 5 月 6 日。
③ 艾伟:《三年来中大一年级英语成绩之比较研究》,《心理半月刊》,第 2 卷第 2 期。
④ 《锻炼有为的体格培养苦干的精神》,《文存》,第 5 册,第 456 页。
⑤ 教育部统计室编:《24 年度全国专科以上学校学生考选情况》,1936 年版,第 1 页。

（3）政治因素的影响

中大与政治有着千丝万缕的联系，对此无论是政府、学校还是广大师生都不讳言。正所谓"中大因为一贯的毗邻首都，所以都城的气味都不免要吹进学校，实际政治与中大的距离似乎是比较短的。"①在大学办学规模、学生选拔标准乃至学生具体人选上，都可以看到政治对大学的影响。

中大在招生中以学业成绩为标准的做法，有时会与国家政治需求产生冲突，陈祖惠入学案便是一例。陈祖惠是国民党先烈陈英士先生的遗孤，曾在复旦大学教育系肄业一年。1935 年，国民党中央执行委员会致函中央大学，请求准予陈祖惠入中大读书。由于中执委的出面和陈英士在党国的影响，陈祖惠入学这一个事件蒙上了政治色彩，颇具政治意义。但若陈祖惠未经考试便入学读书，这又与中大一贯提倡的招考制度相抵牾。政治和学术的冲突即使是在招生中也难以回避。为此校务会议专门讨论，最后议决如下：

> 即经中央执行委员会特别函送，且陈英士先生为党国元勋，为崇德报功计，应予其遗孤以教育机会。着准其在本校一年级先行试读，如学课成绩及格并补受下学年入学试验及格后方得改为二年级正式生。②

校务会议的决议可谓充满"智慧"，将政治需求和学术因素在招生问题上的冲突巧妙化解。准予陈祖惠入学资格，其原因在于中央执行委员会的"特别函送"和对党国元勋的"崇德报功"，可见大学对国家意志和需要的"体会"，对党国紧密追随的政治立场。同时在具体操作上，通过先"试读"后"补试"的形式，仍未破坏中大新生必须考试方可入学的规定。这在某种程度上是对学术和公平的尊重，也体

---

① 楚崧秋：《素描抗战中的中央大学》，《中国青年》，1943 年第 1 期。
② 《中大校务会议记录》，中大档 648—912 号。

现了大学在政治压力下对学术标准的坚守。校务会议显然在学术标准上做出了让步，但并非对国家"需要"言听计从，当然更谈不上曲意逢迎。政治对大学的影响并不是单方面的，而是互动和相互妥协的过程。我们可以看到大学对国家政策的追随，也可以看到来自大学的抗拒。

二、"服务党国"

（1）就业压力

20世纪30年代毕业生失业现象在当时引起了社会各界的广泛关注。中大的就业形势也不容乐观。据统计，从1927年到1942年，中大毕业生总计5 139人，平均每年320人以上。[①] 但大学各年的毕业人数并不平均，在罗家伦上台的30年代初，正处在因前期扩招而导致的毕业高峰期。从1930年到1935年，中大毕业人数达2 616人，平均每年有436人之多。

表3-10　中央大学1930—1935年历年毕业人数[②]

年份	1930	1931	1932	1933	1934	1935
毕业生人数	444	380	399	469	470	454

对于学生就业情况，一直缺少精确统计。社会对于大学生失业虽然谈论颇多，但是定量分析偏少，无法对毕业生的就业进行精确统计是重要原因。在当时校方或同学会对毕业生的调查中，多为联络便宜而列有"现在服务地址"一栏，从就业的因素考虑，确有"服务地址"的学生可视为顺利就业者。基于这一推论，本文所统计的学生就业率是以有服务地址的学生数与全体毕业生人数之比。这种统计的就业率往往会低于实际的就业率，但却更为可靠有据。

---

① 国立中央大学学生自治会编：《国立中央大学29周年校庆纪念》，1944年，第105页。

② 数据来源：1930年数据见《国立中央大学沿革史》1930年；1931—1933年数据见《国立南高东大中大同学录》1933年；1934年数据见《国立中央大学第七届毕业生名册》；1935年数据见《国立中央大学第八届毕业生名册》。

　　根据 1931 年 7 月《教育杂志》，该年度中大"毕业生二百余人，半数未获相当职业"。[①]《教育杂志》关于中大二百余人毕业生的说法有误，且统计时间距离毕业太近，就业情况未完全反映，五成的失业率显然偏高。如果用稍微滞后的统计数据，毕业生失业率应在三成左右。比如在 1929 年的 300 名毕业生，其中确有服务地址的有 212人，"家居"和"未详"者为 88 人，[②]学生"失业者"不到毕业生总数的30％。而根据《国立中央大学第七届毕业生名册》，1934 年毕业生470 人中，没有服务地址的人数为 136 人，[③]占全部毕业生人数的 29％。

　　三成的失业率，在当时并非骇人听闻。程其保在 1932 年说："大学生之出路，失业者居大半，有业者亦多用非所学，其真能适用所长，以为社会之人才者，百人中一二而已。"[④]"失业者居大半"的判断虽没有坚实的数据支撑，但也绝非空穴来风。1934 年 9 月，山西省的一份官方报告这样描述毕业生失业状况，该省兴学三十余年全省专科以上毕业的学生不过 8 905 人，但是该年大学生失业者就有 4 700 多人。[⑤] 毕业生失业反映了大学的人才培养与社会需求之间的脱节，这也是当时政学两界互相指责的重要内容。

　　在 1934 年，胡适先生指出，随着中国建设事业逐渐走上轨道，"那些认真办理而却能给学生良好训练的大学，——尤其是新兴的清华大学与南开大学——他们的毕业生很少寻不着好位置的"。[⑥] 对于立志建设民国最高学府的中央大学，在中国顶级大学的竞争中，中大三成的毕业生失业率太刺眼。基于这一压力，中大于 1933 年初在学校秘书处下设立职业介绍所。"依据毕业生所习专门课程及其志愿，予以登记；将登记结果，公开发表以备各公私机关注意录用；并以大

①　《中央大学毕业生之获业难》，《教育杂志》，第 23 卷第 9 号，1931 年 7 月。
②　中央大学秘书处编辑组编：《国立中央大学校况简表》，1930 年 1 月，第 24 页。
③　中央大学教务处注册组编：《国立中央大学第七届毕业生名册》，新新印书馆。
④　程其保：《我国大学教育之估值》，《时代公论》，创刊号，1932 年 4 月。
⑤　《太原通讯》，《大公报》，1934 年 9 月 24 日
⑥　胡适：《赠与今年的大学毕业生》，《大公报》，1934 年 6 月 24 日。

学名义通函各公私机关,请其随时告知所需要之人才,以备介绍"。[1]
职业介绍所的设置,说明就业问题已被校方高度关注。

毕业生失业是社会与教育深层次矛盾的反映,与社会制度环境的良善、大学教育品质的优劣均密切相关。中大职业介绍所的设立不过是治标之策。从根本上,就业问题的改善需要大学与社会对彼此关系进行新的定位。一方面,国家建设和社会事业的发展应能为大学生提供施展才华的舞台;另一方面,大学要能根据国家与社会的需求调整学科与课程结构,以提供优质的人力资源。而上文所述的中大的课程改革、学科调整、奖励学术等诸多举措均与此目标有关。

经过这些努力,30 年代中期,中大毕业生的失业率开始降低。这一方面是由于中大学风的好转,社会对于大学的人才培养越来越认可。另一方面则是因学生人数锐减,无形减少了就业压力。1935年毕业生人数高达 454 人。该年度统计中没有服务地址的毕业生仅为 91 人,[2]比之 30 年代初已大幅改观。1934 年秋天,罗家伦针对学生就业状况的变化说:

> 过去常见中央大学的学生,和其他国立学校的毕业生为谋职业而竞争起来,往往总竞争不过。……我来的第一年,无一机关曾写信来要人。今年的情形便大不同了,有许多政府机关、私人机关和银行等,今年曾来函需要本校毕业生去作事,前后计收到 50、60 件。……至于由各院长介绍出去的也很多。[3]

到了 1939 年 10 月,罗家伦更不无自豪地提到,"这两年我们的

---

① 《中大设立职业介绍所》,《中央日报》,1933 年 1 月 20 日。
② 中央大学教务处注册组编:《国立中央大学第八届毕业生名册》,新新印书馆。
③ 《希望 23 年度的中央大学》,《文存》,第 5 册,第 402 页。

毕业生,可说人人有事,无一空闲。"①罗认为,这种转变表明了社会对中大办学成绩的认可。

（2）学科差别

与此同时,学生就业情况的学科差异明显。各学科之间不仅就业比例差别较大,而且服务性质也颇为不同。以1928年毕业生为例,该年度七个学院共有毕业生300人,在未明确就业的90名毕业生中,文、法、商、教育四个文科类学院有84人之多,占据了其中的绝对多数。②可见在居高不下的学生失业率中,文科类学生是主要的"贡献"者。

1934年7月,罗家伦在中央党部总理纪念周做演讲《解决青年职业问题和政治安定问题之两条途径》。他认为大学生的失业是教育与社会没有有机衔接、协调发展的集中表现。对这一问题,大学负有责任,而国家与社会也难辞其咎。为此,大学要提升教学质量,调整学科构成,使大学培养的学生更符合社会需要。同时他建议,国家要积极推进各类建设计划,并建立相应的文官考试制度,为大学生广开就业之门。

文科、理工科学生的就业差别在30年代中期仍在延续,但由于文科类学生人数随着招生政策调整大幅锐减,就业压力也适度缓解。1934年和1935年度中大毕业生名册中没有服务地址的人数分别为136人和91人,文法科学生分别为125人和74人,远远高于理工科类院系,占据绝大多数。其中法学院的问题尤其严重,两年中法学院共计有毕业生184人,其中没有服务地址的人数达到100人,占全院毕业生总数的55%,并占到全校未就业学生的40%以上。

---

① 《中大现状》,《文存》,第6册,第9页。
② 中央大学秘书处编辑组编:《国立中央大学校况简表》,1930年1月出版,第24页。

表 3-11 中大文科与理工科类未就业学生情况表

年度	没有服务地址人数	文科		理工科	
		人数	比例	人数	比例
1929 年	90	84	93.30%	6	6.60%
1934 年	136	125	91.90%	11	8.10%
1935 年	91	74	81.30%	17	18.70%

学生就业的系科差别在校长报告中也有体现。1934 年 9 月,罗家伦对 1933 年学生就业状况这样描述:

工学院毕业生,便无一人无事可做,甚至还有一人有两三处来聘请的;农学院也大部分有了工作,理学院也是如此;如生物系本年毕业生只有 8 人,而需要他们去的位置却有 13 个;地理系亦复如此;只有文、法及教育学院,还有一部分尚未确定。[1]

基于这种状况,中大在 30 年代中期一方面将更多的招生名额分配到理工科院系,通过新陈代谢扭转学生结构;另一方面通过开设与社会需求和国家建设更为紧密的系科来拉近大学与国家建设事业的联系。比如在医学院和牙医专科学校建设中,中大将医学人才培养和中央卫生机关对人才的需求紧密联系。虽然医学院在战前未有毕业生,但社会各界已纷纷预期"该系学生毕业后,……中央卫生机关必有工作分配给他们"。[2] 1937 年大学又添办航空工程系和水利工程系,其中航空工程系与航空委员会紧密合作,学生不仅在国内机场实习,毕业后还直接分派国内航空机关服务。而水利工程系,则是与导淮委员会、扬子江水利委员会等水利机关合作,其毕业生也有多人在此类机关服务。

---

① 《希望 23 年度的中央大学》,《文存》,第 5 册,第 402 页。
② 高山:《给准备投考中央大学者》,《生路》,第 10 期,1937 年 6 月 1 日。

文科院系同样需要根据社会需求修正其人才培养计划。比如在 1931 年,卫生署为了解决健康教育的师资短缺问题,与中大合办卫生教育专修科。翌年,因两年训练时间太短,乃延长两年成为大学标准,中大也是当时唯一将卫生教育单独设系的大学。1935 年该系第一届学生毕业,虽属于文科院系,但毕业生出路非常好,全部被"介绍到教育与卫生机关服务"。早在 1936 年 5 月,该系本年度毕业生之出路,"亦已完全决定"。对于这种供不应求的局面,系主任朱季青认为和国家建设的需求密切相关,他说,"最近根据中央计划,积极推进全国学校卫生工作,则此项人才之供给,当更为迫切,甚望下年度能多招新生,以应急需。"① 由于这种良性互动,在一篇为考生介绍中大的文章中,作者尤其强调了卫生教育系的特色所在,并认为"该系是政府应社会之需求创设的,该系已毕业的学生出路是很好的,现在该系常感毕业人数太少,不敷社会的需求"。② 由此,国家需求对于学生就业的影响清晰可见。

(3)服务对象

就毕业生服务的对象进行分析,则更能体现大学与国家、社会间的联系。通过对 1929 年毕业生服务对象的分析,可以看到中大学生就业的某些特征。第一,服务于教育机关任教职员的毕业生比例最高,在全部就业的 210 人中有 141 人,占三分之二以上。其中文、理、教育学院毕业生较多,总计达 111 人。第二,与政治、社会密切相关的"党务、记者、官吏"等职业,吸纳毕业生的能力有限,只有 32 人服务于此类机构。但在其中法学院与商学院独领风骚,而农学院和工学院这两个偏重技术与应用的学院对此则无人问津。第三,服务于实业的毕业生仅有 23 人,且以工学院和农学院为主体。大学与国家建设事业之间的联系似有不足。

① 《中大卫生教育科主任朱季青谈中大卫生教育科》,《中央日报》,1936 年 5 月 30日。

② 高山:《给准备投考中央大学者》,《生路》,第 10 期,1937 年 6 月 1 日。

表 3-12　1928 年中央大学毕业生就业情况[1]

	小计	党务记者官吏	实业	教职员	留学研究	未就业
文学院	57	3		19		35
理学院	63	3	1	47	7	5
法学院	47	14		13	5	15
教育学院	64	3		45	1	15
农学院	12		4	7		1
工学院	20		16	4		
商学院	37	9	2	6	1	19
总计	300	32	23	141	14	90

　　对 1929 年中大毕业生服务对象的分析,显示了大学人才培养与国家、社会需求之间的联系并不紧密。毕业生大量服务于教育机关,而较少进入国家建设密切相关的实业部门和政府机构,说明大学的人才培养模式与国家的期望并不合拍,尚未充分融入到国家政治发展与经济建设事业之中。竺可桢在 1935 年认为南高、东大毕业生在学术领域"迄今能卓然成家者已不乏人,所谓种瓜得瓜,种豆得豆,绝非偶然之事。然而政治兴趣,则甚恬淡,社会领袖人才,亦殊于学术地位不称"。[2] 这种风气也延续影响到后来的中央大学。为此,竺可桢号召"素有训练,善能运用思想之大学生,急应起而领导群众,作中流之砥柱也"。

　　中大位居首都,具有得天独厚的资源优势,也对国家建设、政治发展需求较为敏锐,"服务党国"成为很多中大学生的就业选择。在 1930 年编写的《国立中央大学沿革史》中,对这一取向便有所描述。"历届毕业生除留学外,大都服务党国,而从事教育事业者实居大半。成绩优良,夙为社会所赞许。"[3] 上文的描述与 1929 年毕业生就业的状况基本吻合。同时需要强调的是,"近年以来,中央举行党员留学考试,外交官考试,各省举行县长考试,本校毕业生之应试者,名列前

---

① 中央大学秘书处编辑组编:《国立中央大学校况简表》,1930 年,第 24 页。
② 《常识之重要》,《竺可桢全集》,第 2 卷,第 244 页。
③ 秘书处编辑部编:《国立中央大学沿革史》,1930 年,第 53 页。

茅,统计考取党员留学者 9 人,考取外交官者 5 人,考取县长者 31 人。"从事党务、记者、官吏的毕业生人数超过从事实业的人数,也说明了大学毕业生在这一阶段的就业取向。

中大在 30 年代对人才培养进行了调整,以服务社会和国家建设需求。尤其是通过医学院、航空工程系、水利工程系等系科的建立,大学与众多国家建设机关建立了密切的合作关系,直接服务于国家对于人才培养的需求。比如水利工程系的成立就是得益于与中央水利委员会的合作。校长罗家伦还计划"与各河流的水利委员会接洽,让我们的教员学生能不断的到工程地段去观察和研究"。① 与国家机关的紧密合作使得服务国家需求不再是一句空话,体制力量已经介入大学人才培养过程之中,对学生就业产生了强大的吸收能力。比如 1935 年创办的机械特别研究班,毕业学生全部"分发国内各航空机关服务"。在教育学院、工学院、医学院的其他系科,国家以合作办学的形式引导大学人才培养,学生毕业后迅速进入国家各类建设机构服务。通过将国家体制引入到大学的人才培养和就业计划之中,"服务党国"不再是一句空话,而成为众多中大学子毕业后面临的现实出路。

在注重技术应用的工学院,"服务党国"的就业取向表现得最为明显。根据 1934 年和 1935 年的毕业生名册,这两年工学院毕业生共计 168 人,笔者对毕业生的服务地址进行了统计,绝大多数毕业生投身各级政府建设机构,成为国家建设计划的重要承担者与推进者。

表 3-13 工学院毕业生(1934、1935 年度)服务单位统计

毕业生服务机关类型	人数	比例
各省建设厅(江苏、安徽、山东等)	11	6.5%
政府各类委员会(导淮委员会、经济委员会、军事委员会、黄河水利委员会、资源委员会、航空委员会等)	26	15.5%

---

① 《兴水利与除水害》,《文存》,第 5 册,第 449 页。

(续表)

军事与民政机关(军政部、卫生署、交通部、军需署等)	20	11.9%
各类公务局、公路处、铁路处、水利局、桥梁处、电厂等	47	28.0%
市县政府机关(南京、杭州、江西永新等)	6	3.6%
学校与研究机构(留校升学、清华大学、浙江大学、中研院等)	31	18.5%
服务于社会企业	13	7.7%
不详	14	8.3%
总计	168	100.0%

国家建设对工程人才的需求,甚至造成了工学院毕业生被多处机构抢聘的情形。1933年,中大原本介绍土木工程专业毕业生到山东建设厅服务,并经山东建设厅委派赴各县任职。但"惟该生等,侯差日久,不无他就,近日每有委任,未能尽行到差,往返函询,殊费时日。"即使如此,山东建设厅仍致电中大,询问"究竟贵校已登记未委各生,有无他就,及未登记土木工程毕业各生,尚有愿就工程师者否,请即详查电复,以凭核委"。① 山东建设厅的积极姿态反映了工学院毕业生"供不应求"的状况。

理工科学生以实用技术服务于各级国家建设机关,投身于建设事业,成为国家机构的主力军。而以法学院为代表的文科学生也把进入国家政府机关服务作为主要的就业考虑。在政府实施的类似今天公务员考试的"高考"中,中大毕业生是该项考试的主要参与者和最大受益者。在1932和1933年举行的前两届"高考"中,中大毕业生第一届及格23人,第二届26人,总计49人,约占全国及格人数的四分之一,"颇极一时之盛"。在第二届"高考"发榜第二日,《国立中央大学日刊》对此事进行了报导,并认为"高考为国家抢才大典,本校毕业生被选拔者,冠全国各校,诚为无上之光荣"。② 具有校方色彩的

---

① 《文书组通告(第6号)》,《国立中央大学日刊》,1933年10月16日。
② 《高考前日发榜本校毕业生录取最多》,《国立中央大学日刊》,1933年11月20日。

《日刊》对此事的评述耐人寻味,将高考及格视为"无上之光荣",集中反映了大学对服务国家需求的自我定位。1934年1月,两届中大"高考"及格同学举行联欢会,作为校长的罗家伦还亲自莅临并致辞。①这些都反映了大学对于推动毕业生服务党国的积极态度。

第三节　团体生活与政治参与

任鸿隽在1932年曾说道,"近年也有一句最流行的话,是'读书不忘救国,救国不忘读书'。这句话,我也不记得是哪位先生发明的了,但的确是一句八面玲珑的话。"②任鸿隽认为,这两件事若可如此兼筹并顾、随兴所至,无异于自欺欺人。因此他建议改为"读书就是救国,救国必须读书"。

任鸿隽所述"读书"与"救国"两事,触及到了当时大学学生生活最重要的内容。如何处理二者关系,在民国时期是每个学生乃至大学校方都难以回避的话题。如何在"读书"与"救国"之间寻求平衡,对于青年学生和大学都是一种艰难的选择。从中不仅可以看出学生群体的政治倾向与态度,也可以看出大学的立场,以及大学与国家、政府之间的亲疏。

一、学生团体与学生自治会

（1）自治会选举风波

学生团体的组织特征、宗旨倾向对于学生群体的政治态度有着重要影响。中大最大的学生团体是学生自治会,作为全校性的学生组织,在学生生活和校政管理中都扮演着重要角色,并得到了校方的

---

① 《中大高考及格同学举行联欢会》,《中央日报》,1934年1月20日。
② 任鸿隽:《为新入学的学生讲几句话》,《独立评论》,第19期,1932年9月25日。

支持与认可。①

东南大学模仿美国模式,倡导学生自治,学生在校内管理中扮演着重要角色。成立初期的中央大学处在一个动荡的转型时期。一方面,大学作为最高学府,在国家高等教育体系内迅速升至显要地位;另一方面,大学内各种思想、主张、观念激荡起伏。这种喧嚣、躁动的气息影响到学生的观念认识和组织生活。当时的中大学生便认为学校内部"学生本身,组织没有健全,意志没有统一,认识没有确定"。②全校性的学生会也一直没有恢复。

这种混乱状态既不符合国家对于中大"领袖群伦"的期望,也和时代的革命潮流不合拍。为此,中大学生于 1929 年倡导成立全校性学生组织——学生会,并将其使命定义如下:

> 一、破除风头观念,确定革命认识;二、打倒个人主义,实现团体生活;三、肃清学生官僚,发扬民族精神;四、消除读书障碍,造成优良环境。③

反过来解读,学生会所要——去除的风头观念、个人主义、学生官僚和读书障碍正是当时学生中存在的不良风气,暗示了学生生活中的"混乱状况"。而其倡导的使命则体现出鲜明的政治色彩和时代感。强调革命认识、民族精神,乃至对团体生活的倡导,都表现了学生积极的政治参与意识。只是在最后才提及与"读书"相关的"优良环境"一事。学生会所确立的组织使命,在一定程度上体现了当时学生的兴趣取向。

1930 年 4 月,中大学生会正式开始工作。在最初两个月,学生会

① 大学当局对自治会有一定的经费支持,比如中大学生自治会每逢新年,均由学校拨款 300 元,举行新年同乐会。见《中大学生自治会拨款援助义军》,《中央日报》,1933 年 1 月 30 日。
② 《学生会大事记》,《国立中央大学学生会会刊》,1929 年。
③ 《学生会大事记》,《国立中央大学学生会会刊》,1929 年。

除致力于健全和规范自身管理外,其活动可概括为两类。第一类是就校务管理向学校提出建议。他们参与校政的努力得到了学校管理层的认可和积极回应。比如学生会就校景委员会改革办法提出了七项意见,由该会答复"当即办理"。又比如学生会请求学校凡本校出版物同学购买,应予特别折扣,学校应允一律给予七折优惠。同时学生会还就学校经济公开、减低讲义和行政费用、淘汰冗员、聘请国内外知名教授等方面表达了自身立场。第二类则是对国内重大问题发表主张并开展相应行动。其中不仅涉及具有全国影响的教育与文化事件,比如对五卅惨案和五四运动这些国内重大事件发表声明,阐述立场。还参与到包括和记工厂工潮调查,援助金陵大学学生反对该校青年会放映辱国影片,赴教育部请示解决晓庄同学失学问题等等事件之中。

1930 年春,教育部令学生会更名学生自治会,以申明注重学生自治的宗旨。学生自治会在学校管理上扮演着积极角色。在 1932 年易长风潮中,可以看到学生自治会频繁的活动。此后,学生自治会解散。罗家伦到校后,学生自治会一直没有恢复,学生为此多次向学校请愿。由于解散后的学生自治会无法举行换届选举,学校乃决定由各学院选举筹备员两人,组成筹备会。①

筹备会原为筹备选举而设,但实际上却担负起学生自治会的职能,而选举工作却迟迟没有展开。这种反客为主的做法引起了学生不满。法学院和理学院等学院学生会,"迭有呈述,其余学生,呈述者亦复甚多,对于手续发生疑问"。② 所谓手续问题,便指筹备员代行学生自治会的职能,有包办选举嫌疑。校内为此揭帖不断,指责筹备员筹划"非法选举"。

对以"自治"相标榜的学生自治会来说,筹备工作的混乱是一种极大的讽刺,也显示了学生组织能力的孱弱和校内学生存在立场上

---

① 《国立中央大学布告(982 号)》,《国立中央大学日刊》,1932 年 11 月 29 日。
② 《国立中央大学布告(1483 号)》,《国立中央大学日刊》,1933 年 3 月 28 日。

的分歧。为平息筹备员与学生间的对立,学校介入选举工作。选举的时间、地点不仅都由校务会议确定,而且学校也成为选举的监督者,"指派职员二人,在场监视"。学校希望通过公开透明的选举化解双方的"误解"。"在各院学生会学生,对于筹备会学生,应略迹原心,不可再事批评。在筹备会学生,亦可从此表明心迹。"①但 1933 年 4 月 15 日的选举因教育学院和工学院投票人数不足未能完成。校务会议不得不再次议决在 4 月 21 日进行补选。

中大学生对学生会选举有着辛辣的评论,调侃之情溢于言表,也反映了他们对筹备会的态度:

> 筹备了半年的学生自治会,因为筹备老爷内在的矛盾而流产了,不仅是流产而已,还闹出许多无聊的笔墨官司。听说原因是筹备老爷有包办学生自治会的野心,要想继续维持其政权,用迅雷不及掩耳的手段来办理选举,使一般小政客根本没有活动的机会,因此引起一般没有当选希望的活动分子连成一个战线向这个目标极力攻击——非法选举。又因筹备老爷大吴与小吴的冲突,大贴其答辩理由,只是忙煞了校工,苦煞了揭示处,因为内容涣散,那种经得起这许多人的围攻环击? 于是纷纷自动辞职,声明不负责任,筹备会寿终正寝,筹备了半年的结果,是由学校定期办理选举。所谓筹备,所谓自治,如此而已矣。②

学生的评论和校方的参与显示出自治会的尴尬处境。一方面,自治会在学生中缺乏根基,得到学生有限的支持。如根据惯例,中大学生每学期须缴纳会费 0.5 元作为自治会会费,但不少学生不愿缴纳。1933 年 3 月,筹备会呈请学校在讲义费下每人扣除 0.5 元作为

---

① 《国立中央大学布告(1483 号)》,《国立中央大学日刊》,1933 年 3 月 28 日。
② 德良:《1933 年的中央大学》,《大学生言论》,1934 年第 2 期。文中的大吴和小吴所指当为文学院的吴文晖和理学院的吴耀。

会费,但"官方"的扣费仍引起学生不满。学校为此在 6 月专门布告,言明扣费系应筹备会要求"代扣",不是学校行为,并呼吁学生不要斤斤计较,以"维护自治团体"。① 根据此前对中大学生用款情况的调查,中大学生平均每年用款多达 426.12 元,学生出身多为社会精英阶层。② 每学期缴纳 0.5 元会费对学生而言不过是九牛一毛。学生的斤斤计较,并非出于经济考虑,而是对自治会缺乏认可。普通学生将他们视为"活动的分子","一般总是想在自治会出出风头,利用机会吊吊膀子"。对他们"向来没有好印象"。而"筹备老爷"的称呼更体现了普通学生和自治会筹备员之间的隔阂。在这次选举中最终当选的第一届自治会代表 38 人中,原有 12 名筹备员只有 5 人入选。大部分"筹备老爷"在选举中落马,也说明筹备员在学生的威望有限,声誉不佳。

另一方面,自治会希望像此前一样在校务管理上有所作为,但得到校方的支持却寥寥无几。鉴于学生在历次风潮中的抢眼表现,罗家伦严格限制学生干预校政,严惩学生违反校规的行为,以维护学校的行政权威。他说,学生"如有什么意见,尽可书面报告,不过事实决定以后,那就不能轻易更改,这是维持法治精神"。罗家伦的高压政策给学生造成了很大压力,乃至于 1933 年初自治会呈请校务会议,要求"对同学偶犯校规应审慎处分"。③ 自治会的呈请显示了大学管理层和学生群体在大学管理话语权上的博弈。罗家伦对学生活动的高压政策,是因为他认为中大学生中存在"活动分子",若不加控制而任其作为,将影响到学校管理和安定。在 30 年代中期写给蒋介石的密信中,罗家伦就指出中大"有一部分有组织的学生",他们不仅争夺

---

① 《国立中央大学布告(1974 号)》,《国立中央大学日刊》,1933 年 6 月 21 日。

② 刘矩:《大学生用款分配及其经济背景之调查》,《国立中央大学半月刊》,第 1 卷,第 14 期。

③ 《中大学生向国民党中央请愿要求出兵抗日》,南京大学校庆办公室校史资料编辑组编:《南京大学校史资料选辑》,1982 年,第 328 页。

学生会的控制权,而且"籍组织,以遂其私愿之情事,对于校务多所干涉"。① 为此,以校长罗家伦为首的学校当局对学生自治会要求参与校务的回应并不积极。筹备会成立后,便与毕业同学会和商、医两学院学生谋划复院事宜,并为此联合三方于 1932 年 12 月联名向国民党三中全会请愿,请饬令行政院"收回划分国立中央大学商医两院独立之成命,维护最高学府之完整,而重大学教育之系统"。② 中央秘书处批示交教育部妥善办理。而中大校务会议以此事"系经行政院议决,教育部令其独立,本会未便于有所主张",加以拒绝。③ 1933 年 5 月,学生自治会又"函商、医两院学生会,速派代表来京,会同作复院运动,并函请毕业同学会援助。该会全体干事拟于最短期内,进揭教育部长及本校校长,请求恢复云"。④ 学生自治会的努力丝毫没有改变校方态度,校务会议仍维持原议。按照罗家伦所言,商、医两学院复院问题属于不能更改的"决定以后"的事实,而学生自治会越过学校直接向三中全会请愿的做法显然为罗家伦所不容。"易长风潮"中的混乱局面仍让人心有余悸。

　　罗家伦和学生都认为在中大学生中有一批"活动的分子",这一说法并非空穴来风,这批人也往往被戏称为"职业学生"。⑤ 从学业成绩看,"职业学生"的学习成绩并不理想。学生自治会委员中能获得学校奖学金的更是寥寥无几。1932 学年上学期中大有 50 余人获奖学金,而自治会代表中只有刘知行一人获奖。⑥ 而对于自治会的工作,成绩优异的学生并不热心。中大学生这样写道:"小子是埋首读

---

　　① 《致蒋介石函(10)》,中国国民党中央委员会党史委员会:《罗家伦先生文存补编》,台北近代中国出版社,1999 年,第 197 页。以下简称《文存补编》。
　　② 《中大商医两院复院问题》,《中央日报》,1932 年 12 月 29 日。
　　③ 《中大校务会议记录》(1932 年 12 月 26 日),中大档 648—910 号。
　　④ 《学生自治会干事会议决请求恢复商医两学院》,《国立中央大学日刊》,1933 年 5 月 25 日。
　　⑤ 在众多回忆民国大学学生生活的文字中,都会看到"职业学生"的说法。他们的目的并不是求学,而是求活动,与此处"活动的分子"颇为类似。陶大镛:《难忘的沙坪坝岁月》,见高澎编《永恒的魅力——校友回忆录》,南京大学出版社,2002 年,第 187 页。
　　⑥ 《本校奖学金委员会前开第一次会议》,《国立中央大学日刊》,1933 年 5 月 6 日。

书的人,对于这些活动的分子,素来就没有好像印,说起来简直讨厌。"①将学生自治会视为"活动分子"的舞台,并与"埋首读书"的学生相对立,这一分类在当时的师生乃至校长的言论中都能见到。罗家伦就屡屡提到,"大家到这里来的目的是求学,并不是在求活动。……大家在学术上有什么努力,各位先生自当帮助。倘若活动去求些权力,或是买空卖空,这乃是等而下之,卑不足道。以后到社会上去,人家向你要的,不是你曾经当过几回主席,而是你的学问如何,体格如何。"②罗的说法代表了大学对于学生自治团体的态度。

在这种氛围里,学生参与自治会的热情普遍不高。1933 年 4 月教育学院和工学院自治会代表选举便因票数不足选举作废。1933 年 10 月自治会换届选举时,教育学院再次因票数不足首轮没有选出代表。在这届选举中,统计各院系注册人数和当选代表的得票数,竟无一人超过半数,最低的理学院代表詹子政,得票率仅为 18％,这些都可以看出当时学生对于自治会的工作并不热衷。

表 3 - 14　中央大学 1933 年 10 月学生自治会代表选举当选代表得票情况③

院系名称	注册人数	最高得票		最低得票	
		票数	比例	票数	比例
文学院	163	64	39％	43	26％
理学院	118	35	30％	21	18％
法学院	213	97	46％	70	33％
教育学院	288	66	23％	58	20％
农学院	134	65	49％	45	34％
工学院	263	78	30％	54	21％

即使如此,自治会选举仍风波不断。1933 年 10 月换届选举产生的代表尚未备案,即再次发生纠纷,校内揭帖不断,攻击频发,最终导

①　德良:《1933 年的中央大学》,《大学生言论》,1934 年第 2 期。
②　《认识中大》,《文存》,第 5 册,第 466 - 467 页。
③　《学生自治会启事》,《国立中央大学日刊》,1933 年 9 月 29 日;《第七届代表大会代表结果》,《国立中央大学日刊》,1933 年 10 月 6 日。

致国民党南京市党部的介入。1933 年 11 月,市党部饬令中大学生自治会停止一切活动,并着手调查选举事件。[①] 但自治会干事无视市党部的饬令,"仍各自由行动,互相诋毁"。12 月,市党部决定暂停学生自治会活动。"所有各院代表,一律无效,另由本会决定日期,由全校学生以单记名投票,直接选举干事,组织干事会,其选举法,由本会另行订立公布在案。"[②] 市党部的决议使一年多来纠纷不断,"闹得乌烟瘴气"的自治会选举最终夭折。

在这场纷争之中,校方虽然始终没有表态,但在罗家伦致蒋介石的密函中,已明确表达了立场。他说:"中大一部分有组织的学生,为争夺学生会,公然蔑视市党部之决定。此风一开,校内固不安,他校学生亦将藉口效尤。设有学潮,党部威信失于同志之手,恐更无法控制。"[③] 在罗家伦为首的校方看来,自治会是"有组织的学生"争夺校内权力的舞台。学校应站在党国利益角度压制学生的自治活动,对校园内具有政治色彩的学生团体采取压制政策,限制学生干预校政或参与政治运动。校务会议在 1935 年议决,学生除"依所在学系个别加入各该系之系会或级会"外[④],禁止学生组织集体会社。

此后很长时间,中大都没有成立全校性的学生自治组织。1936年,记者在描述中大校园的学生生活时还提到这一层,并认为这是中大学生团体生活最显著之缺点。"综观中大学生之团体生活,虽甚复杂,然有一显著之缺点,即无全校一致之学生自治会,于全体之团结精神,尚虞不足。"[⑤]

直到学校西迁后,在学生的要求下,中大在 1937 年 12 月才重新成立了学生自治会。[⑥] 而随着抗战时期共产党着力在大学发展组织,

---

① 《中大自治会市党部令停止活动》,《中央日报》,1933 年 11 月 22 日。
② 《市党部令中大学生会另选干事》,《中央日报》,1933 年 12 月 2 日。
③ 《致蒋介石函(10)》,《文存补编》,第 197 页。
④ 《校长室关于禁止学生组织会社的布告》,《南大百年实录》上卷,南京大学出版社,2002 年,第 381 页。
⑤ 《中大学生生活的一瞥》,《江苏教育》,1936 年第 8 期。
⑥ 《学生自治会、两广学生会及回教学生会名单》,中大档 648—6085 号。

许多高校的学生自治会的领导权都掌握在共产党手中。中大学生自治会干事会领导权由秘密学联掌握,共产党员熊德邵任学生自治会主席,黄大明为学术部长。[①] 而各种各样的中共外围组织,比如中大文学会、中苏问题研究会等机构也在中大日趋活跃,并在校内引起了与三青团的纷争。

（2）倡导学术团体

与学生自治会的惨淡经营相比,学术团体的发展可谓有声有色。在院系层面,学生参与的团体主要有两类。其一是作为联络学生感情平台的院系学生会;其二是以某一院系为主体成立的各类学会,比如园艺系设有园艺学会,心理学系设有心理学会,森林系设有森林学会等。学生会与学会虽是一字之差,但内涵却不同。学生会重在沟通学生感情、训练学生自治。而学会的兴趣则在学术探究上。比如1932年12月成立的心理学会,其目的就在于"使全校于心理学方面具有研究及兴趣之师生,能团结一致,集中力量,共谋吾国正在萌芽中之心理学"。[②]

各种学会的成立对于活跃校园学术氛围,增进师生学术兴趣很有帮助。学会活动主要集中在三个方面:其一是组织学术演讲,其二是出版学术刊物,其三是在校内师生和毕业生中联络发展会员。比如心理学会"为谋会员之进修,决定每月举行学术演讲一次,聘请著名学者轮流主讲"。[③] 生物学会组织的学术讲演次数更多。仅仅在1933年9—11月的三个月内,该学会就聘请校内外学者举行了7次学术演讲。[④] 政治系师生组织的政治学会利用大学地处首都,政要云集的便利,"除组织各种专题讨论会及发行政治学杂志外,每周请名人演讲一次"。[⑤] 翻开当年的《国立中央大学日刊》,各种学会组织的

---

① 华彬清、钱树柏:《南京大学共产党人》,南京大学出版社,2002年,第28页。
② 《本校心理学会成立》,《国立中央大学日刊》,1932年12月22日。
③ 《心理学会近讯》,《国立中央大学日刊》,1933年10月3日。
④ 《生物学会本学期第七次学术演讲》,《国立中央大学日刊》,1933年11月22日。
⑤ 《政治学会今日请萨孟武先生演讲》,《国立中央大学日刊》,1933年12月6日。

学术演讲层出不穷,乃至一天有数场演讲。当时中大的演讲多安排在学校致知堂,由于演讲过多,致知堂远不敷用,"撞车"之事时有发生。为此注册组在全校通告:"本校各院系科请中外名人演讲,大都借用致知堂或其他之普通教室为地址,兹为避免与上课时间冲突起见,嗣后凡须借用任何教室时,务请事先与敝组接洽,庶可免临时发生冲突之情事。"①

各种学会还积极致力于学术成果的出版。比如政治学会便出版有政治学杂志,园艺学会出版有《园艺月刊》。土木工程学会在《国立中央大学日刊》上编有土木附刊,在 1933 年上半年共出版了 14 期。②1933 年 11 月,该会更名为土木工程研究会,并将土木附刊单独出版。③ 到 1934 年,该研究会的会员已经达到 77 人之多。④ 又如心理学会,也编辑出版了《中大心理半月刊》,"以便发表该会会员平日研究之心得"。⑤

学生会也举办学术活动,但与学会有很大不同。从其成员组成上看,学生会以院系为单位,由某一院系学生组成;学会虽以某一院系学生为主体,但是并不以院系为限,毕业生和本校具有共同学术爱好的其他院系学生也可加入,这便冲淡了学会的院系色彩。学会以学术为主线,不仅是学生的组织,还吸引了众多教师加入。很多教师不仅是学会的发起者,还在其间承担重要的沟通和指导职责,他们在各类学会中的指导和协调,增强了学会的学术旨趣和学术色彩。

学会和学生会本身也有着联系,很多学会原本就是从院系学生会发展而来。比如在 1933 年 3 月,地质系师生"鉴于我国地质学之幼稚,乃扩大地质系同学会之组织,而成立地质学会,以谋我国正在萌芽中之地质学,使其渐次发展"。⑥ 上述的心理学会也是"该系师生

---

① 《注册组通告》,《国立中央大学日刊》,1934 年 2 月 19 日。
② 《本校土木工程研究会刊行月刊》,《国立中央大学日刊》,1933 年 11 月 24 日。
③ 《干事会通告》,《土木》,第 1 卷第 1 期,1933 年 11 月 1 日。
④ 《国立中央大学土木工程研究会 22 年度总务报告》,《土木》,第 1 卷第 11 期。
⑤ 《心理学会所编之心理半年刊出版》,《国立中央大学日刊》,1934 年 1 月 6 日。
⑥ 《地质学系消息》,《国立中央大学日刊》,1933 年 3 月 1 日。

扩大心理学系同学会之组织"而成立。院系同学会向学会的演变,反映了学生学术兴趣的提升。

学校当局也对这种转变大力推动,通过积极引导学术团体的发展,将学生热情和兴趣引导到读书上来。罗家伦将学生团体分为两类,第一类是"求活动"的团体,尤其是积极参与政治活动的团体。这些组织无助于养成学生团体意识,也无益于民族救亡,不过是"外面的人到学校里来找同志"。"皆是一般小政客害青年,不激励他们去为学术为国家而努力,单来组织些小团体,我倾轧你,你倾轧我,卑鄙无耻,贻害极大。"[1]第二类是各种"学术组织的学会"。罗认为这种学生学术社团在国外大学极多,对于学生的学术训练和团体意识养成也很有帮助。对于这两类团体,他明确指出,"各种学会的组织,……我是非常赞成的。至于其他的组织,顶好不要参加。"[2]后来他还说道,"中央大学学会很多,总希望大家参加,使其逐渐学术化。"

二、一二·九运动中的中大学生

外部政治环境和国际局势的刺激是诱发学生运动的主因。在国难深重的20世纪30年代,如何引导学生的政治热情是大学管理者面对的难题。早在1933年,罗家伦便向学生提出"到图书馆去,到实验室去"的口号。在1934年9月入学典礼上,罗家伦直面"救国"与"读书"应如何选择的问题,劝告学生空谈救国只能误国,救国一定要在学术上有所建树。他说:

只管喊"杀到东京",便能解除我们的国难吗?诸位,国难的解除,惟有一般有志气、有热血、有学问的青年才能做到。柏林大学的学生未尝到街上去喊口号,去示威,他们只有在图书馆、研究室里不断的努力研究。德国的生命就寄

---

① 《认识中大》,《文存》,第5册,第467页。
② 《整顿中大的几项重要举措》,《文存》,第5册,246页。

托在他们的研究室里、图书馆里,德国人的光辉就发射自他
们的研究室里、图书馆里。[①]

到 1936 年,罗家伦更明确提出要把中央大学建成民族复兴的参
谋本部,成为挽救国难的人才储备库。他说,"不是教授领导游行就
算爱国,还要沉着的讨论研究。……我以为中央大学应成为抵抗日
本的参谋本部,不是要造成抗日游行队或宣传队。游行宣传,别人都
能做,不必我们大学生去做。我们要造成一个参谋本部,什么人才都
有。"[②]罗家伦要把学生的爱国热情转变为学术上的动力,把到街头宣
传的热情变成扎根图书馆和实验室里的动力。在这种导向下,30 年
代中期中央大学的学生运动显得"风平浪静"。

但"树欲静而风不止",深重的民族危机对青年学子的刺激深切
而直接。正所谓"历次学潮,其始每由于国事"。[③] 九一八事变后,中
大就曾是全国学生运动的中心。学生的激烈举动也是校长朱家骅辞
职的重要原因。1933 年初,日本在华北挑起事端,中大学生的爱国
热情又一次被点燃。1 月 15 日,学生自治会决议于 16 日全体干事向
中央请愿出兵收复失地,并向教育部请愿通令全国学生武装,同时印
发全国青年同学书,向学生募集抗日救国基金。学生自治会还将学
校当局拨款用于新年同乐会的 300 元"全数汇往东北义勇军,以表示
后方援助之意"。在这场抗日运动中,学生的反应最迅捷也最激烈。
他们不仅发表抗日宣言,发起募捐,并开办特种民众学校,实施抗日
自卫教育,发起国产布衣运动,节衣缩食以资助义勇军。[④]

对于学生的抗日主张,学校当局表现出积极跟进的姿态。校务
会议很快决议在教职员薪金下扣除百分之一捐助义勇军,并发起自

---

① 《希望 23 年度的中央大学》,《文存》,第 5 册,第 405 页。
② 《让我们把中大造成民族复兴抗日的大本营参谋本部》,《文存》,第 5 册,第 455
页。
③ 郭斌龢:《论今日之学潮》,《国风》,第 8 卷第 2 期。
④ 《中大学生发起节衣缩食》,《中央日报》,1933 年 1 月 21 日。

由捐款,"以资助抗日军队弹械"。[①] 罗家伦还率先捐款 200 元以为表率,全校师生捐款也极为踊跃,甚至连校警 60 余人也发起自由捐助。校方组织的募捐远远超出了自治会的募捐范围。学校而不是学生,成为这次爱国活动的主导者。最后,中大以学校名义将募捐所得购得子弹 10 万发捐赠前方将士。罗家伦本人还亲自致电宋哲元等人,代表中大全体师生捐赠枪弹。[②]

由校方主导进行抗日爱国运动,成为罗家伦时期中大学生爱国运动的重要特征。即使是在 1935 年底席卷全国的一二·九运动中,中大学生所表现出的姿态也颇为温和。

在一二·九运动中,北平学生在 12 月 9 日和 16 日发起两次大规模的示威游行。而早在 12 月 3 日,中大学生鉴于华北局势的危机,便会同金陵大学学生电请中央"实力制裁,以保华北,而维国家领土主权完整";同时致电宋哲元,请其"当机立断,戡乱除奸"。[③] 9 日北平学生游行后,中大学生并未起而响应。16 日北平发生了更大规模的游行,中大学生的热情才逐步被点燃。

17 日夜,南京各校学生代表在中大学生宿舍集议,决定于 18 日停课请愿。次日,各校代表在中大操场集会,学生手持"南京学生请愿团"横幅游行至行政院,并推举代表 50 人与秘书长翁文灏面谈。学生提出了释放北平被捕学生、赔偿医药费、保障学生爱国运动等要求,翁文灏逐条给予解答,并劝告学生安心读书。学生对翁氏答复颇为满意。

18 日的游行是一二·九运动中由中大学生主导的唯一一次游行请愿。但在这次游行中,学生表现得相当温和持重。在游行前,学生推举中大学生李肇端等 5 人组成主席团,向全体学生说明请愿目

① 《中大教职员捐款援助抗日军队》,《中央日报》,1933 年 1 月 13 日。
② 《致宋哲元电》,《文存补编》,第 228 页。
③ 《中央、金陵两大学学生通电讨殷逆》,《南大百年实录》上卷,南京大学出版社,2002 年,第 381 页。

的，"不过对政府贡献意见，并无敌对行为，并须严守秩序"。[①] 游行后，全体学生又齐集中大礼堂，讨论议案数项，并一致否决采取罢课等激进行为，以重学业。[②] 有趣的是，18 日的游行并未囊括南京所有学校，该日未参加游行的他校学生 19 日在金陵大学学生带领下再次游行请愿。

与全国如火如荼的学生运动相比，18 日中大学生领导的请愿显得较为温和。随着华北局势的日益恶化，学生情绪变得越来越激烈。21 日，中大学生再次派代表 10 余人赴行政院请愿，提出四条要求，并"期三日答复，否则以罢课游行为最后挟持之具"。22 日，中大学生招待新闻界，申述学生此次救国运动之动机与态度，并针对外间不实报道，声明中大学生并无被捕失踪及罢课事。[③]

学生的严守秩序和温和姿态引起了激进学生的不满，他们认为 18 日的游行不过是 CC 系和复兴社控制下的学生会掩人耳目的伎俩。游行后，激进学生组织学生大会改组了学生会，并在南京各校学生间联络，希望举行更大规模的游行示威。[④] 25 日，学生全体会议议决 26—28 日三天停课，开展爱国宣传，全校学生十人为一组，分赴全市宣传学生爱国之真相，并定于 26 日联合全市中等以上学校学生举行游行。当日晚 8 时，进步学生召集各校学生代表在中大开会，讨论游行具体问题。但由于罗家伦的阻止，加上宪兵教导团武力包围了中大，中大学生未能走出校门参加 26 日的游行。到 27 日，中大学生便一律复课。

中大学生在此次爱国运动中的参与热情和激进程度，无法与平津沪等地的学生相比。唯一一次由中大学生组织的 18 日游行不仅态度温和，而且秩序井然。此后学生还专门接待新闻界，声明学生

---

① 方本裕编：《全国学生反对华北"自治"运动前后记》，中国现代革命史资料丛刊，《一二九运动资料》第一辑，人民出版社，1981 年，第 322 页。

② 《游行秩序整肃请求结果圆满》，《中央日报》，1935 年 12 月 19 日。

③ 《中大学生招待新闻界并发电慰问平市学生》，《中央日报》，1935 年 12 月 23 日。

④ 李庚：《忆一二九时期的南京学生运动和南京学联》，《一二九运动回忆录》（第一集），人民出版社，1982 年，第 331 页。

"并无被捕失踪及罢课事",以免引起外界的误解,其态度和倾向可见一斑。而 26 日由激进学生组织的游行示威却由于多方阻拦未能实现,这也反映了学校和政府对学生参与政治活动上具有较强掌控能力。在各种因素共同作用下,使得激进学生认为,"南京的学生,一般说,政治上比北平、上海的同学落后"。①

激进学生认为中大学生会被 CC 系把持。对此虽然缺乏直接证据,但国民党势力对中大学生会具有很强的控制力和影响力确是不争的事实。作为首都唯一的国立大学,南京国民政府既期望中央大学能在全国高等教育体系中发挥领袖群伦的表率作用,也特别留意加强对大学师生的思想影响与组织控制。早在 1929 年,国民党中央执行委员会便曾直接插手中大学生会选举。② 而在 1933 年,南京市党部也因学生内部纷争,明令自治会解散。可见,国民党党组织始终密切关注中大学生自治会的动向,通过党派学生控制自治会也显得顺理成章。抗战时期,朱家骅在给罗家伦的密令中提到,"闻中大学生自治会为共党把持,应予查明设法改组。"罗家伦在回函中便明白说道,"中大学生自治会事备蒙关注,至深感激。该会于上月 28 日举行各院系代表大会时,彻底改组,现由党部及青年团学生主持。"③朱家骅与罗家伦的来往信函清楚表明国民党势力对中大学生自治会的把持与控制。1940 年毕业于中大经济系的陶大镛回忆抗战初年中大情形时也提及,"校内的政治情况很复杂,每届学生会改选时斗争很激烈,国民党通过三青团操纵学生选票。有一批三青团员、党棍子,早该毕业了,还不走,一待就是六、七年,他们是'职业学生'"。④

① 李庚:《忆一二九时期的南京学生运动和南京学联》,《一二九运动回忆录》(第一集),人民出版社,1982 年,第 329 页。
② 《国民党中央训练部查禁学生会函》,《南大百年实录》上卷,南京大学出版社,2002 年,第 364 页。
③ 《教育部关于改组中大学生自治会的密令》,《南大百年实录》上卷,南京大学出版社,2002 年,第 475 页。
④ 陶大镛:《难忘的沙坪坝岁月》,见高澎编《永恒的魅力:校友回忆文集》,南京大学出版社,2002 年,第 187 页。

这些虽为后事,但应能体现出政府和学校当局对于学生会的掌控。

教授们的立场同样值得关注。在12月9日,南京各大学教职员在罗家伦带领下发表了"对华北问题宣言",提出"对于任何以危及我最后生命线之无理要求,一律严予拒绝,更不可有迁就之协议与谅解,以作茧自缚",①并提出要本此主张,以为政府后盾。

16日北平学生游行后,中大教授对于政府逮捕进步学生一事,群情愤慨,先后通电声援、抗议并劝慰。在18和19日南京学生游行中,教授们"惟予以合理之指导,未尝抑阻,良以动机纯洁,深寄同情"。

21日,学生代表上书行政院,限政府三日内答复,并以罢课游行相威胁。为此,教授会于23日发表了《告全体同学书》,认为学生救国必须有切实方针,采用罢课游行的方式,费时失学,犹如"授寇以兵,使之贼我,非唯无益,其害且昭然矣"。在此文中,教授虽表达了与学生共进退的基本立场,但并不赞同学生的过激行为。

> 同人等爱护同学,始终一致,心存救国,犹与同学不殊,以最忠实恳切之词,告我同学,自今以后,虽强敌凌迫,至于最后一课,犹必尽职指授,毋感懈怠。此外在不旷课、不违校纪、不逾规范之条件下,凡有救国应为之事,必与同学共赴之。尚以此为逆耳之言,逞其客气,其结果实有同人所不忍言者,审思慎行,是所切望也。②

这份声明代表中大教授们在这场爱国运动中的基本立场。总体而言,教授们表现出温和而持重的姿态。他们对于民族危亡有着同样的切肤之痛,对学生的爱国运动表示同情和支持。但是在如何救国上,他们与学生存在分歧,甚至认为学生的爱国举动在很大程度上

---

① 《首都各大学教授对华北问题发表宣言》,《中央日报》,1935年12月10日。
② 《国立中央大学全体教授发表告同学书》,《中央日报》,1935年12月24日。

是被政客所利用。时任中大历史系主任的朱希祖便认为中大学生九百余人,七百余人不赞成罢课,"惟百余人颇激烈"。他认为这些学生"外激于爱国口号,而不知暗中为政客所利用,荒废学业,损失不资,甚可惜焉"。① 中大教授提出的救国举措是在"不旷课、不违校纪、不逾规范之条件下"实行。这一"三不主张"显然是建立在对现存制度和秩序的认可之上。

以罗家伦为代表的学校管理层在这场运动中与政府当局保持了高度一致。学校一方面通过引导学生的爱国行为,主导并控制运动的发展;一方面则对学生的过激行为加以严格禁止。

罗家伦早年曾是五四运动的学生领袖,对于学生强烈的危亡意识和民族主义情感深有认同。在抗日和救国的问题上,他与广大师生的立场并无差别。早在 12 月 9 日,以罗家伦为首的大学教职员便发表了"对华北问题宣言",表达了反对分裂阴谋、坚决为政府后援的立场。

由于中大学生在运动中表现的温和守序,学校对学生行为干涉较少。12 月 22 日,校长罗家伦为稳定学生,乃"召集全校主任会议,各分劝学生,反对罢课,勿为政客利用,以免影响京外学生效尤,同时罢课"。当时的历史系主任朱希祖于当日便对学生进行劝导,并表示"史学系诸生,已劝导有效,均主持重"。23 日,罗家伦再次召集全校主任会议,校方"力劝学生,制止罢课,颇生效力"。② 到了 12 月 25 日因激进学生拟在 26 日举行大规模示威游行,学校才给予严格限制。25 日晚,行政院因"京沪一带发现反动阴谋,情势严重",于当晚颁布戒严令。26 日清晨,罗家伦便紧急召集全体学生开会,宣告南京已经戒严,并劝导学生勿外出游行。学生并不听从,罗家伦于是在校内发布布告,要求学生"此后行动,务宜严守纪律,须知爱国自有常规可循,切勿逞一时之血气致无益之牺牲,所即照常上课,所有游行,宣传

---

① 朱希祖:《朱希祖日记(中册)》,中华书局,2012 年,第 588 页。
② 朱希祖:《朱希祖日记(中册)》,中华书局,2012 年,第 588—589 页。

等举动,概应停止,可免意外。"①同时又召开全体主任会议,"一方劝导学生,一方劝免军人干涉"。在校方的劝说下,加之政府以武力包围了中大,中大学生组织的这场示威活动最终"胎死腹中"。

1936年1月,罗家伦在全校大会上对尚未结束的学生爱国运动这样总结:

> 这次爱国运动,本大学的表现,已表示出中央大学很好的学风,同学在游行时都非常激昂,但游行停止时,便立刻恢复常态,一致在图书馆、实验室埋头用功。这也表示几年来中央大学当局及教授与大家一道培植学风的努力,没有白费。②

罗家伦的说法,是对中大学生在一二·九运动中的表现的最好说明。

学生、教授和学校当局在一二·九爱国运动中的表现虽然略有不同,但在对待政府的态度和采取的救国方式上却差别不大。尤其是学校当局和教授的立场,与政府保持了高度一致。而学生虽然偶有激进行为,但整体的政治态度显得温和持重。激进学生则认为当时南京的学生比平津、上海学生更为保守,南京的学生运动难以开展。这从另一个侧面反映了学生的政治态度。

罗家伦曾这么说道,"大学要担负这种民族复兴的使命,第一,必须选择有智慧的青年,予以有纪律的知识锻炼,使其有良好的学术基础,以从事高深学理的探求与实际问题的研讨。……第二,就是培养青年道德的人格,使成民族领袖人才。此处所谓领袖人才,是各方面的,不只是政治方面的。"③他认为大学计划教育要"按照国家的需要,

---

① 《罗家伦劝阻学生游行》,《南大百年实录》上卷,南京大学出版社,2002年,第383页。

② 《让我们把中大造成民族复兴抗日的大本营参谋本部》,《文存》,第5册,450页。

③ 《国立中央大学22级学生毕业纪念刊序言》,《文存》,第10册,第215页。

精密的做一个通盘的打算,以一定的步骤,按时计程,造就若干数量与一定质量的人才"。① 中央大学的人才培养正是围绕这一思路展开。

为了实现上述目标,大学努力提升人才训练对于国家建设与民族救亡需要的适应性,通过重构课程体系、调整学科结构,使人才培养围绕国家的需求展开。同时,大学的人才训练坚持严格的学术标准,强调给予学生"有纪律的知识锻炼,使其有良好的学术基础",保证了毕业生具有扎实的知识储备与学术素养。种种努力使得大学对国家建设对于人才的需求给予了积极的回应。应该指出的是,这种回应不是简单的、机械的、表层的,而是基于长远性、根本性和战略性的考虑,并通过知识的生产和传播这一载体来完成。大学为国家建设与民族救亡培育了大批具有良好知识储备的各类人才,他们成为构建"有机体的民族文化"的基本力量。

在大学与国家、社会的交往中,罗家伦时代的中央大学对青年学子的吸引力和社会美誉度显著提升。尤其是在抗战时期,中大成为众多学子求学的首选,这显示出社会对于大学办学成绩的认可。大学的影响力也从此前偏于东南数省向全国范围辐射、扩展,展示出一所"领袖群伦"的最高学府应有的影响力。从就业来看,"服务党国"成为毕业生最为首要的选择。众多理工科毕业生就职于各类国家建设机构,并成为其中的骨干力量。中大工学院院长杨家瑜在抗战时期指出,"近年学工程的学生,毕业以后,大都是就他们所学,去担任实际的工作。"②中大作为最高学府成为青年学子首选的求学之地,并成为国家建设事业的人才训练基地。

同样值得关注的是学生的团体生活与政治参与。在学生运动风起云涌的民国时期,中大学生政治参与热情略显不足。"埋头读书"的学生不齿于热衷运动的"活动分子"。学校当局在鼓励学术性社团发展的同时,也压制"求活动"的学生组织的扩展。在学生发起的爱

---

① 《抗战的国力与文化的整个性》,《文存》,第 1 册,第 578 页。
② 杨家瑜:《从抗战建国谈到大学工程教育》,《新民族》,第 2 卷第 9 期。

国运动中,学校当局通过积极行动,主导并引导爱国运动的发展,必要时还诉诸武力手段对学生较为激进的活动给予压制。由于地处首都的特殊位置,国民党势力对于中大学生活动格外关注,对学生自治会的控制若隐若现。与北大、清华等大学在抗战前就存在共产党组织相比,共产党在中大学生中既缺少组织,影响也很有限。中大学生在各类爱国运动中表现得保守、温和、持重。中大学生运动的"落后"也因此为激进分子屡屡诟病。

第四章

教授群体——学术与政治

关于学者对于大学之重要性,梅贻琦先生有句广为人知的名言:"所谓大学者,非谓有大楼之谓也,有大师之谓也。"对于教授之于大学的影响,竺可桢在就任浙大校长的演说中也说,"教授是大学的灵魂,一个大学学风的优劣,全视教授人选为转移。"[①]作为中国近代最富成就的大学校长,二人的言论表明了教授在大学中的核心地位。有着长期办学经验的罗家伦同样高度重视教授群体。他说,"一个大学要办好,最重要的就是要教授得人。"教授不仅是大学教学科研活动的主导者,还代表着大学的风尚、精神和气度。他们的学识、言行和风骨,是大学学风的重要体现,并对学生影响深远。正是在这个意义上,教授被视为"大学的灵魂",他们的一言一行构成了大学文化和精神的重要内容。

罗家伦时代的中央大学教授人数众多,且因流动频繁而变动不断。即使是那些"在校有相当年份"的教授,要全面考察他们的思想言行不仅不现实,而且也过于纷繁复杂,未必能体现大学内在的精神风貌。为此,本文选择了三份刊物——《国风》、《时代公论》和《新民族》——作为考察中大教授群体的窗口。这三份刊物均属于综合类期刊,都没有局限于单一的学科门类。杂志的受众群体广泛,不仅包

---

① 竺可桢:《大学教育之主要方针》,《竺可桢全集》,第 2 卷,第 334 页。

括校园内的师生,也影响到校园外的知识分子和社会大众。中大教授在杂志的创办与发行中发挥了主导作用,因而杂志在某种程度上代表了和展现了中大教授群体的思想主张、立场倾向和精神风尚,成为中大教授面向国家和社会进行言说的重要平台,并在某种程度上反映了大学的立场和主张。

第一节　《时代公论》与参政议政

《时代公论》创刊于 1932 年 4 月,主编为法学院教授杨公达,地理系教授张其昀任总发行人。杂志创刊后,迅速在社会上产生影响,不到两个月,销量已达万份。《时代公论》以政论为主,也刊有"时事述评"、"读者论坛"和"通讯"等栏目,还根据社会热点出版专号,如"九一八国耻纪念专刊"、"抗日方案征文专号"、"宪法问题专号"等。该杂志从创刊到 1935 年 3 月休刊,共出版了 156 期。

一、政学杂糅的作者群

关于《时代公论》的缘起,杂志在第 10 期这样补述:

> 当下关日本兵舰开炮之后,不特是普通一般人逃之夭夭,……我们的学校——中央大学——也有人烟稀少今昔之感了! 时代公论就是在南京最冷落萧条的一个时期,几个朋友触景生情,像雪中送炭似的,把这个刊物贡献给全国国民。①

可见,《时代公论》的创刊与"我们的学校"的教授们关系密切。通过对主要撰稿人发文情况的分析,可以看出杂志核心作者群的构

---

① 编者:《时代公论是铁面无私吗》,《时代公论》,第 1 卷第 10 号。

成情况。据统计,《时代公论》共发表了政论性文章 800 余篇,作者涉及到 200 余人。① 其中最主要的 23 名撰稿人在杂志上发表文章 398 篇,几乎占到了全部政论性文章的一半。杨公达是杂志的核心人物,不仅主导着杂志的发展,也是撰文最多的作者。在 23 名主要撰稿人中,其中有 15 人为中大教授或曾经在中大任教,与中大关系密切,显示了中大教授群体对于杂志的主导作用。

表 4-1　《时代公论》杂志 23 名主要撰稿人情况简介

姓名	出生年份	学历背景	任职情况	发文数
杨公达	1907	巴黎大学	中大图书馆主任,法学院院长,1933 年任立法委员	63
阮毅成	1905	巴黎大学法学硕士	中央大学法学院教授,中央政治学校法律系主任	41
田炯锦	1899	伊利诺大学博士	国民政府监察委员	38
楼桐荪			国民政府立法委员	31
雷震	1897	日本京都大学	政论家,曾任中大法学院兼职教授	24
顾毓琇	1902	麻省理工学院	曾任中央大学工学院院长	20
袁道丰	1907	巴黎大学	复旦大学教授	18
程其保	1895	哥伦比亚大学教育学博士	中央大学教育学院院长	17
罗廷光	1896	南京高等师范教育科	湖北教育学院院长,战后任中央大学教育系教授	17
萨孟武	1897	日本京都帝国大学法学硕士	中央政治学校行政系教授,曾兼任中大法学院教授	16
胡长清	1900	日本东京明治大学刑法学	中央大学法学院教授	16

---

① 刘大禹对《时代公论》撰稿人进行了一项不完全统计,本文对作者群的考察主要参考其研究成果。见刘大禹:《九一八后国民政府集权政治的舆论支持(1932—1935)——以〈时代公论〉为中心的考察》,《民国档案》,2008 年第 2 期。

（续表）

姓名	出生年份	学历背景	任职情况	发文数
冼荣熙	1884	巴黎大学矿冶工程学硕士	黄埔军校政治教官，国民政府立法委员	16
陈茹玄	1895		曾任东南大学政治系主任，国民政府立法委员	15
崔宗埙	1897	斯坦福大学政治学博士	安徽大学法学院院长	13
董显光	1887	哥伦比亚大学新闻学院博士	《大陆报》总编、总经理	11
李谋熙	1896	哈佛大学哲学博士	浙江大学、暨南大学教授	9
章渊若	1904	巴黎大学法学博士	中央大学法学院教授	7
傅筑夫	1902	北京师大国文系	河北大学、安徽大学、中央大学教授	6
柳诒徵	1880	晚清秀才	江苏省国立国学图书馆馆长	6
董时进	1900	康奈尔大学农学博士	国立北平大学农学院、北平农业大学教授	5
梅思平	1896	北京大学政治系	中央大学、中央政治学校教授	4
张其昀	1900	南京高师毕业	中央大学地理系教授	3
杭立武	1904	伦敦大学政治学博士	中大政治系教授兼系主任，中大法学院兼职教授	2

　　从《时代公论》撰稿人的背景来看，大致可以分为两类。一类是以中央大学为核心的大学教授。这里不仅包括当时任职中大的杨公达、阮毅成、程其保、张其昀、胡长清、程绍德（经济系教授）、叶元龙（人口学教授）、曹翼远（教育学教授）、何浩若（哲学教授）、缪凤林（历史系教授）、汪辟疆（中文系教授）等人，还包括与中大渊源密切或曾在该校任职的学者，如竺可桢、柳诒徵、马寅初、徐悲鸿、陶希圣、李成漠（教育专家）、刘运筹（原任中央大学农学院院长）、顾毓琇、陈茹玄（法律专家，参加了五五宪草的起草工作）、陈长衡（人口学家、经济学

家,立法委员)、卫挺生(财政专家、立法委员)、彭年鹤(司法专家)、周谷城等人。以中大法学院教授为主的学者群体是《时代公论》的核心力量。他们不仅是杂志的发起者,而且是杂志最为重要的撰稿者,对杂志影响较大。其二,在中大教授群体之外,《时代公论》也广泛吸引了当时的政界名流参加,很多撰稿人都是与政府部门联系紧密的政论家或政界要人,如吴昆吾(司法院参事)、楼桐荪(国民政府立法委员)、吴铁城(政府要员)、陶履谦(内政部官员)、师连舫(内政部科长)、吴颂皋(内政部官员)、林桂圃(国民党理论家)、雷震(著名政论家)、冼荣熙(黄埔军校政治教官、立法委员)、田炯锦(监察委员)、邓深泽(国民党军事委员会上校训练教官)、彭学沛(代理内政部长)、朱家骅、程天放、管欧(内政部)等。这样一个政学杂糅的作者群,使该杂志不仅仅是大学教授坐而论道的讲坛还是政学两界交流的平台。

《时代公论》作者群政学杂糅的特征与杂志积极寻求政治参与的倾向密切相关,也与中大法学院教授具有的群体性特征有着内在的联系。由于与国家政治的密切联系,法学院的很多教授大多游离于政学两界,时而任教,时而从政,或兼而有之。根据 1931 年编订的《中央大学教职员录》,中大法学院副教授 50 人,其中明确为专任者仅仅有 6 人,明确系兼任者达 35 人,另有 9 人未注明专任或是兼任。[①] 法学院教授兼任的比例远远高出其他学院,从政对于学者有着很强的吸引力,教授所兼职务也多为服务政府机关。如此高的兼任率说明了法科人才的难聘,朱家骅 1927 年在中山大学主事时便指出了国家政治变动对于学者流动的影响。在致蔡元培的函中,他说:"中国人总是欢喜在帝阙之'近水楼台',中央政府迁后,法科最感聘不得人之苦。"[②]朱家骅的抱怨反映了由于法科与国家政治紧密联系,其师资队伍特殊的来源渠道和旨趣倾向。中央大学地处作为国家政治中心的首都,汇聚了大批政治学、法学、经济学等学科的学者,"近

---

① 《国立中央大学一览》中央大学教职员录,1931 年。
② 中国第二历史档案馆编:《中华民国史档案资料汇编》第五辑第一编,教育(一),江苏古籍出版社,1994 年,第 225 页。

水楼台"的为这些人学而优则仕提供了宽广的舞台。

很多中大法学院教授,包括《时代公论》的主创人员和撰稿人,如杨公达、阮毅成等,均有从政经历,或后来走上政治道路。杨公达本人在杂志创办的第二年便成为国民政府的立法委员。而如吴昆吾、雷震、梅思平、杭立武、萨孟武等政界人士也都曾在中大兼任教授。这批人在政学两界之间游离不定,将政治与学术紧密相连。法学院教授的这一群体性特征在《时代公论》杂志的作者群上得到了很好的反映。

二、立场与主张

1935年3月,《时代公论》出版最后一期。杨公达在"休刊的话"中谈到,"愿我们很盼望读者不要完全忘记了我们三年来的主张:于党要求恢复总理制,于国要求组织强有力的政府,于教育以适合国民生活之需求为方针,于社会厉行救济事业,特别是替失业青年呼吁。"[1]杨公达是杂志的灵魂人物,他的话应能反映杂志的办刊主旨。但时过境迁,休刊的话与创刊的立场相比也多有变化。理解《时代公论》的旨趣,还应从创刊去寻找。

《时代公论》在创刊缘起中这么说:"当下关日本兵舰开炮之后,不特是普通一般人逃之夭夭(要人们早已到洛阳去了)就是惯喊打到日本帝国主义的人,也就一溜烟离开了此间,……时代公论就是在南京最冷落萧条的一个时期,几个朋友触景生情,像雪中送炭似的,把这个刊物贡献给全国国民。"深重的国难是刺激杨公达等人创办《时代公论》的时代背景。他们希望以此为平台,"供国人以发表自由思想之机会,俾于国事稍有贡献"。[2] 从创办之初,杂志便表现出对"国事"的密切关注。杂志的创刊理念,反映了在国难的驱使下,知识分子参与政治的使命感和责任感。

---

① 杨公达:《休刊的话》,《时代公论》,第156号,1935年3月。
② 编者:《时代公论是铁面无私吗》,《时代公论》,第1卷第10号。

　　杂志在创刊后成为政学各界人士探讨学理、发表政论的平台,但其间观点和主张并非严格统一,不仅因人而异,甚至彼此有矛盾之处。读者陈豪楚甚至为此致信杂志社,希望该刊能"思想一致,自成系统"。为此,当时任总发行人的张其昀公开回信,并进一步阐述该刊宗旨:"时代公论公器也,大学教授之公开讲座也。大学即以思想自由为原则,大学教授所发表之言论,自不受任何政党之拘束。即在同一刊物之中两相反对之论调,苟能持之有故,而言之成理,皆不妨同时并存,而一任读者之比较与选择:此其所以名为公论也。"张其昀强调,杂志是学人发表言论的平台,并没有先入为主的取舍。为进一步阐述《时代公论》的立场,张其昀借用前东南大学刘伯明先生在《论学风》一文中的论说,以说明杂志的旨趣:

　　　　其言曰:"大学学生,凡政治社会问题之关系较大者,宜本学理之研究,发为言论,其心廓然大公,不瞻徇任何党系之私意,惟以高贵之精神,崇伟之心理,与国人相见,斯真高尚之学风也。夫先觉者,感人之所同感,而较深切,其表见也又较著名,不若常人之暧昧含混。惟其如此,故应本所感者,发为文辞,播诸民间,为诗歌可也,为报章言论可也。如布种然,使之潜滋暗长,历时既久,动机自生。历阅古今大改革,其发动之机,胥在于是。"①

　　张其昀认为《时代公论》是学者"本学理之研究,发为言论"的场地,进而通过创言立论引领社会舆论和政治变迁。"公论"二字更集中体现了杂志的"为公"立场。杂志成立后逐渐成为学人讨论政治学理,呼吁民族救亡,探讨现行政治制度,探索解决民族危机出路的一个平台。同时,杂志也以较大的篇幅讨论现实教育、经济与社会发展等问题,并介绍西方及日本等国的政治、经济及外交,其主张可概括

---

　　① 陈豪楚:《读了时代公论以后》,《时代公论》,第 8 号,1932 年 5 月 20 日。

为以下几点。

第一，渐进的民主观。

杂志同仁对于民主政治的看法并不一致，但"民主政治是应当实行于中国"①确是一个基本共识。在推进民主政治进程上，他们主张放弃党治，实行渐进的民主政治，并针对当时要求国民党开放政权、实行宪政的舆论进行了反驳。《时代公论》这种渐进的民主观，以杨公达的《折中主义与中国政治》、《实现民主政治的途径》几篇文章最能代表。

杨公达认为，政治制度改革分为改良主义的渐变和革命主义的剧变两种，但在当下中国只能实行改良主义，这主要基于两方面的理由。其一是当前的国难时局，"脆弱的奄奄一息的中国，再经不起革命巨浪的打击了"，只有渐进改良才是合理之策。其二，中国政治和社会基础缺乏实行直接民主政治的条件。"民主政治下的政府，是建筑在民众力量之上的。""予漠不关心毫无政治常识的大多数人以民主政治上的权利，其结果不是受少数人的操纵，作为升官发财的工具，便是愈闹愈混乱。……我们认定中国要实现民主政治，还是只有采取循序渐进的方式。"②杨公达基于国难时局和民众缺乏民主意识这两个前提，认为渐进的民主政治，比起空谈民主，更具有现实可操作性。

《时代公论》同仁大多留学西方，对于民主政治的运作机制和基础了解较深。他们从中国社会现状和时局出发，探讨适合当下的社会制度和政治变革方式，而不是单纯追求民主政治的理想远景，体现了对于社会变革的可操作性和可行性的关注。刘国钧在评论政治方案的优劣时说，"政治方案譬如药方，他的意义不在理论上圆满，更不在名词的动听，而在他能否医病，在他能否产生实际的影响，收获所预期的功果。这种效果便是我们所用以评判一切政治方案优劣的根

---

①　杨公达：《实现民主政治的途径》，《时代公论》，第 1 号，1932 年 4 月 1 日。
②　杨公达：《实现民主政治的途径》，《时代公论》，第 1 号，1932 年 4 月 1 日。

据。"以客观社会条件和现实功效来评判政治制度的可行性和良善，探索更具现实可行性和可操作性的政治变革途径，是《时代公论》的重要主张。

第二，呼吁建立强有力的政府。

基于渐进民主政治的主张，《时代公论》提出当前政治改良的重点是加强中央集权，建立强有力的政府，重建政治权威以应对国难。萨孟武在第 2 号便呼吁建立强有力的中央政府，他说，"目前中国急宜解决的，只要二个问题：在中央赶快建设强有力的中央集权政府；在地方，赶快振兴农村经济。"①程天放指出，"我们为救亡图存起见，需要一个强有力的政府，我们为消灭割据完成统一起见，也需要一个强有力的政府，真正关心国事的人，应该一致起来主张啊。"②杂志同仁对建立强有力的中央政府的呼吁，体现了在"国难"背景下知识分子对于现有政权的社会控制力和动员能力的担忧。松散、软弱、控制力有限的南京国民政府无法应付当前的危局，在即将到来的战争中也难有作为。而从民族国家建设进程来看，也需要一个强有力的国家政权来整合资源、动员力量推进建设事业。基于这种认识，杨公达呼吁"应亟谋军权统一，以做政治的后盾；政权统一，以做军事的后盾"。他认为，"唯一的目前方策，在使政府应强力化。"③

程天放甚至提出，强有力的政府实际上就是独裁政府。他说，"我是赞成中国现在采用独裁制的……就现在中国实际情形讲，独裁政治有成功的可能，而民主政治几乎完全无成功的可能。""我们要严重注意的，就是在今日的中国独裁的反面，绝不是民主而是多裁和割据，反对独裁，也决不能造成民主政治，而是造成多裁和割据。"④程天放此类言论在《时代公论》中并不占主流，只是倡议建立强力政府的极端体现形式。这种极端思想不仅体现了法西斯主义在 20 世纪 30

---

①　萨孟武：《赶快建设强有力的中央政府》，《时代公论》，第 2 号，1932 年 4 月 8 日。
②　程天放：《民主与独裁》，《时代公论》，第 150 号，1935 年 2 月 8 日。
③　杨公达：《国难政府应强力化》，《时代公论》，第 24 号，1932 年 9 月 7 日。
④　程天放：《民主与独裁》，《时代公论》，第 150 号，1935 年 2 月 8 日。

年代对我国知识分子的影响,也反映了在民族危亡的现实环境下学者们的"急迫"心态。

第三,批评国民党的组织缺陷,提倡复兴国民党和恢复总理制。

《时代公论》呼吁建立强有力的政府,不仅要扩大政府权力,更要求政府权力运作的合理与高效,他们提出要对现实政治体制的缺陷进行改革。在他们看来,政府的"所谓强力化,并不是武力化,而是要使这部腐锈的机器——政府——经过一番修理之后,烁烁运作起来,能够发生工作的效力。强力化就是要解决两个问题:机能的运用和运用的得当"。[1] 而国民党的政治体制和组织结构已到了"腐锈"的地步,如何对其修理翻新,使其烁烁运作,是《时代公论》同仁思考的主要问题。

沈清尘指出,国民党的失败,"不是三民主义的失败,而是国民党党员的失败,是国民党党员不忠于三民主义的失败"。[2] 要纠正这一状况,应依据三民主义原则再造国民党。他提出要严密党的组织,提高党的权威和影响力。杨公达也认为,造成当前国民党危机局面的原因,"不是党的不好,而是党员不好"。"第一个错误,便是居革命党之名,行普通政党之实。第二个错误,便是粉饰党的统一,舍不得分家。第三个错误,便是党不自裁,而由他人裁之,责不自负,而由不负责者负之。"[3] 为此他提出"党政思想化,党员职业化,党部简单化",作为国民党改革自救的路径。具体办法为"立刻整顿党的组织,立刻造成党部的干部,立刻恢复党部总理制"。[4]

呼吁恢复总理制,是杂志同仁所强调推进国民党改造的重要内容。根据国民党党章,总理权力高于中央执行委员会,恢复总理制意味着强化领袖权力。杨公达发表《国民党复兴论》一文,强调国民党的统治形式应该采取首领本位制,以加强领袖对党的领导。郭寿华

---

① 杨公达:《国难政府立强劲化》,《时代公论》,第 24 号,1932 年 9 月 17。
② 沈清尘:《中国革命的失败与其出路》,《时代公论》,第 97 号,1934 年 2 月 2 日。
③ 杨公达:《国民党复兴论》,《时代公论》,第 16 号,1932 年 7 月 15 日。
④ 杨公达:《三论国民党的危机与自救》,《时代公论》,第 11 号,1932 年 6 月 10 日。

也提出"恢复总理制,以统一党的指挥,恢复党在群众中间的威信与作用。"①曹翼远说得更为明晰:

> 我们要战胜内忧外患,必须修明政治,欲政治修明,必须中枢强有力,欲中枢强有力,必须国民党干部健全,欲国民党干部健全,自然,必须精诚团结;然而事实上精诚团结成为一种口号,或竟是一种利用的手段,无已,我们只能另寻出路,只能恢复总理制,以期责任明了,遇事果断,统制得人。②

《时代公论》将自身定位在"于国事略有贡献",在实际的政治主张中,他们倡导渐进的民主政治,主张建立强有力政府、并改革国民党组织。这批位于首都的学者和政界名流虽扎根于学理探究,但其兴趣和重心则是在国难背景下为现实政治改革与社会发展寻找出路。他们对当前政治和社会的批判是立足于对现实政治体制的认可之上的,他们的立足点是出于如何改进现有政权的考量,提出的思路和举措也是基于改良主义立场。

三、夹缝中的生存

(1)"蒋介石的机关报"

无论是当时的舆论,还是后来的研究者,都认为《时代公论》与政府当局关系密切,视其为集权政治的鼓吹者或政府代言人。③ 杂志创刊不久,便有人指责《时代公论》有"背景",是"某派某派的别动机关报"。④ 而以《独立评论》系的自由主义知识分子也认为他们是"政府

---

① 郭寿华:《国民革命的前途》,《时代公论》,第 22 号,1932 年 8 月 26 日。
② 曹翼远:《总理制战的感想》,《时代公论》,第 28 号,1932 年 10 月 7 日。
③ 邓丽兰:《域外观念与本土政制变迁:20 世纪二三十年代中国知识界的政制设计与参政》,中国人民大学出版社,2003 年,第 202 页。
④ 编者:《时代公论是铁面无私的吗》,《时代公论》,第 10 号。

派"。1932年10月,陶希圣在《独立评论》针对杨公达发表在《时代公论》上的《国难政府应强力化》等政论文章,撰文指出这些主张是"一个时代错误的意见"。陶希圣指出,杨的言论是"很适合当时当局需要的","这种论调也只是住在勾心斗角的南京的人会发出"。胡适在陶文附记中也认为杨的文章是"国民党中的一个学者"发表的言论,特别强调了作者的党派立场。①陶希圣将《时代公论》的主张和首都南京的政治文化联系在一起,将个人和杂志的立场和其所处的周遭环境紧密相连,这种诠释耐人寻味。值得注意的是,陶希圣原本也是《时代公论》的撰稿者,后离开南京来到北平,并成为《独立评论》的撰稿者。这一经历使他对"勾心斗角的南京的人"似有深刻体会。地域的转移对立场的变化的影响,从一个侧面显示了首都这一政治符号对于学者观念的影响。这一点对于理解30年代的中央大学及教授群体的精神气质颇具重要性。

胡适和陶希圣的批评很大程度上代表了自由主义知识分子对于《时代公论》的印象。1933年,针对丁文江《假如我是蒋介石》一文,杂志发表了《真蒋介石与假蒋介石》一文,在文前的编者按中写到,"这篇文章搁置了很久,都未发表,因为恐怕一经发表,又有人硬指本刊是'蒋介石的机关报'"!②从这段按语,能反映出《时代公论》在当时社会舆论中的印象,而编者对外界的看法也显得"心里很清楚"。

《时代公论》作者群中确有不少国民党人,社会很容易将他们与党派和政府相联系。虽然不清楚杨公达在创办杂志时是否已加入国民党,但在胡适看来,他已是"国民党中的一个学者"。1933年,杨更是直接从政,成为了立法院立法委员和宪法起草委员会委员。另一位重要人物田炯锦在1931年就出任了国民政府监察院监察委员。楼桐荪在1928年就担任国民党浙江省党部执行委员兼秘书长,后连任立法院第一至第四届立法委员,并任立法院宪法起草委员会委员

---

① 陶希圣:《一个时代错误的意见》,《独立评论》,第20期,1932年10月2日。
② 陶彬:《真蒋介石与假蒋介石》,《时代公论》,第49号,1933年3月3日。

及经济委员会委员,1935 年 9 月任全国经济合作事业委员会委员后任该会秘书长。雷震在 1932 年担任中国国民党南京党代表大会主席团主席,1934 年 7 月起担任教育部总务司司长,与党国要人过往甚密。同时,该杂志还广泛吸收了政界人士的参与,其中包括吴昆吾、吴铁城、陶履谦、师连舫、吴颂皋、林桂圃、冼荣熙、邓深泽、彭学沛、朱家骅、程天放等。如此众多的撰稿者具有国民党和政府背景,《时代公论》被认为是体制内知识分子的刊物,也显得容易"理解"。

　　(2) 夹缝中的生存

　　对于《时代公论》并不能认为其是依附于党国政治生存的,其言论主张也不能简单视为党国利益的代言。创刊之初,《时代公论》便将"供国人以发表自由思想之机会,俾于国事稍有贡献"作为办刊宗旨,声称杂志不过是大学教授的公开讲台,强调杂志的"批评"立场和"公论"色彩,并直言"我们这般书呆子,个性很强,是不适宜于有背景的"。[①] 虽然社会舆论和知识分子阶层多将《时代公论》视为政府的代言人,甚至是"蒋介石的机关报",但并没有证据表明杂志对于某一政治派别的依附关系。从学术背景来看,他们绝大部分受过近代高等教育,具有良好的学术功底和素养。他们对于现实政治与社会的评论大多立足于学理的探讨,而非空谈议论。他们的文章虽然有着强烈的时代气息和鲜明的政治立场,但无法掩盖其学理色彩。

　　胡适在评论杨公达的文章时,仍然认可杨的"学者"身份,并指出"这些话都是很明显的主张,表示出一些人,在这个烦闷的政局之下因忍耐不住而想求一条'收效极为迅速'的捷径,这种心理虽学者不能免,这是我们很感觉惋惜的"。[②] 胡适虽不同意杨的主张,但承认这展示了国难时期知识分子的内心焦虑,以及在这种心境下形成的某种扭曲。

　　值得注意的是,《时代公论》的核心成员与当时刚刚成立的中国

---

① 编者:《时代公论是铁面无私的吗》,《时代公论》,第 10 号。
② 胡适:《陶希圣一个时代错误的意见附记》,《独立评论》,第 20 期,1932 年 10 月 2 日。

政治学会关系密切。1932 年 9 月,中国政治学会在南京成立,并借《时代公论》杂志发表了《中央政治学会成立刍言》,指出学会目的有三:一是促进中国政治科学的发展,二是讨论现实政治改良,三是指导后学从事研究。① 在此,学会把学术探究和政治参与均放在了重要的位置。《时代公论》很多撰稿者都是中国政治学会会员,中大教授杭立武还担任了中国政治学会的总干事长。杂志作为一份公开刊物,也成了中国政治学会实现其上述目的的重要平台。依托于中国政治学会,《时代公论》对于中国政治科学发展和现实政治改良的讨论显露出浓郁的学术色彩。

鲜明的时政性和学理性,造就了《时代公论》的双重特征,也使其时常陷入到左右为难的尴尬处境。一方面,自由主义知识分子指责其为"政府派"的人,不仅在学理上与其展开"民主与独裁"的公开论战,而且在气节上也对"勾心斗角的南京的人"颇为轻蔑。另一方面,《时代公论》为现实政治开出的改良主义药方并没有得到国民党和政府的认可。梅思平在与蒋廷黻、胡适等人关于如何实现宪政的论争中就感慨自己的两难处境:

> 我和几个与我抱同一意见的朋友,关于宪政问题的主张,已经是走到被夹攻的路上去了。党内的"忠实同志"们,声声口口说我们是背叛总理遗教,是迎合舆论,是投机。党外的宪政论者,又说我们的办法是不彻底,是移花接木之计,是政府的调和论。②

梅思平的无奈,形象地展示了《时代公论》在当时的尴尬处境。

(3) 与政府的关系——因不自由而停刊

《时代公论》办刊的主旨是能"于国事略有贡献",表现出积极的

---

① 杭立武:《中国政治学会成立刍言》,《时代公论》,第 23 号,1932 年 11 月 4 日。

② 梅思平:《宪政问题答客难—答蒋廷黻胡适之二先生》,《时代公论》,第 11 号,1932 年 6 月 10 日。

政治参与倾向。虽然某些观点存在差异，但其核心成员均主张在中国推行渐进的民主宪政，建立强有力的政权以应对国难。在与政府的关系上，他们是温和的改良主义者。对当前政治的批判也是立足于对现实政治制度的认可。他们反对空谈议论，立足于学理探究并提出可行性的举措，其政治主张具有较强的现实性和可操作性。

但是，《时代公论》积极的政治参与并没有得到当局认可。1935年3月，杂志在出版了156期后，黯然宣布休刊。杨公达善始善终，撰写了《休刊的话》，以陈述休刊原由。"一方面感到言论不自由，他方面同人等又不愿意说些不愿说的话。国事既不可谈，风月与幽默亦不会谈，提出笔找不到题目，大家只好暂时闲闲了。"

《时代公论》一直被视为"政府派"，其倡导集权政治和强力政府的主张也与党国高层意愿颇为呼应。但是创刊仅三年，便因言论不自由和国事不可谈而休刊，这表明杂志的言论和政府的主张并不一致，也未能被政府采纳认可。虽然在具体问题上，杂志与党国高层的意愿相符合，但分析整体的主张来看，却有着不同的出发点和立场。《时代公论》反映了体制内学者基于学理分析而形成的救国路线和政治主张，并非是对政府意志的简单附和与追从，也展示了国难时期"位居首都"的部分知识分子对社会与政治进行的积极的回应。他们一方面立足于学理研讨，一方面探求具有可操作性的现实改革路径，希望通过对体制内的改良推进国家和民族的新生。他们对政府有批评，但更多是基于爱护的立场；他们对学理有探究，但更多是基于现实政治改良的需求。从与政府的关系来看，《时代公论》呈现出温和但不依附的特征。

也正是这种特征，使得《时代公论》一方面为知识分子所不满，另一方面也遭到党内极端分子的批评，左右为难，处境尴尬。而从历史走向来看，更是耐人寻味。温和的《时代公论》在1935年黯然休刊，其间没有争论也没有强迫。杨公达颇显无奈的话集中反映了这个杂志的特征和命运。作为现实政治改革道路的设计者，他们设计的改良道路并不能得到政府的认可，只能停留在纸面上。而作为学者，他们又不愿意曲意逢迎,承受思想与言论的不自由。最终,他们以休刊的方式选择了沉默。

第二节 《国风》与南高旧人

就在《时代公论》创刊后数月,中大教授创办了另一份在当时具有广泛影响的杂志——《国风》。在创刊之初,杂志名为《国风半月刊》。1933 年更名为《国风》,并一直沿用。从 1932 年 9 月到 1934 年 6 月该杂志为半月刊,出版了 4 卷 46 期。从 1934 年 7 月到 1935 年 5 月出版了 2 卷 22 期,虽为半月刊,但经常两期合刊,实际上仅出版 13 册。第 7 卷开始,《国风》改为月刊,从 1935 年 8 月到 1936 年 12 月连续出版了 2 卷 17 期。从 1932 年 9 月创刊,到 1936 年 12 月终刊,《国风》杂志共计出版了 8 卷 85 期。

一、《国风》与"南高旧人"

《国风》的主创人员和撰稿人,都与中大关系密切。负责人柳诒徵曾任东南大学教授,时任江苏国学图书馆馆长。编辑委员三人均为中大教授:地理系张其昀、历史系缪凤林和物理系倪尚达。柳诒徵虽为负责人,但张其昀、缪凤林和倪尚达则是积极的倡议者和推动者。柳诒徵在发刊词中说道,"张缪诸子倡为国风半月刊,嘱予为发刊词。"①其人事构成从中可见一斑。

《国风》85 期共发表文章 427 篇②,作者多达 179 人,其中来自中大的学者占重要部分。对杂志发文作者情况进行统计,发文超过 4 篇的有 26 人,总计发表文章 212 篇,占全部文章篇数近一半,这些人可视为杂志的主要撰稿人。

---

① 柳诒徵:《发刊词》,《国风》,第 1 卷第 1 期。
② 在统计杂志文章情况时,同一系列的文章归为一篇文章统计,比如张其昀的《青海的风光》曾经连载十期,也算作一篇文章。

表 4 - 2 《国风》主要撰稿人及其基本情况表

序号	姓名	出生年份	教育背景	任职情况	发文篇数
1	柳诒徵	1880		1915—1925 年任南高、东大教授,1927 年任江苏省立国学图书馆馆长	25
2	张其昀	1900	南高史地部毕业	中央大学地理系教授	24
3	景昌极	1903	1919 年入南高史地部学习	1927 年任教于中央大学,1936 年任教浙江大学。	14
4	缪凤林	1899	1919 年入南高史地部学习	1928 年起任教中央大学,直至解放。	12
5	张其春	1913	中央大学外文系毕业	时为中央大学学生,后任上海商务印书局和南京中山文化教育馆特约编辑	12
6	秉志	1886	康奈尔大学农学学士,哲学博士	1920 年—1937 年曾任南高、东南大学、中央大学生物系教授	11
7	竺可桢	1890	哈佛大学气象学博士	曾任南高、东大地学系教授,中研院气象研究所所长	10
8	欧阳渐	1871		1922 年在南京创办支那内学院	9
9	郭斌酥	1900	1917 年考入南京高师,哈佛大学文学硕士	1933 年任中央大学外文系教授	8
10	刘咸	1902	1921 年考入东南大学,牛津大学人类学硕士	山东大学教授,中国科学社科学杂志主编	8
11	倪尚达	1898	1919 年毕业于南高理化科,哈佛大学理学硕士	1928 年任中大物理系教授	7
12	胡光炜	1888	1909 年毕业于两江师范学堂	曾任金陵大学、东南大学和中央大学教授	6
13	卢于道	1906	1926 年,毕业于国立东南大学,芝加哥大学博士	1931 年开始,担任中央研究院心理学研究所研究员	6
14	章太炎	1869		开办章氏国学讲习会	6
15	朱偰	1907	柏林大学博士	1932 年任中央大学经济系教授	6

（续表）

序号	姓名	出生年份	教育背景	任职情况	发文篇数
16	洪允祥	1874	上海南洋公学毕业，后留日	曾任北大教授和大夏大学教授	5
17	李源澄	1909	1928 年入四川国学专门学校，1932 年到南京入"支那内学院"，追随欧阳渐学习佛学、诸子、明代理学。	1936 年任教无锡国学专修学校，抗战后入川讲学	5
18	吴宓	1894	1917 年毕业于清华大学	1921 年回国后任东南大学教授、清华大学教授	5
19	张江树	1898	1918 年南高师毕业后留校任化学助教。1926 年获哈佛理学硕士学位。	1927—1949 年任中央大学化学系教授	5
20	冯国端	1901	东南大学毕业，后考入清华国学研究院	青海省政府秘书长	4
21	缪钺	1904	1924 年北京大学文预科肄业	河南大学、浙江大学教授	4
22	欧阳翥	1898	1924 年毕业于东南大学，留校任助教。1933 年获德国柏林大学哲学博士学位。	1934 年秋回国，任中央大学生物学系教授	4
23	钱钟书	1933	1933 年毕业于清华大学，受到吴宓赏识	1933 年任教光华大学，1935 年留学	4
24	王焕镳	1900	1925 年毕业于南高史地部史地部	1930—1936 国学图书馆编辑兼保管部主干事，曾在东南大学、中央大学任教	4
25	翁文灏	1889	比利时鲁汶大学理学博士	北京地质调查所所长，国防设计委员会秘书长，中国科学社社长	4
26	向达	1900	1924 年毕业于南高史地部	1930 年任北京图书馆编撰委员会委员，曾任教北大、浙大等校	4

通过对这 26 位主要撰稿人背景的分析，发现其中的大多数与中

大关系密切，绝大多数曾在这所大学求学或任教。26 人中有 16 人曾经在中央大学(或东南大学)任教，有 12 人(其中有 9 人也在中大任教)曾经在中央大学(或南京高师、东南大学)求学。而只有 7 位作者与中大没有直接联系。在这 7 人中，其中 5 人是国学大师(欧阳渐、章太炎、李源澄、缪钺和洪允祥)，其他 2 人为翁文灏和钱钟书①。中大学者对《国风》杂志的主导作用十分明显。如果对全部 179 位作者进行考察，其中与中大渊源密切的作者多达 50 余人，包括范存忠、王伯沆、萧孝嵘、朱希祖、胡焕庸、汪辟疆、孙光远、顾毓琇、汤用彤、宗白华、徐悲鸿、吴瑥瑞、罗廷光，等等。

与众多党政要员参与了《时代公论》的讨论不同，《国风》撰稿人尤其是核心作者群基本源于中大教授，撰稿人的学院派色彩更为强烈。而从历史演进和人脉关系的承继看，《国风》与 20 年代的东南大学密切相关。在办刊宗旨上，《国风》延续了此前《学衡》杂志的风格(详见后文)。在人脉关系和风格版式上，《国风》又与 20 年代的《史地学报》以及后来的《史学杂志》可谓一脉相承。在上述刊物中，柳诒徵以及其弟子张其昀、缪凤林等人都是中坚力量。柳诒徵不仅为三份杂志撰写了创刊词，而且在其中发表了大量文字。甚至有研究者将这三份刊物视为“柳氏的系列期刊”。② 曾经的《史地学报》作者群中有近 30 人在《国风》上发表论文。③ 除柳诒徵、缪凤林、张其昀之外，景昌极、竺可桢、陆鸿图、向达、王焕镳等多名《史地学报》骨干成员也成为《国风》的主要作者，体现了这两份杂志在人脉上的传承关系。

值得注意的是，《国风》的主创张其昀、缪凤林二人此前在《时代公论》中也担任重要角色。张其昀不仅是《时代公论》的总发行人，而

① 钱钟书时在光华大学任教，在《国风》杂志发表多篇诗作。他之所以在《国风》多有作品发表，与其在清华大学的恩师吴宓不无相关。而吴宓与东南大学关系密切，也是《国风》杂志的主要撰稿人。

② 彭雷霆:《柳诒徵与国风》,《江汉大学学报》,2007 年第 1 期。

③ 《史地学报》群体在《国风》杂志的发文情况，可以参见陈宝云《学术与国家:〈史地学报〉及其群体研究》，博士论文，复旦大学，2006 年。

且在创刊之初,也是该刊积极的投稿者。张其昀为《时代公论》写了三篇文章,分别是创刊号的《葫芦岛与东北之前途》,第二、四号连载的《东省大豆与商业革命》以及第十号的《苏州观光》。同时还以"昀"的名字在杂志上多次发表时事评论。但从 1932 年 7 月后,他的精力便转移到《国风》创刊上了。作为《时代公论》的总发行人,张其昀在杂志创办数月后将精力投入到另一份杂志的创立中,说明《时代公论》与他的创刊理念和旨趣存在较大出入,而不得不另辟蹊径。同样的转变也体现在国风社社长柳诒徵身上。柳为《时代公论》写了 6 篇文章,但均发表在 1932 年 7 月前。[①]

除了办刊理念的差别,人脉关系也是重要的因素。《时代公论》作者以中大法学院教授和政要名流为主,《国风》的骨干成员则呈现出鲜明的南高—东大学人色彩。而南高、东大原本并无法学院之设。在上表所列的 26 位主要撰稿者中,曾经在南高、东大求学的有张其昀、景昌极、缪凤林、倪尚达、卢于道、张江树、冯国端、王焕镳、欧阳翥、向达、胡小石(胡毕业于更早的两江师范学堂)等 11 人。其中除向达外,其他 10 人后来均在东大或中大任教。而柳诒徵、秉志、竺可桢、吴宓则是东南大学的名教授,尤其是柳诒徵和竺可桢更是东南大学教授中的"名士",他们的言传身教,在学生中影响深远。张其昀、缪凤林、倪尚达、景昌极、陆鸿图、向达、王焕镳等《国风》杂志的骨干成员均是当时他们在南高—东大的学生。

柳诒徵是《国风》当之无愧的灵魂人物和精神领袖,而张、缪等柳氏弟子是积极的推动者和组织者。柳诒徵(1880—1956 年)于 1915年任南京高等师范学校国文、历史教员。南高并入东大后,改任历史学教授。在校期间,始终担任史地研究会的指导员,被公认为该研究会的灵魂和精神导师。柳诒徵在南高—东大任教十余年,期间极重

---

① 柳诒徵的文章包括:第四号,《请"唤起民众"、"教育民众"的人们想想》;第五号,《不算宏大的几条心愿》;第九号,《答宗受于书》;第 13 号,《论改革教育方案》;第 15 号,《诗录》;共计六篇。缪凤林的文字有:第七号,《中日军备与最近中日战争》;第 13 号,《中央大学经费独立运动》;第 18 号,《中央大学解散后的几句话》。

言传身教,对学生影响极大。张其昀称其"尤为全校重心所在,精神沾溉,获益良多"。①　而吴宓也认为,"南京高师校之成绩、学风、声誉,全由柳先生一人多年培植之功。论现时东南大学之教授人才,亦以柳先生博雅宏通,为第一人。"②张其昀、缪凤林、倪尚达等人发起《国风》,请柳诒徵撰写发刊词,并担任国风社社长,可见柳的重要性和影响力。而从实际情况看,柳不仅是《国风》杂志发文最多的作者(25篇),而且始终主导着《国风》杂志的办刊宗旨和取向。

细细考究,这些人早在《史地学报》时期,便已经围绕柳诒徵、竺可桢聚合而形成一股新锐的学术力量,在中国学术界和文化界极有影响。1925年东南大学因"易长风潮"发生,一时大师"风流云散"。作为《史地学报》灵魂的柳诒徵和竺可桢先后离职他去,杂志最终不得不于1926年停刊。但是,这个以柳诒徵为核心的学人群体并没有分崩离析。1929年,柳诒徵、张其昀、缪凤林等人又创办了《史学杂志》,并推举柳诒徵为总干事,试图重整旗鼓。但《史学杂志》出版10期后便于1930年停刊,影响远不及《史地学报》。直到1932年,柳诒徵、张其昀、缪凤林等人再次集合结为国风社,创办《国风》杂志,并很快得到众多南高—东大学人的热烈响应。从这一脉络来看,更能清楚展示出同以南高—东大学人为核心的《史地学报》与《国风》的前后传承关系。这也在一定程度上说明,张、柳、缪等人在1932年从积极参与《时代公论》,很快转向了《国风》的原因。也正是基于这一原因,很多人始终认为《国风》杂志乃是"南高旧人"③的刊物。《国风》的创刊也为南高—东大学人群的再聚合提供了平台。

二、宗旨与主张

在创刊词中,柳诒徵提出杂志的宗旨在"本史迹以导政术,基地

---

① 张其昀:《柳诒徵指导学生治学的方法》,见陈宝云《学术与国家:〈史地学报〉及其群体研究》,博士论文,复旦大学,2006年,第56页。
② 吴宓:《吴宓自编年谱》,北京三联书店,1995年,第228页。
③ 郭斌龢:《南京高等师范学校二十周年纪念之意义》,《国风》,第7卷第2期。

守以策民瘼,格物致知,择善固执;虽不囿于一家一派之成见,要以隆人格而升国格为主"。从第2卷起,《国风》更将宗旨明确为"一、发扬中国固有之文化;二、昌明世界最新之学术",并在杂志封面加以标明。此前的《学衡》杂志曾提出"昌明国粹,融化新知"的主张,《国风》的宗旨无论从表述方式还是基本内涵上都与《学衡》颇为相似。这也说明由于人脉传承和学风熏染,东南大学传统对于《国风》的影响。

两份刊物的办刊宗旨虽类似,但时代背景已迥然不同。《学衡》的产生主要是针对当时的新文化运动,杂志的宗旨集中在文化领域的批判、继承与创新上。而《国风》的诞生则基于国家与民族的危亡时局,其立足点是如何挽救国难,并试图从传统文化和民族精神中寻找救国药方。

对于这一现实背景,柳诒徵在创刊词中直言不讳。他认为中国面临着"有史以来无比奇耻","淞沪之血未干,榆热之云骤变;鸡林马訾,莫可究诘;仰列强之鼻息,茹仇敌之挪揄"。而在这种局面下,社会风气却颓废不堪、风化污浊,"直欲同人道于禽兽,而一以饰以异域之所尝有,遂莫之敢非"。为此,他从"能夺吾族之主权,不能夺吾族之文教"出发,认为唯有从民族历史和文化中汲取力量,发扬传统精神,才能挽救时局,即"以炎黄胄裔之悠久,拥江河山岳之雄深,宁遂无奋发自强为吾国一雪其耻乎"。① 在这篇创刊词中,可以看出《国风》鲜明的时代感。杂志同仁对国难有着深刻认识和切身感受。从民族历史和传统文化中寻求民族奋发图强的力量,是他们创办《国风》的主要动因。

表4-3　《国风》杂志出版专号一览

序号	卷期号	专号名称
1	1卷3期	圣诞特刊
2	1卷5期	国防特刊

---

① 柳诒徵:《国风·发刊辞》,1932年9月,创刊号。

（续表）

序号	卷期号	专号名称
3	1卷9期	刘伯明先生纪念号
4	2卷1期	文化特刊
5	3卷6期	选印四库全书问题专号
6	4卷1期	徐光启专号
7	7卷2期	南京高等师范学校20周年纪念刊
8	8卷9、10合期	浙江文献专号

《国风》上发表的文章除去文艺作品，其余可分通论、历史、科学、地理、文学、教育若干类，尤其以历史、地理类文章为多，这也反映了曾经围绕在《史地学报》周围的东大学人对于《国风》的影响。同时，杂志还根据需要围绕专题设有专号。专号涉及的内容和主题，也反映了杂志的关注和倾向。《国风》发表的文章，内容主要集中在以下方面。

第一，立足民族救亡，介绍日本和中日局势。

《国风》关注时局，对故国日本和中日局势非常关注。缪凤林本人是日本史和东北问题的专家，对日本历史和中日局势的介绍尤多。他在创刊号中便撰写了《日本开化论》一文，同年10月又发表了《中日战争与日本军备》一文，1933年又以连载形式发表了长文《日本史鸟瞰》。张其昀也从地理学的角度发表了《热河省形势论》、《兴安岭屯垦工作》、《勿忘东北失地》、《知己知彼》等多篇文章。当时身为中大外文系学生的张其春也翻译多种著作，并以《日本之气候》、《日本之工业》、《日本国土之沿革》、《日本之通信》、《儒教与日本精神》、《日本之文教》、《日本之人口》等文在《国风》刊印，全面介绍日本的历史、社会、经济和文化等。

缪凤林指出，日本实行海外扩张是长期以来的既定国策。日本的"军阀政客财阀三者成一强固之集团，而为近世日本帝国之中坚；

内擭政权财权以支配日本国民,外则侵略中国以增益其势力"。① 日本"三十年来,军制之扩张,军需之充实,军器之制造,军学之讲究,与时俱进",而我国则"内战频年,良将劲卒,杀伤以百万计,财富之损失以数千兆计,而国防规划,视逊清末造犹尚不逮"。中日两国国力悬殊,敌强我弱是客观事实。张其昀也说,"中国实在比日本落后了三十年还不止。"②通过对日本历史、国情以及中日局势的分析,他们认为中日之间更大规模的战争不可避免。而敌强我弱,国人要做好"长期抵抗"的准备。

《国风》对中日局势和日本问题的关注,是基于民族危亡的现实,也集中反映了《国风》群体的主要忧虑。为应对中日间不可避免的战争,加强国防刻不容缓。1932 年 10 月,《国风》出版了"国防特刊"。竺可桢、丁嗣贤、顾毓琇、倪尚达等学者分别从气象、化学、工程、航空、电气等方面论述现代科学对国防的重要性,而矛头所指正是日本。张其昀在"特刊"附言中提出,国民要有与日本"肉搏"的精神,"日本硬要割断中国的生命线,中国国民只有割断日本国民的生命线以为抵制。"他提出,"要使国民金钱不可外溢。宁可做新衣,不可购日布。人人如此,即救亡的武器。"③

第二,"发扬中国固有之文化",复兴民族传统精神。

对于如何实现民族振兴与自强,以柳诒徵为代表的《国风》同仁坚守着他们一贯的文化守成主张,强调民族精神和传统文化对于维系民族生存和实现民族复兴的重要意义。他们认为,民族间的竞争实际是民族文化的竞争,"一民族之生存于斯世,必有其特殊之民族文化",故"今世亡人国者"必"先亡其民族文化"。④ 这种将民族文化视为民族生命源泉的论述,同样也体现在罗家伦"建设有机体的民族

---

① 缪凤林:《日本史鸟瞰(下)》,《国风》,第 3 卷第 3 期,1933 年 8 月 1 日。
② 张其昀:《知己知彼》,《国风》,第 3 卷第 1 期,1933 年 7 月 1 日。
③ 张其昀:《肉搏》,《国风》,第 1 卷第 5 期,国防特刊。
④ 徐英:《十五年来所谓白话文运动之总检讨》,《国风》,第 5 卷第 10、11 合期,1934 年 12 月 1 日。

文化"之中,他们都将振兴民族精神和民族文化视为民族复兴的根本。

但与新文化运动的倡导者罗家伦不同,《国风》认为造成今日国势衰微、民族"日趋消沉"的原因不是中国固有文化的腐朽,而恰恰是由于中国传统文化和精神的衰亡所致。尤其是五四以来对传统文化的颠覆,是造成民族危亡的重要原因。胡先骕说,"吾国国势所以至此者,……最大之原因,厥为五四运动以还,举国上下,鄙夷吾国文化精神之所寄,为求破除旧时礼俗之束缚,遂不惜将吾国数千年社会得以维系、文化得以保存之道德基础,根本颠覆之。"①柳诒徵也说:"模仿了西洋文明,这样便把中国人的自信力丧失了。……整个的废除中国旧文化来改造国家,还是没有效验,反转将国家元气斩伤,民族的自信力丧失。"②因此他们提出,要抵御外侮,实现民族的救亡、复兴,就需要"唤醒中华民族的自信心"。

《国风》认识到固有文化对于"鼓舞民气,发扬国威"的积极作用,希望通过发扬民族文化、弘扬传统精神来实现民族复兴。张其昀认为,"方今中国民气颓丧,国魂消沉,非发扬孔学,不能恢宏军队的元气,振作军队的精神。"③缪凤林指出,"现在国家的命运危险到万分。中国民族能否免于灭亡,能否找一条生路,关键全在此一片散沙的国民,能否恢复它固有的民族精神,团结成一坚强的民族,发挥一种力量,以克服此种难关。"④为了弘扬固有文化,《国风》十分重视对民族历史的追溯,强调历史的借鉴和教化作用。缪凤林更是对历史教育给予新的定位,将国史教育与振兴民族精神紧密联系在一起。他说,"今日中学国史的教学的基本目标,亦即如何从讲习国史以唤醒中华民族的自信心,振起中华民族精神,恢复中华民族坠失的力量,达到

---

① 胡先骕:《中国今日救亡所需之新文化运动》,《国风》,第1卷第9期,1932年11月24日。
② 柳诒徵:《对于中国文化之管见》,《国风》,第4卷第7期,1934年4月1日。
③ 张其昀:《教师节》,《国风》,第1卷第3期,1932年9月28日。
④ 缪凤林:《中学国史教学目标论》,《国风》,第7卷第4期,1935年11月1日。

结合全国人民成一坚固的民族之目的,以挽救当前的危局,使中华民族永远存在。"①

《国风》强调从唤醒民族自信、振奋民族精神的角度进行历史研究和教育,显示出鲜明的经世致用思想,这与柳诒徵的影响密不可分。"学以致用"是柳诒徵学术思想的核心观念,他的史学研究一直强调其最终目的在于应用。在创办《史地学报》时,柳氏就曾明确说:

> 我们研究历史的最后目的,就在乎应用。不但用此以处理一己之事,且可因此以推之各方面。如国与国之关系,种族与种族之间的关系等等。我所希望于研究历史的人,并不在乎成为考据家,或历史家,而在乎自己应用。②

柳诒徵把《国风》定位在"本史迹以导政术,基地守以策民瘼,格物致知,择善固执",也正是基于这种认识。从历史中寻找救国的道路与方法,是他致用史观的体现,这一思想也深刻影响到缪凤林、张其昀等柳门弟子。

出于对中国历史文化和民族传统精神的重视,《国风》将大量的篇幅用在对这一主题的探讨上。这其中的参与者不仅包括围绕在柳诒徵周围的南高—东大学人,杂志还吸引到章太炎、欧阳渐、蒙文通、李源澄、胡允祥、缪钺等诸多国学大师参与。这些人虽然没有南高或东大的学术背景,但也成为《国风》重要的撰稿者。他们以《国风》为平台,研讨国学与传统经典,一时蔚为风气。《国风》杂志创办不久,在第 1 卷第 3 期出版的《圣诞专号》,梅光迪、缪凤林、柳诒徵、景昌极、郭斌和、范存忠、唐君毅等人分别撰文,纪念孔子诞辰。这颇能代表杂志的立场倾向。在这些文章中,针对当时社会舆论对孔子和儒学的批评予以反驳,他们认为这是对孔子与孔学的误读与扭曲。梅

---

① 缪凤林:《中学国史教学目标论》,《国风》,第 7 卷第 4 期,1935 年 11 月 1 日。

② 柳诒徵:《历史之知识》,《史地学报》,第 3 卷第 7 期,1925 年 6 月转引自陈宝云:《学术与国家:〈史地学报〉及其学人群研究》,安徽教育出版社,2011 年,第 151 页。

光迪尖锐地说,"今日乳臭未干儿,皆挟其一知半解之舶来学说,以挪揄孔子、抨击孔子者,皆非仅孔子一人之厄运,实亦吾民族文化之厄运。"①郭斌龢在《孔子与亚里斯多德》一文中指出,孔子的学说与西方亚里斯多德的思想存在颇多相似之处,并认为"倡明孔学为起衰救弊之唯一方针"。②而范存忠在《孔子与西洋文化》中指出,孔子学说经过耶稣教士的传播,对西方近代思想产生了重要影响。他们指出孔子和孔子学说作为中国文化的重要组成部分,不仅具有时代的价值,而且与复兴民族精神、拯救民族危机密切相关。在《国风》同仁的思想主张中,探讨与发掘传统历史文化,与挽救民族危亡、振兴民族精神紧密结合在一起。

第三,"昌明世界最新之学术"。

与弘扬中华固有文化相对应,《国风》把"昌明世界最新之学术"放在重要位置,将介绍现代西方科学与研究中国传统文化融为一体,成为杂志的特色所在。这与《学衡》杂志"科学与人文的交相辉映"的精神气质可谓一脉相承。无论是从主要撰稿人的学术背景,还是文章所涉及的学科领域来看,《国风》都不是单纯人文学科的刊物,现代科学在其中占据了重要位置。杂志的 26 位主要撰稿人中有 9 人是自然科学领域的学者,其中竺可桢、翁文灏、秉志等人都是当时中国最优秀的科学家。从教育背景来看,上述 26 位撰稿人中,在现代教育机构接受大学以上教育的就有 20 人,其中 11 人获得海外大学硕士或博士学位。他们的知识结构与旧时学人已经迥然不同,对于现代科学与文化有着更深刻的认识。

根据杂志自己所做的分类统计,从 1932 年 9 月到 1933 年 8 月第一年间,《国风》共有文章 133 篇。除去 4 期特刊中的 37 篇文章外,余下的 96 篇文章分为通论、历史、科学、地理、文学和教育六类,其中列入科学类的文章便达到 20 篇之多,尚不论国防特刊中对现代

---

① 梅光迪:《孔子之风度》,《国风》,第 1 卷第 3 期,1932 年 9 月 28 日。
② 郭斌龢:《孔子与亚里斯多德》,《国风》,第 1 卷第 3 期,1932 年 9 月 28 日。

科学的介绍。

表 4-4　1932 年 9 月到 1933 年 8 月间《国风》杂志文章类别统计

文章类别	文章数量
圣诞特刊	10
国防特刊	10
刘伯明先生纪念号	9
文化特刊	8
通论	16
历史	12
科学	20
地理	32
文学	12
教育	4

其他诗歌、文献、杂著统计不列，在国防特刊、文化特刊和地理类文章中也有介绍现代科学的文章十余篇。

　　《国风》对现代科学知识的介绍涉及物理学、气象学、医学、工程学、化学、心理学、航空工程等多个学科。杂志对于科学的提倡，主要是出于拯救民族危亡的目的，视其为救亡图存的重要工具。《国风》特别关注国防与科学的关系，强调"现代战争"中科学技术的重要性。竺可桢指出，"近世之战术，为科学之战术。未有科学不兴而能精于战术者，亦未有战术不精而能操胜算者。"[1]丁嗣贤在《化学与国防》中说道，"国防设施，一为军事设施，一为经济设施，二者相互为用，要皆以国防为目的，国家民族之生存为旨归。然无论军备设施或经济设施，必以科学为其基础。"[2]张其昀在《国防教育四讲》中指出，现代战争是"科学的战争，或为由科学而生的技术的比武"。[3] 要提高中国的国防水平，必须发展中国的科学，通过昌明科学来增强中国的国防和

---

① 竺可桢：《天时对于战争之影响》，《竺可桢全集》第 2 卷，第 115 页。
② 丁嗣贤：《化学与国防》，《国风》，第 1 卷第 5 期，国防特刊。
③ 张其昀：《国防教育四讲》，《国风》，第 3 卷第 3 期，1933 年 8 月 1 日。

军备。同时他们认为,增强国防虽然短期内可以通过购置军火来突现,但这只是治标之策。要真正提高国力,必须建立独立的科学研究体系,"自己必有发明之能力,方能期制人,而不制于人"。①

《国风》对现代科学的介绍并不仅仅局限在国防科学上,而是将现代科学置于国家建设的整体需求之中。他们认为西方科学文化根植于现代社会发展,"近代文化的特征即是科学。交通需科学,工业需科学,农业需科学,商业需科学,军事需科学,政治需科学,即饮食起居,亦莫不需科学!"②《国风》一方面,对当时强调应用科学,忽视纯粹科学的现象给予了批评。另一方面,鉴于国民对于现代科学知识的匮乏,强调推广并普及科学知识。竺可桢说,"今日我国工商业之所以失败,正惟其缺乏常识。即国事蜩螗,亡国之祸近在眉捷,亦正惟政府人民之缺乏常识。"③《国风》将科学视为现代国家和社会发展不可或缺的重要因素,并提出"使科学常识普遍于社会"的理念。这不仅是对科学知识的介绍,还包括了科学精神的传播和科学方法的推广。秉志指出,"全国用科学之方法",足以克服一切之困难,"何忧外患之侵入"。④ 可见,他们的落脚点仍然是在如何挽救国难上。

三、批判精神及与政治疏离

无论是发扬中国固有之文化,抑或是昌明世界最新之学术,《国风》的立足点在于挽救国难,有着学以致用的取向。秉志便说,"吾国今日之大患,莫过于国难日深。"⑤而柳诒徵也认为,"事事皆从救国之念发生,事事皆以有益于国为归宿。"⑥一位是国学大师,一位是科学泰斗,二人的言论颇能代表《国风》同仁的立场。

但在道路选择上,《国风》又与现实政治保持了较远的距离。《国

---

①　伍献文:《中国所需于科学者为何》,《国风》,第 8 卷第 8 期,1936 年 8 月。

②　卢于道:《为树立科学文化告国人书》,《国风》,第 8 卷第 7 期,1936 年 7 月。

③　竺可桢:《常识之重要》,《国风》,第 8 卷第 1 期,1936 年 1 月 1 日。

④　秉志:《关于国防三点》,《国风》,第 8 卷第 6 期,1936 年 6 月。

⑤　秉志:《彻底之觉悟》,《国风》,第 7 卷第 1 期,1935 年 8 月 1 日。

⑥　柳诒徵:《论非常时期之教育》,《国风》,第 8 卷第 2 期,1936 年 2 月 1 日。

风》提出"发扬中国固有之文化"和"昌明世界最新之学术",通过强化民族主义的意识和情感,希望实现一种新的文化价值的整合,以达到抵御外侮的目的。张其昀说,"我们的救国方法,也只有献身于教育与学术,力谋国民有统一的意志,中心的思想,以谋挽回国运。"①所谓统一意志和中心思想,便是期望建立一种更具整合力的文化价值观。欧阳翥也说,"吾人当前之急务,莫若举国一致,并力直追,务求发展各种学术事业。本民族自信之决心,保持固有之文化,且吸取西方物质科学之精华,采长补短,融会而整理之,使蔚为真正之新文化,以为民族复兴之具。"②

《国风》提出建设新文化,形成统一意志以扭转国运的主张听来并不陌生。中大校长罗家伦曾在 1932 年前后提出"建立有机体的民族文化"以复兴我民族。但二者构建民族文化的元素却并不相同(详后)。而与罗家伦作为体制内知识分子积极参与政治的立场不同,《国风》的创刊虽然也是一批知识分子对时代环境的应对,但却与现实政治生活保持着相当距离,并体现出鲜明的"体制外"特征。

其一,《国风》同仁选择参与的场域是在学理上,将更多精力集中在理论的探究和梳理,对于现实政治生活采取了避而远之的态度。如在 1932 年,《国风》刊行"圣诞特刊",纪念孔子诞辰,提倡尊孔和孔学。第二年,在政府和社会的倡导下,"尊孔之说洋洋盈耳,见诸命令,形诸祀典,与新生活运动相表里"。这种由学者首倡,政府推进的模式本应被视为《国风》"引领风气"的成绩。但《国风》同仁并未引以为荣,"诸人者力避挟策干时之嫌,退藏于密,惟恐人知,不敢应声附和,以哗众而取宠。"③《国风》同仁更倾向于学理的探讨,著书立说,引领潮流,但是不介入现实的政治社会活动。郭斌龢认为,《国风》这种"独来独往,不慕名利之态度",是对南高精神的传承,也与刘伯明在

---

① 张其昀:《南高之精神》,《国风》,第 7 卷第 2 期,1935 年 9 月 1 日。

② 欧阳翥:《救亡图存声中国民应有之觉悟》,《国风》,第 8 卷第 8 号,1936 年 8 月 1 日。

③ 郭斌龢:《南京高等师范学校二十周年纪念之意义》,《国风》,第 7 卷第 2 期。

《论学风》中对知识分子社会职能的期许一脉相承。刘伯明说,"凡政治社会问题之关系较大者,宜本学理之研究,发为言论,其心廓然大公,不瞻徇任何党系之私意,惟以高贵之精神,崇伟之心理,与国人相见,斯真高尚之学风也。"[1]刘伯明先生的遗教,为《国风》同仁所秉承,体现了南高—东大学风对于杂志的深刻影响。

其二,相对于改变现实政治体制或规划社会制度,《国风》同仁更加关注提升国民精神与个人素养。柳诒徵将《国风》定位在"以隆人格而升国格",强调提升个人品格和素养对于民族振兴的重要性。张其昀也说:"国格当以健全人格为基础,国防当以民族精神为基础",十分注重从健全人格和振奋精神层面上来推进民族复兴。对民众个体精神面貌的关注,成为《国风》实现"社会改造"的一大着力点。应该说,南高-东大学风强调师生间的人格熏染和言传身教,与《国风》这一风格的形成密切相关。大多数杂志撰稿者长期服务于教育界和学术界,注重百年树人和文化再造对于社会变迁的重要意义,也是《国风》崇尚"以隆人格而升国格"的思想基础。同时,他们也意识到这种主张在理论上虽"无可非难,只是事实上依然太空疏,而缺乏具体有效地设施"。[2] 正基于此,《国风》的影响更多是在学理上。它所提倡的现代科学知识和科学精神、加强国民的民族主义观念、树立传统文化认同等方面都需要一个长期过程,难以在短期内立竿见影。在当时急切的国难时局下,《国风》的主张显得过于理智和迂远,对于现实社会和政治的影响并不大。

《国风》对现实的批判更多集中在他们熟悉的高等教育领域,尤其是集中在对大学学风和精神的批评上。如前所述,《国风》为南高—东大学人的再聚合提供了平台。以柳诒徵、张其昀、缪凤林、郭斌龢为代表的"南高旧人"对南京高师和东南大学感情深厚,继承南高和东大的精神,发扬其传统,成为《国风》有别于其他刊物的显著特

---

[1]　刘伯明:《论学风》,《国风》,第1卷第9期。
[2]　张其昀:《国防教育四讲》,《国风》,第3卷第3期,1933年8月1日。

色。《国风》为此专门出版了两个专号——第 1 卷第 9 期的《刘伯明先生纪念号》和第 7 卷第 2 期的《南京高等师范学校 20 周年纪念刊》——以志纪念。

表 4-5　两专号文章

	刘伯明先生纪念号文章			南京高等师范 20 周年纪念刊（上册）文章	
	作者	文章名称		作者	文章名称
1	刘伯明	共和国民之精神	1	郭斌龢	南京高等师范学校二十周年纪念之意义
2	刘伯明	论学风	2	吴俊生	纪念母校南高二十周年
3	刘芬资	悼先夫伯明先生	3	严济慈	南高东大物理系之贡献
4	刘经邦	悼先兄伯明先生	4	王焕镳	谈南高学风
5	胡焕庸	忆刘师伯明	5	欧阳耆	南京高师与生物学
6	胡先骕	今日救亡所需之新文化运动	6	张其昀	南高之精神
7	梅光迪	九年后之回忆	7	吴瑶瑞	我的纪念南高
8	刘国钧	学风	8	景昌极	民国以来学校生活的回忆和感想
9	汤用彤	二十四章经跋	9	张其昀	源远流长的南京国学
10	缪凤林	刘先生论西洋文化	10	陈训慈	南高小史
11	张其昀	教育家之精神修养	11	缪凤林	思明太祖
12	张其昀	刘伯明先生逝世纪念			

刘伯明曾于 1919 年任南高训育主任与文史地部主任，后任东南大学副校长，"实际主持校务，为全校重心所寄"。他"以哲学家而办学，最注重教育理想"，"于知识之传授之外，最重人格之感化"。[①] 刘伯明言传身教，诲人不倦，在南高和东大师生中影响深远。张其昀等弟子将刘伯明尊为"南高的重心"，称之为"纯然君子，南高史上之代表人物，固应以先生巍然居首"。[②] 在南京高师和东南大学的发展和

---

① 陈训慈：《南高小史》，《国风》，第 7 卷第 2 期，1935 年 9 月 1 日。
② 张其昀：《源远流长的南京国学》，《国风》，第 7 卷第 2 期，1935 年 9 月 1 日。

学风养成中,刘伯明发挥了举足轻重的作用。张其昀回忆道,"当年'高标硕望领袖群伦'的人物,是刘伯明先生,为老同学所公认"。[①] 但在1923年,刘伯明因积劳成疾英年早逝。

《国风》对南高和刘伯明的纪念,重点放在了大学精神和学风上,并得到了"南高旧人"的广泛认可和积极呼应。如上表所示,《国风》不仅重刊了刘伯明的旧文《论学风》、《共和国民之精神》,而且多篇文章均以学风或大学精神作为中心议题。1935年,他们发起征文,纪念南高成立20周年,并在《国风》刊印,其征文主旨即在"图母校精神之发展"。[②] 郭斌龢指出,"南高之可纪念者果何在? 曰在南高之精神。"他认为"此次纪念南高成立,其意义即在于纪念此笃实而有光辉之南高精神,保持此精神而发扬光大之。"[③]

在他们看来,南高精神在于其"朴茂"而"不流俗"的学风。郭斌龢将南高精神概括为"笃实而有光辉"。王焕镳提到,"不苟同于习俗矣,斯我南高之学风也。"《国风》同仁指出,南高这种朴茂的学风,使得同学"于学问上有师承,而于地位权势上则无系统"。因此南高虽对于中国学术进展和文化继承上的贡献"至深且巨",但在政治上无依附,常因时局变动而深受牵连。《国风》认为,南高的优良学风与当时主持学校的诸先生"高风亮节、超然物表"的品格密不可分。以刘伯明为代表的南高诸先生不仅关心学识之传授,同时"致力于个人之感化,精神之涵养,对于学生无论修学游息,随时加以指导,由是改造其思想,陶冶其情操"。在这种融洽的环境中,教学相长,"同学受其感化,益敦品励学,笃志潜修",良好学风由是形成。

《国风》对南高的追忆,并不单纯是缅怀历史,同时也以古讽今,直面大学教育的诸多现实问题。《国风》颂扬南高学风,与当下对大学学风颓废的批评密不可分,尤其是他们置身其间的中央大学。张

---

① 张其昀:《南高的精神》,《国风》,第7卷第2期,1935年9月1日。
② 胡焕庸:《南高精神》,《国风》,第7卷第2期,1935年9月1日。
③ 郭斌苏:《南京高等师范学校二十周年纪念之意义》,《国风》,第7卷第2期,1935年9月1日。

其昀在就直言不讳地说道,"中央大学的学风比起南高时代,差得远了,现在的大学学生既乏良师又乏益友,其实谈不到学风了。"①景昌极说得最直白,"南高自从改成大学直到如今,名义扩张了,经费扩张了,校舍扩张了,院系扩张了,甚至于学校附近供给物质生活的店铺也跟着扩张了,可是讲到同学方面朴实的风气,读书的成绩,似乎是适得其反,这确是老教授老同学们良心上深深地感觉到的。"②景昌极的话并非空穴来风,张其昀、王焕镳、胡焕庸等人,也曾表达过类似的观点。

《国风》同仁对中大的批评主要是大学过分注重物质的铺张奢华,而对学术的进展关注不够。对外在物质性的追求,使得大学原有的注重内在精神的"朴茂"学风不复存在。而《国风》的厚古薄今,也说明围绕《国风》的南高旧人对学校当局所倡导的办学理念和大学精神并不认可。对于校长罗家伦在南京郊区建设万人大学的计划,张其昀、郭斌酥等人也视之为"好大喜功"。张其昀说:

> 我们以为校舍不必过于铺张,建筑物仅是一种工具,大学的宝藏在于良师益友的熏陶与尽粹学术的精神。中央大学近三年来所耗于建筑的经费已在五十万元以上,目前尚在大兴土木,本年度中央大学生尚不到一千人(农学院在内),照中大已有的物质基础,即容纳五千学生,尽可设法布置。我们希望中央大学的建筑问题最好暂时告一段落,政府果有余力,不妨充实图书设备。学校行政当局能从此专心于提倡学术研究,发扬二十年来朴茂的学风么? 这是我们真诚的盼望。③

1936 年 2 月 2 日,竺可桢、柳诒徵、胡焕庸、张其昀、王焕镳等老

---

① 张其昀:《教育家之精神修养》,《国风》,第 1 卷第 9 期。
② 景昌极:《民国以来学校生活的额回忆和感想》,《国风》,第 7 卷第 2 期,1935 年 9 月 1 日。
③ 张其昀:《中央大学迁校问题》,《独立评论》,第 172 号。

朋友在夫子庙老万全晚膳,席间胡焕庸就谈到"中大校中买书无一定经费,云购一书非一年不能到"。① 购一书而不可得的凄凉景象与当时中大大兴土木、广建楼宇的欣欣向荣形成了鲜明对比。对于中大的这种办学思路,竺可桢也不认同。他在此后就任浙大校长的演讲中谈到,中国大学耗巨资大规模兴筑新宇,而不知道充实设备和图书,是缺乏"办学的常识","可惜中国大学多不知重视图书之充实,而犹诩然自负为'最高学府'"。② 这些都说明,"南高旧人"与学校当局之间在办学方针和理念上的差异。同时这种差异还涉及更为复杂的门户之争与人脉利益。《国风》作为"南高旧人"公开发表言论的平台,也成为批评学校当局的重要窗口。

郭斌酥提及《国风》刊印纪念南高20周年专号的缘起时说道:

> 民国廿四年九月十日,为成立二十周年之日,其事重大,世乃默然视之,相忘于无形。南高校友有悲之者,聚而言曰,他人之忘吾校,亦固其宜,吾辈即不愿自忘其校,奈何亦默尔而息乎。遂议定就国风杂志刊印南京高等师范学校二十周年纪念号。③

所谓"世乃默然视之,相忘于无形",所指即为学校当局的冷漠态度。对此张其昀表达得更直接,"今年九月十日本为南高二十周年纪念,学校当局毫无表示,仅由不能忘怀的老同学相约补作文字上的纪念,不无耿耿之意。"④南高校友的"耿耿之意"一方面反映了学校当局对于继承南高精神缺乏积极性,所谓"默然视之"有故意以新代旧的意味;另一方面也显示了南高旧人在中央大学管理层被边缘化的境遇。于南高成立纪念日,他们不仅以《国风》为平台发起组织征文,出

---

① 《竺可桢日记》(1936年2月2日),《竺可桢全集》,第6卷,第18页。
② 竺可桢:《大学教育之主要方针》,《竺可桢全集》,第2卷,第335页。
③ 郭斌酥:《南京高等师范学校二十周年纪念之意义》,《国风》,第7卷第2期。
④ 张其昀:《南高之精神》,《国风》,第7卷第2期。

版纪念专号。张其昀、张江树、郭斌龢、卢于道、吴定良、缪凤林、孙光远、邹钟琳八人还邀请在京同学于 12 月 8 日组织纪念餐会,到会者凡 78 人,并邀请王冬饮、柳诒徵、秉志、竺可桢四位先生莅临致训。① 南高旧人的"耿耿之意"并非一时义愤,应该是由来已久。以《国风》来纪念南高,因此含有另一番意味。

第三节　《新民族》与抗战建国

　　1938 年 2 月,中大教授创办了另一份刊物《新民族》。《新民族》为周刊,创刊号在重庆和武汉两地出版,杂志社设在重庆中大校园内。杂志出版后,不到一个月便"销数逾万"。1939 年 5 月杂志发行部被日军轰炸击中起火,致使印刷发生困难,第 4 卷出版到第 4 期后杂志最终停刊。在这一年多的时间内,《新民族》共出版了 4 卷 64 期。

　　在《创刊号》的征稿启事中,杂志明确提出征集论著、文艺(小说诗歌)和抗战史料(包括战地通讯)三类稿件②。此后杂志社鉴于"抗战时期,我国学术界不应与世界学术思想隔离过甚。兹为补救此项缺陷起见,拟设'书评'一栏"。③ 同时,杂志还发表时事短评和编辑部启事,并根据需要刊登"特载"。从发文内容看,论著占据了绝大部分,其次是文艺作品,很少有书评。

一、《新民族》的作者群
　　从杂志主创成员的背景来看,《新民族》与《时代公论》、《国风》相类似,都与中央大学关系密切。杂志编辑部就设在中大校内,校长罗家伦是杂志的有力推动者,并任主编。罗家伦晚年回忆道,"抗战军

① 钱坤新:《南高二十周年纪念餐会记》,《国风》,第 8 卷第 1 期。
② 《征稿启事》,《新民族》,创刊号。
③ 《编辑部启事》,《新民族》,第 1 卷第 8 期。

兴,中央大学迁移就绪以后,我约集了几位在大学教书的朋友们,办了一个周刊,由我主编,名叫《新民族》。"①围绕在罗家伦周围的中大学者成为《新民族》最主要的撰稿着。统计《新民族》发文超过 4 篇的作者,几乎都来自中央大学。

表 4 - 6　《新民族》杂志发文篇数超过 4 篇的作者列表

序号	作者	文章篇数	备注
1	罗家伦	53	中大校长
2	朱契	9	中大经济系教授
3	黄正铭	7	中大政治系国际法教授
4	宓超群	6	中央大学学生
5	萧孝嵘	6	中大心理系主任
6	胡焕庸	5	中大地理系主任
7	赵廷为	5	中大教育系教授
8	何维凝	4	国立编译馆编审
9	吕炯	4	中央研究院气象研究所代理所长
10	周鲠生	4	武汉大学教务长
11	李长之	4	中大国文系教师
12	潘菽	4	中大心理学系教授
13	徐仲年	4	中大外文系教授
14	邹树文	4	中大农学院院长

　　通过统计杂志的发文情况和作者来源,能清晰看出中大学者对《新民族》的主导。不计杂志刊载的各类短评、通讯和特载,《新民族》64 期共发表各类文章 223 篇②,作者计 93 人。除去来源不详的 9 人外,余下的 84 位作者中,有 53 人来自中央大学,占作者总人数的57%。而从发表文章的篇数来看,中大学者的人均发文量远远高于其他作者。上述 53 人总计发表了文章 167 篇,人均 3.15 篇;而其他

---

　　①　《新民族的前奏曲附识》,《文存》,第 10 册,第 221 页。
　　②　《新民族》杂志刊登有多篇连载,有些文章甚至连载十期之多,比如中大地理系徐近之的《横断山间露宿两月记》一文就在杂志连载了 10 期。为统计便利,所有连载仅仅视为 1 篇文章。

40 人仅发表文章 56 篇,人均仅 1.4 篇。

表 4-7 《新民族》杂志作者来源统计

	总计	源自中大		源自其他机构	来源不详
		数目	占总数比		
作者人数	93	53	57.0%	31	9
发表文章数	223	167	74.9%	46	10
人均发文篇数	2.40	3.15		1.48	1.11

中大学者对《新民族》的影响尤其体现在校长罗家伦的影响力上。罗家伦不仅是杂志的创刊人和主编,也是杂志最为重要的撰稿人。他在《新民族》上共发表文章 53 篇,占所有文章篇数的五分之一以上,远远超过其他作者。罗家伦所发文章多为连载,实际上在每期的《新民族》几乎都能看到他的文字,甚至有时一期数篇。而从他发表文章的类型来看,罗家伦在《新民族》上不仅有严谨的学术论文,还有大量随性而发的诗作,他每周一在中大纪念周大会上向全校师生所作的讲演也多整理成为文字在杂志上陆续发表。[①] 这些都展示了罗家伦对于《新民族》的主导性和影响力。如果说《时代公论》的灵魂人物是杨公达,《国风》的精神领袖是柳诒徵,那《新民族》的旗手当之无愧的非罗家伦莫属。

表 4-8 罗家伦发表在《新民族》上的文章统计及代表作列表

分类	文章数	代表文章
学术论著	14	《民族与民族性》、《民族与地理环境》、《抗战的国力与文化的整个性》、《民族与种族》、《民族与语言文字及文学》
诗歌(含译诗)	22	《忆南京》、《伟大的孤城》、《焦山晓望》、《孤城》(翻译)、《血雨》、《偕亡》、《国旗的爱》
时论	17	《捷克问题》、《日苏冲突之冷静观察》、《纵谈世界和战局势》、《希特勒演说后的国际动态》

---

① 高澎:《永恒的魅力——校友回忆文集》,南京大学出版社,2002 年,第 69 页。

　　但与《时代公论》和《国风》不同的是,《新民族》的作者群几乎覆盖了中大所有学院,其院系差别和学科畛域更为模糊。如前所述,《时代公论》主要由中大法学院教授发起,参与撰稿的中大学者也以法学院、教育学院为主。《国风》则与此前的《学衡》、《史地学报》有着明显的人脉传承,推动创办和参与其中的多为文学院和理学院的"南高旧人"。与这两份杂志相比,由于罗家伦的大力推动和积极提倡,《新民族》的作者来源几乎涵盖了中大所有的学院,而且各学院的人数也较为平均。如果说前述两个杂志更多代表了中大内部某一类知识分子群体的主张,那么《新民族》由于校长罗家伦的积极倡导,校方色彩更为突出。

表4-9　《新民族》源自中大作者一览表

所属院系	人数	姓名
校长	1	罗家伦
教育学院	9	艾伟、常道直、潘菽、许恪士、杨希震、赵廷为、徐苏恩、王书林、萧孝嵘
法学院	9	陈耀东、褚葆一、黄正铭、李子欣、朱契、刘南浔、张庆桢、孟云乔、孙本文
工学院	6	陈章、沈百先、原素欣、李寿同、余仲奎、杨家瑜
理学院	10	丁燧、杜长明、胡焕庸、李承三、黄厦千、袁翰青、朱晓寰、李学清、徐近之、欧阳翯
文学院	10	范存忠、方东美、张贵永、李长之、宗白华、商承祖、金静庵、徐仲年、缪凤林、潘重规
农学院	3	李寅恭、邹树文、孙醒东
医学院	2	郑集、张查理
其他	3	何景、宓超群(法学院学生)、吕斯百(艺术科)

二、时代背景和主张

　　《国风》和《时代公论》产生于日本节节进逼的 1932 年,而《新民族》则创刊在抗日烽火连天的 1938 年。由于所处环境不同,办刊旨趣也多有差异。

　　1938 年上半年,抗日战争正面战场全线吃紧,武汉虽尚未失守,但也已是命悬一线。战争溃败深深刺激了知识分子阶层，也激发了其死里求生的勇气。他们并没有被吓倒，而是对抗战前途充满信心，对国民政府积极拥护。闻一多当时正跟随已南迁长沙的北大学生准备西迁云南，他说当时"抗战对中国社会的影响，那时还不甚显著，人们对蒋委员长的崇拜与信任，几乎是没有限度的"。北大师生旅途中"情绪很好，仿佛大家都觉得上面有一个英明的领袖，下面有五百万勇敢用命的兵士抗战，反正是没有问题的"。[①]《新民族》创刊在此时，也反映了以罗家伦为首的中大教授的精神状态。他们对战争中民族的苦难有着深刻感受，并希望在民族救亡上有所作为。用罗家伦的话说，"这个刊物，是一群大学教书的人，在兴奋、苦恼、自责、自惭的谈话场中产生的。"[②]在创刊号中，杂志集中解释了创刊的缘起。只因为，"我们只觉得我们的过去，至少是最近的过去，不免太松懈、太颓唐、太苟安、太脆弱、太无机构、太少丰富进取的生命了"。民族的散漫、大众的沉迷、思想的颓废在惨烈的战争中得以集中暴露，也唤起了大众挽救沉沦、追求民族新生的迫切希望。在这一主题下，罗家伦等人希望通过《新民族》唤起民族的觉醒，将刊物命名为《新民族》，正是希望它能成为"新中华民族降临前的一个小小号兵"，其用意不言自明。《新民族》的创刊有着知识分子痛定思痛、变革自新的意味。

在创刊词中，《新民族》将宗旨定位在"发扬民族精神，树立建国意识，以增进抗敌力量"。[③]杂志把旨趣归结为三个方面。第一是对新人生观和道德重建的关注。"重作人生哲学的检讨，重行审查我们的思想行动，重行估定我们生命的价值表。……努力为民族建设一个主人道德的标准，把握住时代演进的潮流。"第二是对政治、经济、社会、国际关系以及教育等诸多问题的讨论，并"根据详细思考和研究的结果，发表负责而有建设性的文字"。第三是提倡新的文艺创作。杂志希望这类作品"不是尖酸刻薄培养全民族内猜忌怨恨的文

---

①　闻一多：《八年来的回忆与感想》，《联大八年》，新星出版社，2010年，第7-9页。
②　罗家伦：《新民族的前奏曲》，《新民族》，创刊号，1938年2月。
③　《征稿启事》，《新民族》，创刊号，1938年2月。

艺,也不是享乐颓废供少数人玩弄的文艺。我们希望文艺里面,不但有充分的生命,而且有充分的同情心。……我们只希望文艺去烧起民族同情的烈焰,去掀起民族精诚的爱潮"。①《新民族》定位在服务抗战救国的主旨之下,希望通过感性的呼唤和理性的分析唤醒民族的精神,培育民族建设的力量。

1939 年 2 月,《新民族》创刊一周年,杂志社发表了《新民族的周岁》,重申杂志"服务于抗战建国"的办刊宗旨。"希望本刊为学术界公开讨论研究的刊物,为大家发表具体而有建设性意见的刊物。"②编者认为,一年来的《新民族》正是"坚定不移"地朝着努力的方向迈进。

纵览《新民族》的各类主张,虽然涉及内容繁杂,类别不一。但概括而言,可归为如下几个方面。

第一,分析抗战形势和前景,拥护抗战建国纲领,倡导政府领导下的长期抗战。

《新民族》有着鲜明的民族主义立场。提倡与日本抗战到底,反对投降主义,弘扬民族自信心是杂志的主要内容。方东美在创刊号发表的《抗敌无畏论》中说:

> 我们对于这种空前的国难究竟应存什么根本态度? 扪心叹息,听其自然吗? 不成! 抚心忍痛,任其自然吗? 不对! 平心静虑,企图侥幸吗? 无有是理! 我们最有效的办法是:战战战! ……我们图存的大道在抗敌,抗敌的精神是无畏! 目前只有一条生路,全民族应站在一起,心坚如钢,尽量杀泄大无畏精神,誓与敌人作持久战,殊死战,以争取最伟大极光荣的胜利。③

方东美近乎歇斯底里的抗战呼声,反映了知识分子在民族危亡

---

① 《新民族的前奏曲》,《新民族》,创刊号,1938 年 2 月。
② 《新民族的周岁》,《新民族》,第 3 卷第 12 期。
③ 方东美:《抗敌无畏论》,《新民族》,创刊号,1938 年 2 月。

关头的危机意识和抗争精神,这一主张也代表了《新民族》的立场。

《新民族》对于投降主义和汉奸言行给予了严厉批判。金静庵从历史的角度对中国历史上的汉奸组织进行考证,并引用春秋时期鲁仲连的话"彼即肆然而为帝,则连有蹈东海而死耳。吾不忍为之民也",以勉励国人。[1]潘菽从心理学的角度分析汉奸的心理成因,其目的则并非为汉奸开脱。用他自己的话说,"无论他们的心理动机是怎样,他们都是社会的腐臭渣滓,都是民族的毒化细胞。"[2]杂志在第 4卷第 4 期的短评中还专门推出了一份《汉奸榜》,介绍当时著名的大汉奸,认为他们"没有人性"、"狗马不如"、人人得而诛之,言辞极尽侮辱之能事。

《新民族》批评汉奸言行和投降主义,对于抗战前途和民族新生充满期望。袁昌英指出,虽然中华民族处于危难之际,但"上有艰苦卓绝,百折不回的最高领袖作指导,下有黄果树那样生存力雄厚的民族跟着,迈步前进,向新中国新建设的大道上走去,最后的成功与胜利必是我们的"。[3]《新民族》对抗战前景的乐观态度,一方面是因为抗战的正义性,是"为正义人道世界和平而战";另一方面是他们认为中华民族在危急关头有着"极为伟大"的抵抗能力,这是民族复兴的强大动力。[4]《新民族》对抗战前景的判断,还基于对国际时局和战场形势的分析。朱契在分析日本的财政状况后指出,"日本趋于恶性通货膨胀是极危险的,……如果我们能继续抗战一年以后,他的战费支出将达人民生活费百分之六十二,虽未必如此之高,亦必相差有限,那是去暴日帝国主义总崩溃的日子,便当不远了。"[5]胡焕庸在对太平洋地区形势的分析中也指出,只要英美法三国认清日本的凶险态度,"不过数月,即可制日寇于死命"。[6]刘南浔根据对日本士兵死伤情况

---

① 金静庵:《中国史上可考见的伪组织》,《新民族》,第 1 卷第 9 期。
② 潘菽:《汉奸的心理分析》,《新民族》,第 2 卷第 3 期。
③ 袁昌英:《建设的新认识》,《新民族》,创刊号。
④ 郑鹤声:《中华民族之威力》,《新民族》,第 3 卷第 8 期。
⑤ 朱契:《日本战时财政鸟瞰》,《新民族》,创刊号。
⑥ 胡焕庸:《太平洋形势展望》,《新民族》,第 3 卷第 12 期。

的统计,指出日军的死伤呈现出日趋加重的态势,"敌人的牺牲越来越大,前途日益渺茫"。① 由此他认为中国将越战越强,必将取得最后的胜利。《新民族》对抗战前景的研判虽具有明显的倾向性,但却是从理智思考和对客观事实的分析出发的,这对于在读者中"树立深信"很有帮助。

第二,注重抗战建国的实际问题,尤其是科学问题的研究,不仅包括"战时有用的问题,并且应该讨论战后建设的问题"。这类文章占据了杂志文章的半数以上。

基于对抗战前景的乐观判断,《新民族》在分析形势、鼓舞民气的同时,将更多精力投入到对抗战建国实际问题的探讨上。《新民族》撰稿者以中大教授为主,他们的学术背景也保证了杂志的专业性和学理性。中大学生宓超群便指出,《新民族》杂志"由当时在中央大学执教的第一流专家学者执笔,因此在当时的学术水平来说是国内第一流的"。② 从刊发的文章看,这批学者立足于自身的专业领域,围绕抗战建国的实际问题展开探讨,有些文章更是直接服务于抗战的需要,比如医学院张查理的《怎么解决伤兵问题》、化工系杜长明的《植物油代替柴油之商榷》、电机工程系陈章的《电机工程在抗战建国中的地位》、医学院郑集的《军粮研究的重要及一点实验的结果》、吕炯的《增进航空效率目前应注意的问题》、萧孝嵘的《如何提高军事效率》等等。这类文章以抗战中急迫的现实需求为导向,提出因应之策。虽然未必会被采纳,但体现了知识分子为抗战献策献力的愿望。

另一些文章则与后方建设密切相关。如何为"建国"提出具体可行的方案和建议,是《新民族》努力的方向。如陈章的《对于水力发电的认识》、地质系李学清的《抗战期中四川矿产之供应》、森林系李寅恭的《四川与林牧》、水利工程系沈百先的《西南水道交通建设刍议》、农艺系孙醒东的《抗战期中重庆的米》、水工系原素欣的《西南各省水

---

① 胡南浸:《论敌军的死伤》,《新民族》,第2卷第12期。
② 宓超群:《怀念罗家伦校长》,见高澎编《永恒的魅力——校友回忆文集》,南京大学出版社,2002年,第69页。

力发电事业之前途》等等。他们对抗战建国的讨论涉及航空工程、气象、教育、军事、心理、水利、外交、盐政、民食、军粮、伤兵医药、后方生产、边疆探险与考察等等，不一而足。

《新民族》对抗战建国各类问题的探讨，表现出知识分子积极的参与意识。这些基于理性探究的审慎言说，正是知识分子不可替代的社会功用。正如杂志编者所言，其目的"从教育方面说，我们想告诉青年，有许多国家的问题，不是可以随便轻易谈的"。① 《新民族》关注现实需求，紧密服务于抗战建国，表现出很强的务实性和针对性。杂志在创刊号中便呼吁"大家应该根据详细思考和研究的结果，发表负责而有建设的文字。"② 其办刊实践正是围绕这一主张，反对"空谈"，提倡通过科技知识服务国家急需。这也体现了中央大学强调以学术服务国家建设的办学宗旨。

第三，倡导建立新的人生观，凝聚民族意识，弘扬民族精神。

杂志命名为《新民族》，意在呼唤"一个新的中华民族降临"。他们认为，在这场史无前例的民族战争中，民族意识的凝聚对于抗战胜利至关重要，它是汇聚民族力量、推进民族复兴的黏合剂和催化剂。商承祖通过描述普鲁士的复兴之路指出，"我们潜伏的民族意识在此次为民族争生存的抗战中已蓬蓬勃勃的发扬出来，这是值得庆幸的一件事。"他说，"一个民族自己觉醒以后，无论外力如何的强暴去欺凌她，即使他因实力相差太远，而暂受挫折，敌人已绝无能力去根本消灭他。压迫他越甚，反而促成他民族的自意识发展得越快，表现得也越强烈，发扬得越伟大，越壮烈，而这个民族复兴得也越坚强。这个就是撼天动地的民族正气的表现！"③ 为弘扬民族精神，罗家伦在《新民族》发表了一系列文章对民族与民族性进行探讨，为"建设新民族"进行言说。这些文章包括《民族与民族性》、《民族的国家》、《民族与地理环境》、《民族与人口》、《民族与种族》、《民族与语言文字及文

---

① 《新民族的周岁》，《新民族》，第3卷第12期。
② 《新民族的前奏曲》，《新民族》，创刊号。
③ 商承祖：《一个民族的复兴》，《新民族》，第1卷第7期。

学》等等。

《新民族》指出，当前的危机充分暴露了民族的散漫、民众的沉迷和国民思想的颓废。"建设新民族"需要凝聚民族意识，弘扬民族精神，尤其要对过去那种"太松懈、太颓唐、太苟安、太脆弱、太无机构、太少丰富进取"的人生哲学和民族精神进行检讨，重新估定生命的价值，并倡导建立新的人生观。《新民族》将改造民众的思想意识、引导大众树立新的人生观放在重要地位。在他们看来，新的人生观应该是"积极的、进取的、能恢复民族生力的"。罗家伦在创刊号中便发表了《建立新的人生观》一文，指出在这个旧的道德标准已经动摇，新的道德标准尚未确立的动荡时代，青年人彷徨、迷茫、进退失据，因此人生哲学显得尤为重要。他说，"在这个伟大的时代，也是颠簸最剧烈的时代，确定新的人生观实现新的生活方式，是最迫切而重要的事。"为此，他提出了动的人生观、创造的人生观和大我的人生观，并倡导力的生活、意志的生活和强者的生活。[①] 此后，罗家伦又在《新民族》上发表了《道德的勇气》、《知识的责任》、《弱是罪恶，强而不暴是美》、《恢复唐以前形体美的标准》、《侠出于伟大的同情》等多篇文字，探讨建立新的人生观和民族意识的各个问题。这些文字后来被集结成册，取名《新人生观》刊行。这本著作无论在当时还是在战后台湾，对几代青年人的成长产生了深远影响。

三、对政府的态度

《新民族》主张在政府和领袖领导下进行长期抗战，与国民政府的官方意识形态基本吻合。杂志将大量的篇幅用于为抗战建国献计献策上，此间虽有对现存问题的批评，但更多是对技术上改进需要的呼吁，而不是对现存政治统治和社会秩序的颠覆。《新民族》对民众精神和国民人生态度的批判，也几乎与政府行为无涉，倒是有凡事"返求诸己"的意味。

---

① 罗家伦：《建立新的人生观》，《新民族》，第1卷第1期。

在抗战如火如荼的 1938 年,《新民族》鲜明的民族主义立场为它提供了强大的动员机制和整合力量。杂志宣扬抗战、反对投降的立场吸引了众多的读者,乃至杂志创办"不一月而销数逾万"。但在民族主义的宏大主题下,我们也应看到杂志亲政府的立场。最能代表杂志立场的当推杂志社的"短评"和"特载"。《新民族》总计发表了 7 篇特载,其中有 4 篇是登载蒋介石的文章或演讲,有 2 篇是转载罗家伦在其他刊物的文字,另有 1 篇是转载《第三次全国教育会议宣言》。将蒋介石的言辞频频以"特载"的形式在《新民族》上刊登,本身就表达了杂志的政治立场。

表 4-10　《新民族》杂志所发表的"特载"一览

序号	篇名	作者	卷号	来源
1	《蒋委员长告全国军民》	蒋介石	第二卷第一期	七七抗战建国周年纪念蒋介石文章
2	《蒋委员长英明伟大之宣言》	蒋介石	第三卷第五期	1938 年 12 月 26 日蒋介石对近卫宣言的驳斥
3	《民主政治建设之途径》	蒋介石	第三卷第十三期	蒋介石在国民参政会上的演说
4	《今后教育的最高指导原则》	蒋介石	第三卷第十五期	蒋介石在全国教育会议上的训词
5	《全国教育会议宣言》		第三卷第十五期	
6	《集体安全公约里应当有中国》	罗家伦	第四卷第一期	转载本月《中央日报》
7	《希特勒演说后的国际动态》	罗家伦	第四卷第三期	转载《时事新报》

在蒋介石的几篇"特载"中,杂志社还发表了编者按语,清晰传递了杂志的倾向,其中对领袖的"吹捧"与"颂扬",已经达到让学人汗颜的地步。比如在《蒋委员长告全国军民书》文前的编者按中,编者对蒋介石的文章如此称颂:

是抗战建国的"典范令",真可当得起称为天地的至文,人类的正气,建国的典范。不但是句句沉痛,而且是字字光芒。这篇真理浸透了的文章,应当采入各级学校的课本里面,为现在及后代人人所必读。编者因为读了这票文章,受了非常的感动,所以临时抽下一篇学术论著,将它排入。①

在《蒋委员长英明伟大的宣言》后的短评中,编者称颂蒋介石的宣言"是光芒万丈","是抗战建国时代一个极重要的文献,为人人所必读而人人所应保存的"。②《新民族》对于党国和"最高领袖"蒋介石的态度,跃然纸上。

"短评"同样能代表杂志立场。与正文客观审慎的探究相比,《新民族》的"短评"立场倾向鲜明,论述也缺乏严谨的学理性。比如第3卷第17期的短评认为国防最高委员会颁布的《国民精神总动员纲领》,"应当是以后对国内任何人是非功罪的判断标准。谁敢违背,国人便可以共弃之"。③《新民族》在短评中处处维护政府,不仅宣扬领袖和政府的伟大、英明,即使是政府的过失也尽力为其开脱。如在第1卷第17期中对于当时国军使黄河决堤导致洪水泛滥的事实,一再强调黄河"不是决堤而是改道",并且认为这次"改道"与政府与军队无关,"责任是由倭寇负的!"④

《新民族》在创刊词中宣称杂志"是一群大学教书的人,在兴奋、苦恼、自责、自惭的谈话场中"创办的。在1939年2月,杂志编者再次强调,"希望本刊为学术界公开讨论研究的刊物,为大家发表具体而有建设性意见的刊物。"上述所言均不虚,杂志作者群的主体是大学教授,所发言论也多为学术探讨和客观分析,绝少党派或政见的论争与谩骂。但不可否认的是,《新民族》在与政府关系上,缺失知识分

---

① 《告全国国民书附记》,《新民族》,第2卷第1期。
② 《短评:严正的申斥》,《新民族》,第3卷第5期。
③ 《短评:国家民族高于一切》,《新民族》,第3卷第17期。
④ 《短评》,《新民族》,第1卷第17期。

子最为重要的独立精神和批判立场,在代表杂志倾向的"短评"和"特载"中尤其表现出了鲜明的亲政府立场。杂志编者对于以蒋介石为首的党国的恭维之词,虽然不能视为杂志作者群的集体态度,但是至少代表了主编罗家伦的心声。① 这一方面说明了罗家伦对《新民族》杂志的主导性和影响力,另一方面也提醒我们不能将杂志社的立场与杂志作者群的政治态度完全等同。罗家伦的亲政府立场是否得到了杂志作者群的广泛认同,并不可知。但与"短评"不同的是,大部分作者的文章保持着较为理性的论述方式。他们认可以蒋介石为首的国民政府,主张在蒋介石和政府领导下抗战和建国,但并未对政府和领袖歌功颂德。② 他们对政府表现出"爱护"的态度,而缺乏"批评"的立场。

在《新民族》第 2 卷第 3 期,编者刊发了一段杂志与汪精卫的往来回应,颇为耐人寻味。汪精卫在读了罗家伦《弱是罪恶,强而不暴是美》一文后,致函杂志盛赞此文"是狮子吼,是振聋发聩的狮子吼"。杂志编者在评论中写到,"汪先生于党国军情百忙交集的时候,还是这样的勤于批览,和这样的谦虚,实在可感佩了。"主编罗家伦并复函一封,称"拙文并不足数,惟其他各位先生之文,许多是经国实际之谈,是专家对于国家贡献的意见"。罗家伦将《新民族》定位在"经国实际之谈",说明了罗对于杂志与国家关系的定位,这一看法也得到了汪精卫的认同。汪在复信中写道:

> 新民族 18、19 两期,读了忘倦。近来各种刊物,风起云涌,然大都以刺激性为已尽能事。第深忧其将日即于衰微

---

① 比如在第 1 卷第 8 期的《捷音到会场》中,罗家伦称颂蒋介石"这是何等的坚毅沉着,这是何等伟大的精神?"

② 在 1938 年前后,这也是当时中国大部分知识分子的立场和态度,不可与抗战后期知识分子的倾向混为一谈,前文所引闻一多先生的回忆就是典型的代表。闻一多是抗战后民主斗士的代表,但他回忆在抗战初期时说道,当时人们"对蒋委员长的崇拜与信任,几乎是没有限度的"。闻一多认为到了 1944 年前后,知识分子的政治态度才发生显著的分化。

而返于颓废也。新民族秉笔诸公，独能智情意三者并重，脚
踏实地，勇猛精进，实足为群众最良之领导。而先生高抱群
言，尤所钦佩。①

汪精卫的评价虽然有溢美之处，但也反映了《新民族》不务虚言、
脚踏实地的特征。杂志编者与汪精卫的这番文字往来，颇能代表党
国高层人士对于《新民族》的观感和对杂志办刊立场的认可，尤其是
肯定杂志言论主张对于影响舆论、领导群言的重要作用。对于党国
高层的认可，杂志编者也给予了积极回应。编者虽谦称"汪先生的称
评是过当的。我们决不敢引汪先生之言以自重自满。"但仍然表示要
"同仁等亦惟有更加努力，以勉副各方面之期望与指导。"知识界与权
力场的默契与融洽，学术与政治的交融与共谋，在《新民族》杂志，尤
其是其主编人员的身上得到了很好体现。

第四节　比较中的异同

一、时代背景的变化

《时代公论》和《国风》创刊的 1932 年，正是日本军国主义加快在
华侵略步伐的时期。日本步步紧逼的军事行动和岌岌可危的时局，
是它们创刊最重要的时代背景，对此两份杂志均有明确交代。《新民
族》的创刊同样是基于民族危亡的大背景，但时过境迁，境遇已迥然
不同。1938 年，抗日战争全面爆发，中国军队在前线节节败退，众多
院校和学术机构惨遭破坏，人民流离失所。即使是因成功西迁而保
存完好的中央大学，在经过战时的颠沛流离之后也大伤元气。比起
《时代公论》和《国风》是对即将到来的民族战争的深深忧虑，《新民
族》同仁对于战争和国难的感受更为贴近，也更为真切。

---

① 《编辑后语》，《新民族》，第 2 卷第 3 期。

在 1932 年，中大教授们仍可以在校园内感慨"淞沪之血未干"，为抗击日本在华北、上海等地的军事侵略奋臂疾呼，奔走呐喊，对山雨欲来风满楼的局势忧心如焚，包围他们的是一种面对未来的紧迫感与焦虑感。而《新民族》同仁们面对国土的沦丧，面对国难期间的流离失所，他们感受到的是切肤之痛。正如在创刊词中所言，他们在谈话中充满了"苦恼、自责、自惭"。

二、救国路线的异同

三份杂志的出发点都是挽救国难，但立场主张却不同。《时代公论》把重点放在了对现有政治体制与政府制度的改进上，主张建立强有力的中央政府，改革国民党组织和政府机构，推进渐进的民主政治改革，以应对国内外的严峻局势。《国风》则将目光放在弘扬传统文化和养成民众精神上，主张通过发扬中国固有文化，探索学术新知，复兴民族精神，通过"隆人格"达到"升国格"的目的。《新民族》则直面抗战的现实需求，紧密围绕"抗战建国"的主题，倡导建设性的实际工作和负责任的言论主张，即通过重建国民的人生观，凝聚民族意识，实现民族的救亡与复兴。

基于不同的取向，三份杂志选择的救国路线各有不同。《时代公论》认为杂志旨在通过对文字和学理的探讨，"于国事略有贡献。对不对，只好让当局采纳，让大家批评了"。他们通过学理分析，结合现实政治需求，提出了具有可操作性的政治改革途径，并希望影响政府政策，推动国内政治的改进，增强抵御外侮的能力。与《时代公论》积极参与政治的立场相比，《国风》对影响政府政策并不热心。杂志所提出的"隆人格而升国格"的主张，将培养国民精神、弘扬民族固有文化放在突出的位置。与《时代公论》希望影响国策，走"上层路线"不同，《国风》杂志扎根于普通民众之中，希望通过弘扬固有文化、引进现代科学来培育国民的民族意识，在统一的民族精神引领下实现民族复兴。《新民族》对抗战建国的服务重点放在对实际问题的科学研究上，强调为政府献计献策，并表现出更为鲜明的技术主义路线取向。

《新民族》直接提出了"建设新民族"的主张,虽然字面上与《国风》关于民族意识的主张相似,但精神内涵却大有不同。两份杂志都提出要对国民思想和民众人生观的进行再造,但《国风》更多的是从民族固有文化和历史传统中寻找思想资源,《新民族》在罗家伦的主导下则倡导"力的生活、强者的生活和意志的生活",其进取性、积极性更多体现了现代气息。罗家伦作为五四新文化运动中成长起来的年轻一代,与继承了《学衡》杂志的守成理念的《国风》同仁相比,在对待传统文化的态度上存在着显著的差异。他们虽然都倡导"建设新民族",但寻求的思想资源却是南辕北辙。

三、与政府关系的亲疏

由于立场和救国路径的不同,三份杂志在与政府的关系上也呈现出显著的差异。《时代公论》有着积极参与政治的态度,希望自己的主张能够为政府当局采纳,"于国事略有贡献"。因此,《时代公论》对现实政治的批判是立足于对现存政治体制的认可之上的。他们提出的建立强力化政府、恢复总理制等一系列主张,虽然并非来自"政府授意"或站在政府的立场进行论述,但从实际效果看却与政府利益较为一致。《时代公论》同仁被视为"政府的人",杂志被指为"蒋介石的机关报",便显得不足为怪。但即便如此,《时代公论》的政治参与并不成功,他们的热情也没有得到当局的认可,杂志最终还是因"国事不可谈"而被迫休刊。

《国风》同样关注国难与时局,但杂志认为救国的重点在于再造国民的"人格",对政治生活始终持冷漠态度。杂志对现实政治问题的关注远逊于《时代公论》和《新民族》,后两份刊物都设有"时评"一栏,而《国风》不仅没有单独的"时评",而且在文章内容上也很少涉足时政。《国风》的关注点更多集中在学者所熟悉的文化、学术与思想领域,尤其是对于中大学校当局,《国风》始终持有批判的态度和"在野派"的姿态。

与前两者相比,《新民族》对政府呈现出紧密追随的特征。在罗家伦的影响下,杂志在各类评述中表现出鲜明的亲政府倾向。杂志不仅站在政府的立场上言说,而且立足于政府的利益进行评述。与《国风》对当局主动疏离、《时代公论》希望参与政治而不为接受的状态不同,《新民族》与党国高层之间的互动频繁而又融洽。杂志不仅在批判精神上表现得尤为匮乏,而且嵌入政府体制和意识形态之中,成为代表政府影响舆论、领袖群言的重要力量。

四、群体差异

在三份刊物中,中大教授均扮演着重要角色,他们不仅是杂志的发起者,也是杂志的主创人员。但是通过对杂志作者群的深入考察,也能发现其间细微的差别。分别统计三份刊物中发文数最多的 13 名作者,竟然无一人在两种刊物中重复出现,可见三份刊物的主创和核心作者群构成的圈子之间并没有交集。这也在一定程度上说明,三份杂志的核心作者群之间存在明显隔阂。这不仅体现在杂志的立场和主张上,也体现在因院系不同的学科畛域上,同时更重要的还体现在因人脉交往而聚集的学者团体之间。同在一所大学校园,围绕三份杂志聚集的教授群体之间的差别显得格外突出,且耐人寻味。

表 4－11　三份刊物发文数最多的作者姓名及发文篇数(选择前 13 名)

序号	《国风》		《时代公论》		《新民族》	
	作者	发文数	作者	发文数	作者	发文数
1	柳诒徵	25	杨公达	63	罗家伦	53
2	张其昀	24	阮毅成	41	朱契	9
3	景昌极	14	田炯锦	38	黄正铭	7
4	缪凤林	12	楼桐荪	31	宓超群	6
5	张其春	12	雷震	24	萧孝嵘	6
6	秉志	11	顾毓秀	20	胡焕庸	5
7	竺可桢	10	袁道丰	18	赵廷为	5

序号	《国风》		《时代公论》		《新民族》	
	作者	发文数	作者	发文数	作者	发文数
8	欧阳渐	9	程其保	17	何维凝	4
9	郭斌酥	8	罗廷光	17	吕炯	4
10	刘咸	8	萨孟武	16	周鲠生	4
11	倪尚达	7	胡长清	16	李长之	4
12	胡光炜	6	冼荣熙	16	潘菽	4
13	卢于道	6	陈茹玄	15	邹树文	4

从学科背景来看，《时代公论》的作者更多来自中大法学院和教育学院，而《国风》撰稿者则以文学院和理学院居多。考虑到两份杂志创办于同一时期，其间作者的院系归属就显得颇有意味。地理系教授张其昀起初曾是《时代公论》总发行人，后来却转而主导了《国风》的创办。同样的取舍还发生在柳诒徵、缪凤林等人身上，他们起初是《时代公论》的撰稿人，但很快转变为《国风》的核心成员，并且不再为《时代公论》供稿。这种转变与两份杂志的旨趣有关，反映了两者不同的立场和取向。

《时代公论》的旨趣更能展示与现实政治、经济、社会联系密切的社会科学学者的追求，尤其法学院的教授们与政府及政权的交往更为频繁。《国风》则成为更能表达历史与文化内涵的人文学科学者的精神家园，并因与南京高师、东南大学的历史传承关系而凸显学术文化薪火绵延的历史底蕴。与此相比，《新民族》的学科、院系畛域较为模糊。在罗家伦的领导下，杂志表现出更强大的整合力，其作者群涵盖了中央大学所有的学院。值得注意的是，在《新民族》主要撰稿人中，各院院长、系主任占据了很大比例。校长罗家伦独占鳌头，发表了各类文章 53 篇。其余作者中有多人是学院的院长和系主任，比如艾伟（教育学院院长）、常道直（教育学系主任）、徐苏恩（卫生教育科主任）、许恪士（实验学校校长）、萧孝嵘（心理学系主任）、陈章（电机工程系主任）、原素欣（水工系主任）、杜长明（化工系主任）、胡焕庸

（地理系主任）、李学清（地质系主任）、范存忠（外文系主任）、李寅恭（森林系主任）、邹树文（农学院院长）、孙醒东（农艺系主任）、孙本文（社会学系主任），等等。因此，《新民族》杂志更多体现了以校长、院长、主任为代表的"校方"立场。这也反映了在1930年代初教授"自由论道"的局面因为战争爆发而逐步让位于更能体现当局决策力的"校方主讲"。

值得注意的是，从1932年就公开提出"建立有机体的民族文化"的罗家伦，在以"弘扬民族文化"为主旨的《国风》上没有发表一篇文章。而在《新民族》上，罗的创作热情得到集中释放。这一方面说明罗所提倡的新人生观和对民族文化的思考与《国风》同仁的主张之间存在差异。另一方面也反映了在战争需要这一具有压倒性优势的话语面前，学术权力与行政权力发生了悄然变化，"校方"的主导地位更为稳固。

五、不同的学者圈

刊物的创办往往是知识分子交游讨论的产物。围绕在刊物周围，尤其是围绕刊物的主创人员周围，原本就存在一个相对稳定的学者交游群体。这一群体内部通常有着共同的学术立场和理念主张，也保持着密切的人际联络交往。刊物的创办，不过是学者群体表达自身理念和主张的平台，是他们平时谈话讨论的延伸与扩展。在上述三份杂志的创办中，我们都可以看到某个学者群体在背后推动的痕迹，《时代公论》是"几个朋友触景生情"的产物，《国风》杂志是在"张缪诸子"极力推动下创办，《新民族》更是"一群大学教书的人，在兴奋、苦恼、自责、自惭的谈话场中产生的"。不管是围绕杨公达周围的"几个朋友"，还是柳诒徵在"南高旧人"的推动下领衔国风社，抑或是罗家伦与一群大学教书人之间的"谈话场"，在他们的背后都存在一个长期交往的人脉网络。而刊物的创办，不过是为他们的集聚和言说提供了一个更好的公开平台。

正是在这一意义上，我们更能理解为何三份杂志的主要作者之间没有交叉。杂志背后的人脉网络是基于三个相对独立的学者群体,虽然其间存在人员的重叠,但其核心成员则是互异的。郭斌龢在1935年就曾感慨大学中存在的分化与隔阂,他说"今之大学,实际已衙门化。一校中显然有三阶级。一校长及职员阶级,一教员阶级,一学生阶级。三阶级之外,复院与院分,系与系分,各自为谋,几于老死不相往来。一校之中,彼此情意隔阂,痛痒不相关"。[①] 在当时的中央大学,各方的隔阂虽未如郭所言如此之重,但是彼此在立场和观点上的差异的确存在,并进而影响到他们的交往与身份认同。

《国风》作者群的构成与其后的走向为我们深入理解这种差异提供了一个视角。如前所述,《国风》是由以柳诒徵、竺可桢、张其昀、缪凤林等为核心的"南高旧人"创办的。长期以来,这批人保持了密切的交往,其中最活跃的当推张其昀,而柳诒徵、竺可桢作为师长辈起到了精神领袖的作用。翻阅1936年前后的《竺可桢日记》,我们可以看到他们之间频繁的交往、聚会和讨论,其间既有学术上的交流,也包含了复杂的人事议论,而在这些议论中始终贯穿着对校方的批判言论。他们反对中大迁校郊外,他们缅怀南高的优良校风,针砭时弊,他们对中大经费的"滥用"与分配颇有微词。而《国风》正是这批"南高旧人"表达立场的重要阵地。

同样值得注意的是《国风》作者群其后的走向。1936年竺可桢被任命为浙江大学校长,这为"南高旧人"的集体流动提供了重要机遇。

早在1936年二、三月间竺可桢为是否就任浙大校长犹豫不决时,张其昀、胡焕庸等人便极力劝说竺可桢赴任。此后竺可桢在为浙大物色学者的过程中,其最重要的考虑对象便是这批自己最熟悉的南高—东大旧人。3月10日,竺可桢便"邀晓峰赴浙讲学"。3月22日,他又邀请胡刚复"赴浙为文理院长"。3月28日,竺可桢又赴科学社拜访秉志,"询农学院最相宜之人,渠亦力荐吴福桢"。4月12日,

---

① 郭斌龢:《论今日之学潮》,《国风》,第8卷第2期。

竺可桢在日记中记载：

> 肖堂（即胡焕庸——引者注，下同。）来，谈及浙大接收
> 时必须去若干人，以为人少则必临时觅人，反为不便也。渠
> 并介绍倪志超（即倪尚达）作总务事。……余颇然之。……
> 至晚肖堂与晓峰（即张其昀）复来，谈及缪赞虞（即缪凤林）
> 与晓峰可往浙大，并荐郭斌和为文学系主任。晓峰等即晚
> 往见志超。①

1936 年 5 月 21 日竺可桢在日记中记载：

> 午后复晓峰函，为下学期史地系事。渠拟带一助理李
> 玉林，月薪需一百五十元。在校中之助理普通薪水均只六
> 七十元，薪水至一百廿元已称讲师，须教课矣，故余嘱其另
> 觅一近年新毕业生。渠介绍景幼南（景昌极）实在不能设
> 法，缪赞虞（缪凤林）与王驾吾（王焕镳）亦均可来，已决定月
> 薪为 350 及 180。王本在国学图书馆，已得柳翼谋（柳诒徵）
> 之谅解矣。②

五天后，竺可桢从杭州回到南京，在中研院气象所再次遇张其昀
来访。日记中如是记载：

> 下午晓峰来，谓沈鲁珍如留杭，则拟另聘人，因思及朱
> 晓寰。……晓峰并以景幼南为言，余以引用至浙大之人，东
> 大色彩太重，如刚复（胡刚复）、迪生（梅光迪）均为东大教

---

① 《竺可桢日记》1936 年 4 月 12 日，《竺可桢全集》，第 6 卷，上海科技教育出版社，
2004 年，第 54 页。
② 《竺可桢日记》1936 年 5 月 21 日，《竺可桢全集》，第 6 卷，上海科技教育出版社，
2004 年，第 77－78 页。

员,鲁珍(沈鲁珍)、志超(倪志超)、福帧(吴福帧)、伯谦(蒋
伯谦)、振公(诸葛麒)、晓峰(张其昀)、驾吾、赞虞皆东大学
生,故在可能范围内不欲再加东大之人。加以幼南教哲学,
而哲学非浙大所需,不免有为人谋事之嫌也。但晓峰过于
顾情谊,屡为之言,余最后拟定以幼南代缪赞虞之办法。①

从这几则日记中可见,在其赴任浙大校长之初,竺可桢借助其在
南京学术圈的影响,在为浙大物色人选时大量选用自己熟悉的东大
学人。而张其昀、倪尚达、胡焕庸等人则在其间物色介绍,穿针引线。
结果,导致大量具有东大背景的学者跟随竺可桢来到浙大,其中包括
倪尚达(任总务长)、沈鲁珍(事务长)、胡刚复(文理学院院长)、吴福
帧(农学院院长)、梅光迪(外文系主任)、张其昀、蒋伯谦(浙大训育主
任)、景昌极、郭斌酥(外文系主任、后一度代理浙大校长)等等。竺可
桢如此重用东大学人,以至于在赴任后不久,浙大便有人写来匿名
信,"上述来校人名、职务,以表示余所引者均为东大学生"。而这些
人中有很多人正是当时围绕在《国风》同仁周围的一批学人,其中张
其昀、缪凤林和倪志超三人还是《国风》杂志的发起人。

而到了抗战时期,一大批东大旧人汇聚浙江大学,并逐渐形成新
的学术气象。1941年8月,在张其昀的运作下,《思想与时代》在浙大
文学院创刊,倡导科学时代的人文主义,并明言:"与学衡及国风杂志
宗旨相同,以沟通中西文化为职志"。② 这种学术上的承接关系,显示
了南高—东大学人主张绵延传承的一贯立场。而从具体的人事上
看,以竺可桢长校浙大为机缘,30年代中后期的确有很多《国风》同
仁从中大流向浙大,并成为浙大教授队伍的骨干力量,他们对于浙江
大学在抗战时期的迅速崛起功不可没。

---

① 《竺可桢日记》1936年5月21日,《竺可桢全集》,第6卷,上海科技教育出版社,
2004年,第80页。
② 沈卫威:《现代大学的两大传统——以民国时期北京大学、东南大学—中央大学为
主线的考察》,《学术月刊》,2010年第1期。

第五章

罗家伦的困境与去职

著名史学家章开沅先生曾说,"在人们的心目中,一所名校往往与一位或几位校长的名字紧紧连接在一起,如北京大学与蔡元培,清华大学与梅贻琦,南开大学与张伯苓,浙江大学与竺可桢。"[①]章开沅本人也曾担任大学校长,对校长之于大学的重要性当有更真切的感受。大学校长不仅在社会上有着显赫地位,而且还承载着塑造大学教育精神和文化内涵的重任,并与大学的成长休戚相关。从大学发展的历程看,一所大学的辉煌历程往往与校长的引领作用密不可分。尤其是在大学转型或重构的时期,校长的办学理念、谋划决策关系着学校的走向,对于大学转变和发展的影响至深且远。

研究民国时期的中央大学,罗家伦是难以回避的。从 1932 年在争议声中低调就任,到 1941 年黯然离去,罗家伦任中大校长长达九年之久,其任期之长远非中大其他校长可以比拟。[②] 即使在整个民国时期,也可与清华大学的梅贻琦(18 年)、北京大学的蒋梦麟(16 年)和浙江大学的竺可桢(13 年)相比肩。

---

① 章开沅:《中国著名大学校长书系总序》,见王运来《金陵大学校长陈裕光》,山东教育出版社,2004 年,第 4 页。
② 从 1928 年中大成立到 1949 年更名南京大学的 22 年中,中大共产生了 8 位校长(尚未计入在 1932 年风潮中代理校长的桂崇基、段锡朋、李四光等人),平均任期还不到 3 年,而罗家伦任中大校长近 9 年,他对中大的影响非其他历任校长可比。

罗家伦长校时期被誉为是中央大学的"黄金十年"。虽有溢美之嫌，但比起20年代末大学学潮频仍，40年代后大学学生运动不断，30年代中央大学的发展显得更为扎实、稳健。放在宽广的历史语境中，中大在此阶段的进步是肯定的。中大无论是主要的办学指标，还是大学对于国家、社会与学术进步的贡献上，都有着长足的发展，并在抗战时期成为名副其实的"民国最高学府"。

但罗家伦离开中大时"竟是冷冷清清，中大师生连盛大的欢送会都没有举行一个"。他的离职在校内没有引起波澜，也乏人评论。长校十年的校长悄然辞去，甚至没有师生的挽留，其待遇之凄惨，让人黯然神伤。我们在追忆历史时难以回避罗家伦留给中大的贡献和遗产，而身处其中的人却对这位曾带领他们走过"最艰难的时间"[①]的领路人毫无留恋之意。这是当事人的无情还是后来者的多情？

第一节　罗家伦去职经过

1941年7月15日，行政院通过了罗家伦请辞中央大学校长案。8月8日，国民政府任命顾孟余为中大校长。"易长"一向是大学的敏感话题，围绕最高学府中大的"易长"，更常常是风潮和纷争不断。但此次"易长"却颇少争论，也没有揭贴和请愿，显得风平浪静。

"易长"的顺利与罗家伦年余来"决意求去"的态度密不可分。抗战前，罗家伦曾两次请辞中大校长。第一次是在1933年8月。罗家伦1932年就任时曾以一年为期，一年届满后罗呈文教育部请辞，被慰留后打消辞意。第二次是在1934年7月。因政府规定大学校长不得兼任他职，罗迫于舆论压力再次向教育部和行政院请辞中大校长，并向蒋介石"复申前请"。但蒋介石"以中大方告安定，渐臻进步，

---

① 王作荣：《沙坪之恋》，见中大八十年校庆特刊编辑委员会编《中大八十年：校庆特刊》，1995年，第370页。

不主张有所更变"为由,免去了罗家伦中央政治学校教务主任的职务,让他专任中央大学校长。① "请辞"对罗家伦来说并不陌生,在此前任清华校长时期,罗也曾数次请辞。但数次请辞却内中各有原因,有时是以退为进,有时确是心灰意冷,有时不过是情非得已、略表姿态。这两次请辞时,罗家伦对中大发展踌躇满志,对校务工作也非常热心。请辞更多是因外界环境的压力所致,不得不略表姿态。

中大西迁重庆后,罗家伦也曾三次请辞中大校长。第一次是在1939年2月,他直接上书蒋介石请辞。而此次辞职的肇因是1939年1月罗家伦出席国民党五届五中全会第七次会议上与孔祥熙的"论争"。

1939年1月国民党召开五届五中全会第七次会议,在讨论教育组审查委员会所提对于教育报告之决议案时,罗家伦的发言受到行政院长兼财政部长孔祥熙的"指责"。当时重庆有不少爱国青年奔赴解放区,罗在发言中便说:

> 我们不怕共产党在陕北办什么抗日大学,只怕我们自己的学校没有科学设备来培养青年,所以充实学校的图书仪器等等的设备,是防止青年走向共产党的好方法。现在学校的图书杂志仪器,都是因陋就简,而化学用品尤为缺乏,一般学校的化学药品,所存无多,似有急需补救之必要,关于这一点,审查意见中亦未注意。②

罗家伦主张把这一条列入报告,希望从与中共争取青年的角度为增加高等教育经费、改善设备条件立说。但是,罗家伦将青年趋向延安归因于大学条件简陋的说法,孔祥熙认为并不成立,并且把批评的矛头直指中央大学。

---

① 《决定罗家伦专任中大校长》,《中央日报》,1934年7月27日。
② 刘维开编著:《罗家伦先生年谱》,台北:国民党党史会出版,1996年,第156页。

我敢相信共产党所办的学校,其设备未必比中央各学校更为完善,青年学生的所以前往陕北,真如王委员(王昆仑,在孔之前发言)所说的还是精神上的原因占多数,所以中央所办的学校,不注重精神的训练,而以经费不足,设备不齐,使青年学生往陕北跑的理由,那是不合逻辑的理论。

中央大学每年经费在壹佰万元以上,现时中大的学生只有三分之一,中央处此财政困难之际,并不核减,这是鉴于中央大学为国家最高学府,担负为国家培育青年的责任,故不惜以巨额经费,以资济困。罗委员是现任中大校长,此中情形谅必明白。①

虽然此后吴稚晖从中圆场,孔祥熙随即也解释,"刚才我说的话,并非有意攻击别人,因自抗战以来,一般人士甚或同志中也有不明真相,以为财政当局克减教育经费,常有责难,所以顺便说明一下。"②但是,孔的言论对罗家伦深有刺激。三天后,罗上书蒋介石,在信中对孔祥熙"不合事实之诋斥"给予反驳,并请辞中大校长。

读书人应有气节,不合事实之诋斥,见于公开之重要会议,此会议虽属党内会议,但由负责位高之同志盛气出之,微末党员,亦知自爱,深感此后无法负责,敬乞钧座另简贤能,并请派公正人员彻查,以明真相。③

回味罗家伦和孔祥熙的争执,孔氏对国立大学精神缺失的批评不无道理,但却无法掩盖抗战时期大学经费拮据、条件艰苦的现实。罗家伦的本意是为了扩充高等教育经费,改善大学办学条件,但是却从政治上"争取青年"的角度来为大学发展争取利益,这本身便显示

---

① 刘维开编著:《罗家伦先生年谱》,台北:国民党党史会,1996 年,第 156 – 157 页。
② 刘维开编著:《罗家伦先生年谱》,第 157 页。
③ 《上总裁书》,《文存》,第 7 册,第 157 页。

出教育、学术在政治面前的弱势地位。而孔祥熙直接转向对罗家伦言论和中大办学成绩的批评,难免激起罗的强烈反应。

在罗上书蒋介石之后,他也将信中的相关内容通过教育部转呈孔祥熙。在呈文中,罗家伦再次解释了中大面临的经费困境,详述多年来的办学成绩,并专门列举了 24 项中大对于抗战直接有关之各项实际的贡献,①但是并未提出辞职一事。罗家伦在呈教育部文中不提辞职,而在此前给蒋介石的个人书信中提出辞呈,这与基本的程序与规范不符,显示出罗家伦此次辞职"缺乏诚意"。

西迁后的中大发展虽然困难重重,罗家伦疲于应付,但尚未到心灰意冷、辞职他去的地步。罗家伦此次向蒋介石的"私下"请辞一方面是对孔祥熙言论的回应,一方面也是对长期以来办学所遇困难的一次集中宣泄。在 1941 年致陈立夫的请辞信中,罗指出这次请辞"决不向外间道及。免如前次言辞,有迹涉张皇之嫌"。② 可见,前次请辞确有故作姿态,"以去就争困难解除之嫌"。在蒋介石的挽留下,罗家伦很快打消了辞意。

时隔两年之后,1941 年 1 月罗家伦再次上书蒋介石,请辞中大校长。他说,"服务至此,家伦才力已尽,应付已穷,以疲乏驽钝之才,处于加倍困难复杂环境之中,必至贻误。"③而在此前,罗已向教育部提出辞呈,此次上书蒋介石是希望蒋"赐予核准"。与两年前相比,此次辞职更能反映罗家伦的决心。在《上总裁书》中,他说自己是"经过半年来冷静之思考,惟有决心引去。"

事实上从 1940 年下半年开始,罗家伦便一直在考虑辞职一事。1940 年 11 月,罗曾造访王世杰,王在日记中记载,罗谈到欲辞去中大

---

①　《陈立夫抄报中央大学对于抗战直接有关之各项工作节略致行政院密呈》1939 年 2 月 15 日,中国第二历史档案馆编:《中华民国史档案资料汇编》第 5 辑第 2 编,教育(一),南京:江苏古籍出版社,2000 年,第 819－821 页。
②　《至陈立夫函》1941 年 6 月 23 日,《文存补编》,第 303 页。
③　《上总裁书》,《文存》,第 7 册,第 169 页。

校长,但"不能决"。① 王世杰与罗交往甚笃,王的记录表明当时罗家伦对辞职一事仍处在犹豫之中。在罗家伦后来的演说中,也反映了他当时的心路历程。1941 年 3 月他说道:"自去年三四月起,我常怀求去之心,去年年底年初,此心未除。"②这说明从 1940 年春开始,罗家伦一直在思考辞职问题,并心怀去意。而在此期间,他确有一个较长的思考过程。这也是他所言"经过半年来冷静之思考"的原因。

罗的第二次请辞仍然没有被批准。但由于怀"求去之心",他对校务管理的热情降低了。在 1941 年 3 月他公开自我批评,"校中多事,我个人亦不能辞其咎。"罗虽然躬身自省,但对学校事业颇有心灰意冷之感。在对全校师生的演说中他甚至抱怨道:"我什么事情不可做,而竟花多少年的精力在这学校上面。"③这种言论对全校师生情绪是一种挫伤,也与他长校初年踌躇满志的心境相去甚远。

对于罗家伦的辞职,蒋介石的态度是继续挽留。王世杰此时曾致函罗家伦,信中提及,"委座欲兄主持中大,日前曾明白说过,事诚烦苦,但恐不易打消委座意。"④但即使是面对王世杰推心置腹的慰留,罗家伦仍表示"不愿再为冯妇",辞职态度坚决。

教育部在继续挽留罗家伦、维持校内秩序稳定的同时,也积极着手为中大物色新校长。当时,中研院气象所迁到重庆,浙大(当时校址在贵州遵义)校长竺可桢因长期兼任气象所所长,曾多次提出辞去浙大校长以便能专心气象所事务,教育部于是有调竺可桢长校中大的想法。竺可桢在 1941 年 4 月 14 日记中写到,"立夫又提出余与志希对调,余告以中大更难办,余不能考虑。"⑤可见在此前陈立夫已提出由竺可桢出任中大校长的方案。对此竺可桢始终坚辞,但陈立夫

① 《王世杰日记》(手稿本)第 2 册,1940 年 11 月 13 日,台北:"中央研究院"近代史研究所 1990 年影印本,第 378 页。
② 《中大是大家的要大家来爱护》,《文存》,第 6 册,第 78 页。
③ 《中大是大家的要大家来爱护》,《文存》,第 6 册,第 78 页。
④ 《致王世杰函(附王世杰复函)》,《文存补编》,第 210 页。
⑤ 《竺可桢日记》1941 年 4 月 14 日,《竺可桢全集》,卷 8,上海科技教育出版社,2004 年,第 57 页。

一直有意。6 月 20 日,竺可桢致函教育部高教司司长吴俊升,表示"决意不就中大校长"。同时致函朱家骅,告以对任中大校长事"已决然谢绝"。[①]

就在教育部积极寻找继任者之时,罗家伦于 6 月 23 日再次致函陈立夫请辞。罗在信中写到,"左右思维,欲求两全之道,则惟有束身引退,故前曾当面向兄陈述,愿冒一切艰困维持至本学年结束为止。"[②]而在此前后,罗家伦曾面见蒋介石。蒋因辞职事询问罗办理中大有何困难,并对其挽留。但即使是直接面对蒋介石,罗家伦也没有解释、提出要求。6 月 27 日,罗家伦为此致函侍从室秘书萧自诚倾诉其中苦衷。罗在信中说:"前次谒见委员长,蒙询困难而含义未申者,盖有二义:一则不愿有以去就争困难解除之嫌;二则士君子去则去耳,不批评他人,翻觉气量太小。"[③]罗家伦颇得蒋介石赏识,并自认是委座"亲自扶持之人",与蒋长期保持着良好的私谊。罗家伦在请辞问题上曾多次上书蒋介石,一直重视蒋介石的意见和裁定。此次他"蒙询困难而含义未申",更能表明罗家伦的去意已决。

1941 年 7 月 15 日,行政院批准罗家伦辞职,同时任命顾孟余为中大校长。

罗家伦的多次请辞反映了他个人的挣扎和抉择以及其所身处的复杂环境。时人大多认为,罗的去职是因其无力应对内外各方的压力使然。直到 1947 年,中大学生在评价这位已离职 6 年的前校长时仍强调:"罗先生在中大的成败功罪,固然迄今犹无定论,但罗先生之离开中大,为的受到校内外一致排斥,确是人人所知的事实。"[④]张晓唯认为,罗家伦的去职主要是因为"上层人缘"出了问题,得罪了权贵,经费上受到掣肘,同时派系势力乘虚而入,使自己陷入了内外交

---

① 《竺可桢日记》1941 年 6 月 20 日,《竺可桢全集》,卷 8,上海科技教育出版社,2004 年,第 98 页。
② 《至陈立夫函》1941 年 6 月 23 日,《文存补编》,第 303 页。
③ 《致萧自诚函》1941 年 6 月 27 日,《文存补编》,第 326 页。
④ 见歌:《从顾孟余校长到吴有训校长》,《中大新闻》,1947 年 7 月 16 日,第 3 版。

困的局面。①

　　罗家伦说自己的去职是经历了长期"冷静思考",在权衡多方利弊后做出的"理性选择"。而对于去职原因,罗在离职前致陈立夫的信中指出,"现中大之问题,一为经费,二为纪纲,二者有相连关系。"经费和纪纲的困扰,是他辞职的重要原因。

第二节　经费难题

　　在大学与国家的关系上,经费问题占据着重要位置。尤其是对中大这样的国立大学,办学经费的90％以上来自国库。政府稳定持续的财政支持,是大学办学中最为重要的因素。以1934学年为例,该年度中央大学岁入经费172万元,其中国库款1 640 300元,租息收入6 000元,学费收入28 700元,其他杂项收入45 000元,国库款收入占学校岁入的绝大部分。② 对中大来说,经费困扰可谓由来已久。如前文所述,罗家伦赴任前,中大连年混乱的根源就是经费无法保障,以至学校风潮不断,校长一职长期虚悬。罗家伦对大学行政富有经验,自当深明其间利害。因此他在赴任前特别呈文行政院,以政府保证大学经费稳定作为就任的前提条件,得到允诺后才最终就职。

　　从罗上任后到抗战爆发,中大经费虽因战事偶有拖欠,但一直有保障,即每年经常费172万元。经费得到保障后,最直接的影响便是教职员可以不用为生计奔波,生活无虞,从而能潜心于学术。当时,朱希祖先生在日记中每月10号左右常有"至中央大学领薪金"的记述,这一习惯直到抗战爆发被打破。而当时任教历史系的郭廷以先生也记载了这一阶段生活的安定富足。

---

① 张晓唯:《喟叹一声罗家伦》,《书屋》,2005年第3期。
② 教育部统计室编:《23年度全国高等教育统计》,1936年,第54－55页。

战前虽然写作很努力很辛苦,但生活相当愉快,我和内人两人都教书,合起来有五六百,其购买力相当于现在的两千美元,那时租最大的房子是四五十元,而伙食夫妇两人花不到二三十元,吃的很好,一斤肉一毛钱,每天花五六毛就可买肉鸡鱼和蔬菜了,节省一点的教几年书就可以买洋房,除了生活无虞外,我们的休闲活动也很充实,每逢周末,许多年轻的同事(多半是出身清华者)常来聚会,星期天则常结伴休憩,各雇马车,带食物到城外郊游。①

研究表明,20 世纪 30 年代国民政府的教育经费支出达到了较高比例。1936 年度教育文化费占国家总岁出的 5.54％,1937 年度更增加到 6.7％。其中专科以上学校经费占国家总岁出的比例 1936 年度为 2.21％,1937 年度增加到 2.45％。② 这为高等教育的快速发展提供了保障,中大经费的稳定也得益于这一背景。这一时期中大的快速发展,和政府稳定的经费支持密切相关。

但即使如此,大学如何与政府有效"沟通",保持经费稳定并争取更多资金,仍然是大学校长无法回避的"分内事",校长的人脉资源和活动能力在帮助大学财政"开源"上仍然十分重要。王世杰回忆在武汉大学校长任内为经费多方奔走的境遇时,便提到"学校的预算虽然通过,但财政部却不拨经费"的状况。为此他不得不跑到上海去见财政部长宋子文,但仍被告知"没钱"。无奈之下,王只好向国民党元老湖南籍人谭延闿求助。"谭先生听后立即表示:'交给我'。到了行政院开会的时候,武汉大学的经费就通过了。"③

民国时期国立大学的校长们都十分清楚经费的重要性,并把政府维持经费稳定作为赴任就职的前提。1936 年竺可桢在就任浙大校长前,他便向陈布雷提出三点要求,其中第一条即是"财政须源源

---

① 张朋园等整理:《郭廷以口述自传》,中国大百科全书出版社,2009 年,第 147 页。
② 《抗战前之高等教育》,《革命文献》,第 56 辑,第 66 页。
③ 《"训政时期之高等教育"口述历史座谈会纪实》,《近代中国》,第 7 期,第 13 页。

接济"。① 就任浙大校长后,竺可桢为增加浙大临时费,与王世杰、陈布雷、翁文灏等党国要员多次"讨价还价",乃至与蒋介石本人也谈及经费问题。如蒋介石在 1936 年 10 月中旬视察浙大,竺可桢在日记中记载,"其次谈及经费,余谓临时费非于一二年中大加扩充,则校舍无从建筑。渠以本年无办法,俟诸下年度。"②足见校长的"能力"在为大学争取办学经费上的重要作用。

甚至 30 年代初来华的国联教育考查团认为,"在国立大学方面,各大学分配款项之比例,一半系根据过去各年度之旧例,一半需靠各大学校长运用手腕,彼等有时且运用特殊方法,庶能保证款项之按期发给。"③校长是否有"手腕"为大学开财源,尤其是通过与政府各方"沟通"为大学争取资源,成为体现校长管理能力的重要因素。

罗家伦因与党国高层乃至蒋介石个人的交往密切,在为学校筹募资金上拥有优势。他赴任后,经过多次交涉,江苏省不仅将积欠中大的四五十万元"全数偿还",还将太平门外的乌龙山、幕府山及附近官荒,作为实验农场归中大农学院管理经营。在罗的努力下,财政部在"全国经济恐慌日益深刻的时候,虽然应付军政费常感到'心余力拙',而对中大的经常费,却肯按月发清"。甚至连中大学生都认为,这些应归功于罗家伦的"政治手腕"。④

国立大学经费分为经常费和临时费两种。经常费额度历年很少变动,抗战前,中大经常费一直保持在 172 万左右,仅次于中山大学,列国立大学第二位。虽然经常费很难改动,但罗家伦每年在学校呈报教育部的预算中仍不断请求增加经常费。比如在编制 1934 年学

① 《竺可桢日记》1936 年 3 月 8 日,《竺可桢全集》,第 6 卷,上海科技教育出版社,2004 年,第 36 页。

② 《竺可桢日记》1936 年 10 月 15 日,《竺可桢全集》,第 6 卷,上海科技教育出版社,2004 年,第 163 页。

③ [德]C. H. Becker [法]P. Langevin [波兰]M. Falski [英]R. H. Tawney 著:《中国教育之改进》,国立编译馆 1932 年,第 172 - 173 页。

④ 德良:《1933 年的中央大学》,《大学生言论》,1934 年,第 2 期。

校预算时,罗便向教育部申请每月增加经常费1万元。^①而对于中大增加经常费的申请,教育部也始终没有同意。正如罗在1939年《上总裁书》中所言,"中大经常预算,七年以来未曾丝毫增加,每年请求,均被驳回。"

在经常费增加无望的情况下,申请临时费显得更容易操作。临时费主要是用于举办新兴事业所需的各种建筑费用,故也称"建筑费",因此较有弹性,也最能反应大学争取国家经费的能力。罗家伦凭借与党国高层的交往,在争取临时费上可谓"屡有斩获",甚至可以直通蒋介石拿到"红包"。比如中大新校区的建设,1934年初,正是在罗家伦的多方游说和积极推动下,由汪精卫领衔,林森、孙科、吴稚晖等20余党国元老联名提议将中大迁至东郊,并最终通过了总预算为240万元的建设方案。^②又比如在1937年,罗家伦在蒋介石的授意下拟扩充中大的工程人才训练,做了一个总预算达570余万元的实施计划。在7月庐山会议上,罗家伦的这一计划得到了蒋的赞成,并一次拨付了建设经费200万元。^③虽然该计划后来因战事爆发没有实施,但足以显示罗家伦的人脉关系和政治资源在为中大募集经费中的重要作用。

30年代中期,中大每年的临时费在办学经费中占据了很大比例。1935年,中大因新校址建设获临时费达到72万元,在1936年和1937年也有36万元。也因此引起了其他国立大学的不满。浙大校长竺可桢便抱怨,"以中大房屋远胜浙大,而浙大经力争(指临时费——引者注),仅得15万元,安得为平?"^④而在1937年抗战爆发前夕,张元济先生来到南京时也感慨说:"看中央大学,那种宫殿式房

---

① 《校务会议记录》(1933年12月19日),中大档648—911号。
② 《重其大而忽其小以诚朴雄伟为怀养成泱泱大风》,《文存》,第5册,第379页。
③ 罗久芳著:《罗家伦与张维桢》,百花文艺出版社,2006年,第158页。
④ 《竺可桢日记》1937年4月5日,《竺可桢全集》,第6卷,上海科技教育出版社,2004年,第279页。

屋,住惯了恐怕不能再回到内地去。"①

　　在经、临两费之外,罗家伦还通过加强与国家和地方机关的合作,服务于政府急需的各项建设事业来为中大募集资金。如前文所述,中大与资源委员会、黄河水利委员会、航空委员会等众多机关建立了合作关系。其中从 1935 年 7 月到 1938 年 9 月三年间,航空委员会拨付中大的建设经费就达到 40 万元之多,这笔款项对于推进中大航空工程系的发展至关重要。

　　但是到了抗战时期,战前优越的环境一去不返,罗家伦通过个人手腕为大学筹集资金的优势也慢慢消失。一方面抗战时期财政状况全面吃紧,导致了教育经费支出的比例较战前锐减。七七事变后,高等教育经费便改为七成支付。到了 1937 年底,经费删减幅度进一步加大。高等教育经费占政府岁出经费的比例从战前的 3.9% 降到不足 1%。另一方面则是从 1940 年开始大后方急剧加速的通货膨胀,使得募集的建设经费往往是杯水车薪。

　　在这一过程中,罗家伦不断通过自己在高层的影响力多方呼吁,希望为高等教育争取更多的"话语权",上文所述罗家伦与孔祥熙在中央全会上的争论便是一例。1940 年 8 月,在国民党第五届中央执行委员会第七次全体会议上,罗家伦提出了《确立办法迅筹的款以挽救全国高等教育危机案》,指出"现在高等教育已陷于精神绝粮,身心日亏之境地,非中央有最大决心,以谋救济,则现状即难维持,势必至于崩溃。"为此,罗家伦提出救济办法五条:

　　　　一、即拨八百万元为维持各专科以上学校七月至十二月经常开支之用;
　　　　二、即拨二百万为救济全国专科以上学校教职员最低限度生活之用;

---

① 张元济:《我国现在和将来教育的职责》,《东方杂志》,第 34 卷第 16、17 号,1937 年 9 月 1 日。

三、即由财政部筹信用借款美金壹佰万元,由中华文化教育基金董事会拨借其基金中美金股票壹佰万元,由清华大学基金会中拨借其美金股票壹佰万元,共美金三百万元,由教育部统筹支配自购速运各校必须之图书仪器、化学药品及教学器材,以备支持一年至一年半,继续抗战期间高等教育之用,免除其精神绝粮,或名存实亡之必然结果;

四、凡学校教职员学生应予以优先购得国家公运公卖平价之米、煤油、布等项日用必需品之权利;

五、停止添办无法取得专门设备之学校,以其款项先行救济有基础而尚可进行之高等以上学校。①

罗家伦的提案得到了与会人员的积极响应,会议决议:"全案所提高等教育危机,自系真切,其办法所请款项,交行政院积极从宽酌筹。"其后"政府另拨教职员学生米贴,并筹拨 300 万美金,为国外图书仪器购置费。"这些都说明,罗家伦的提案对政府的决策产生了影响力。

在 1941 年 4 月国民党第五届中央执行委员会第八次全体会议上,罗家伦因"学校日常开支陷于不能维持之状态",提出了《高等教育困难益甚请速筹拨巨款以资维持案》,"提请由政府迅速筹拨巨款,切实救济,至少应即先行恢复战前预算,再由教育部分别考察各校实际需要,予以增加,使其得以维持于不堕"②。

罗家伦的这些做法,说明他在不失时机地利用自己的影响力来为高等教育争取资源和利益。同时他在提案中也有意引导政策向有利于中央大学的方向倾斜。比如在列举高等教育的办学成绩时,罗家伦尤其强调了中大近年来的快速发展和在国家教育体系中的显要地位。在其所提出的解决办法中,明显向以中大为代表的国立大学

---

① 《确立办法迅筹的款以挽救全国高等教育危机案》,《文存》,第 1 册,第 140 页。
② 《高等教育困难益甚请速筹拨巨款以资维持案》,《文存》,第 1 册,第 142 - 143 页。

倾斜。其公义中夹杂的"私心"若隐若现。

即便如此,罗家伦的种种努力仍然收效甚微,远远无法满足大学发展对经费的需求。中大经常费自 1932 年起便定为 172 万元,抗战爆发后教育经费"七成实拨",中大经常费仅有 120.4 万元。直到 1939 年,财政部才增加中大经费 5.3 万元,总计也仅为 125.7 万元。[①] 而在抗战大背景下,为高等教育扩充资金的外部渠道极为有限。

在这种局面下,罗家伦为中大争取经费的能力被严重削弱,经费问题日趋凸显。1940 年 10 月,中大地理系教授胡焕庸在讲到校内经费之拮据时说:"去年亏空经常费至三十余万元,本年每月亏六万元。"[②]到 1941 年 6 月,学校经费已到了"每月亏短 12、13 万元,不借垫则学校停顿,借垫则已无可借垫"[③]的境地。罗家伦在辞职前说道,"本年从一月结算到七月底,挪垫于经常费下者,共计约八十余万元。"[④]据 1941 年 5 月《中大周刊》记载,1940 年 3 月本校成立校务会议以来,

> 始终以确立各部预算为中心工作,自去年三月至七月,校务会议开会多次,终因款少用多,讨论无甚结果。以后因暑假休会,而校中适于此时领得补助费救济费追加费百余万,因得从容支付,渡过难关;及十二月底,校务会议重开,迄于今数阅月,预算之难于成立,一如去年,推其原因,仍在人数出多,收支不能相抵,吾人极望暑假早临,或者仍有大量临时收入,一如去年。[⑤]

---

① 《经费收支之实情》,中大档 648—919 号。
② 《竺可桢日记》1940 年 10 月 21 日,《竺可桢全集》第 7 卷,上海科技教育出版社,2004 年,第 463 页。
③ 《致萧自诚函》,《文存补编》,第 326 页。
④ 《中央大学的回顾与前瞻》,《文存》,第 6 册,第 102 页。
⑤ 《中大周刊》,1941 年 5 月 11 日。

从这段记载可以看到 1940 年前后中大的经费困难,的确到了学校事业难以为继的窘境。

考察这段时间中大财政收支状况,更能感受到其间的捉襟见肘。在 1939 年 8—12 月 5 个月内,学校经常费收入为 615 833 元,而支出却高达 737 618 元,超支 12 万余元。1940 年 1—3 月三个月内,学校合计收入 365 498 元,比之支出,超支 120 994 元。这也就意味着距离 1939—1940 学年结束尚有四个月之时,本学年已超支242 779 元。[①]

为了应付办学入不敷出的局面,大学不得不"在南京时之建筑费九十万元中开支"垫付,同时积极寻求政府的临时拨款。比如在 1940年,中大因被日本飞机轰炸,当时正值七中全会召开,在罗家伦的游说下,"得老蒋之批示十万元,又由财部得五十万元,教部三万元,合六十三万元"。[②] 中大实验学校主任杨希震在 1940 年 12 月便说,中央大学"经费极拮据。若非经轰炸得中央六十万元之补助,则无法可以弥补"。[③] 大学这种超支状况虽能因政府的临时拨款暂时缓解,但经费压力始终是大学管理层难以摆脱的沉重负担,并考验着大学校长的能力与手段。

为了弥补亏空,学校在经费使用上不得不挪垫借用、东拼西凑,乃至将有明确指定用途的专款划出部分用于学校公共开支。1940年 2 月,中大校务会议便议决,"凡以专款设置之班科,应于其经费内划出百分之十五用于学校普通公共开支之用。"[④]而实际上,此类专款在中大经费中所占比例很低。比如 1939 学年中大全部经费收入为162 万余元,而其中指定用途的专款仅为 155 870 元。即使划出其中的 15％,也仅有 2 万余元,这不啻杯水车薪。而从另一个方面,这种

① 《经费收支之实情》,中大档 648—919 号。

② 《竺可桢全集》第 7 卷,第 463 页。

③ 《竺可桢日记》1940 年 12 月 8 日,《竺可桢全集》第 7 卷,上海科技教育出版社,2004 年,第 497 页。

④ 《凡以专款设置之班科等应于其经费划出若干作为学校普通公共开支之用案》,中大档 648—921 号。

违规操作的"校内规定"也反映了学校经费紧张的严峻程度。

经费问题对罗家伦治校的影响是两方面的。一方面,学校事业的发展由于缺乏稳定的经费保障,基本办学已捉襟见肘、难以为继,更无暇顾及大学的远景规划与长期发展。与战前中大经费充足,大兴土木相比,罗家伦在大学西迁后面对的是另一种办学环境。大学从国家获取的资源急剧萎缩,这也导致他的办学理想由于经费羁绊而难以推进。罗家伦离职前,中大部分师生为其举行了两次小型的"惜别会"。会上他饱含热情地说,"我到中大来的时候,是抱着理想来的,现在到临别的时候,理想并未达到,这是我惭愧的第一点。"[1]话语之间,颇有壮志未酬而又力不从心的无奈。罗家伦曾意欲将中央大学建成一所能容纳万人的现代式大学,在"建设有机体的民族文化"中发挥中流砥柱的作用。他也曾经有一个"玫瑰色的甜梦",在南京南郊打造一所"理想的学术都城"。但随着时代情势的变化,梦想在一步一步远去。

另一方面,则是罗家伦为大学争取经费的能力在新环境下大幅削弱。其一是国家财政收紧使得开源希望渺茫。其二是政府高层人事变动也朝着不利于罗家伦的方向发展。虽然罗家伦和蒋介石始终关系融洽,但和其他党国高层人士关系并不和睦,1939 年罗与孔祥熙在中央全会上的"争执"只是冰山一角。正是在中大校长任期内,罗家伦"得罪"了不少人,其中包括国民党的上层人物。以至于赴台后,蒋介石意欲任命罗为考试院副院长时,罗仍遭到许多人攻击。蒋介石不解地问王世杰原因何在?王世杰如是作答,"罗志希在做大学校长之时,政府中和党中许多人向他推荐教职员,倘若资格不和,他不管是什么人,都不接受,因此得罪了不少人。"[2]罗家伦"得罪了不少人",和他的工作作风不无相关。与罗家伦同为五四旗手,共同创办《新潮》杂志的傅斯年在 1934 年曾如是说,"罗志希老脾气难改,喜欢

---

① 《中央大学的回顾与前瞻》,《文存》,第 6 册,第 96 页。
② 王世杰:《我对罗先生三点特别的感想》,《文存》,第 12 册,第 842 页。

玩政治手腕,三言两语,拒人于千里之外。……我和罗家伦是老朋友,但他近来得意,不大听话了。"①"近来得意"四个字,颇能代表抗战前罗家伦的心态。同时也为其后的"失意"埋下了祸根。

在与教育部的关系上,罗家伦与部里高层的关系不融洽。战前王世杰任教育部长、段锡朋任教育次长。王、段二人均为北大出身,段还与罗家伦一起留学欧美,罗家伦与王、段一直私谊甚笃。在经费、人事、校内管理乃至新校区建设诸多问题上,教育部对中大一直鼎力支持,以至其他高校对于教育部"优待"中大颇多抱怨。但 1938年陈立夫开始执掌教育部,CC 系在教育界的势力得到扩充。罗家伦在中大重用童冠贤、马洗繁等国民党党务系统的非主流派,与 CC 系不睦,因此使"教育部大为不满",并使教育部对中大内非 CC 系的"当权派"产生排斥感。另一方面,朱家骅在国民党内的迅速崛起,在党务系统与 CC 系分庭抗礼。而朱家骅与罗家伦同为北大出身,罗出长中大也是由于朱家骅的极力推荐。朱家骅与罗家伦都是游离于政学两界的体制内知识分子的代表,在个人情感乃至政治立场上互为认同。因此,朱家骅与 CC 系的派系之争城门失火,殃及池鱼,导致教育部长陈立夫对罗家伦颇多冷遇。② 表现在经费上,罗家伦曾因中大经费困窘多次向教育部求助,但得到的支持寥寥。罗家伦在致陈立夫函中虽称理解陈的难处,不愿"贻兄困难"。但在辞职后致萧自诚函中,仍对此事耿耿于怀,并认为"部中迭经呼吁不为援助事,岂可如此",其不满之情溢于言表。

同样在致萧自诚函中,罗对教育部颇多怨言。"教育部中之员司人才济济,何敢蠡测,其中恐有惟恐学校无事者,如中大七、八年间纪律颇好,去年冬起,渐觉败坏,实为部内有人勾结二三别有作用之教员所致,此系最可痛心之事,亦系共见共闻之事。"③他对于教育部某

① 黄宗甄:《罗宗洛》,河北教育出版社,2001 年,第 85 页。
② 见蒋宝麟《"党国"中的高等教育:抗战时期中央大学的学术与政治文化(1937—1945)》,硕士论文,南京大学,2007 年,第 35 页。
③ 《致萧自诚函》,《文存补编》,第 326 页。

些人参与破坏大学纪纲的举措十分不满。蒋宝麟认为，罗家伦此处
某些人所指当为时任高等教育司司长的吴俊升。而高等教育司也是
教育部内与大学关系最为密切的部门。1944 年朱家骅接任教育部
长，在新旧部长交替之际，罗家伦致函朱家骅，对部中人选提出意见。
"意高等教育司一职，务希郑重，现任司长吴俊升善于逢迎，上谄下
骄，植党任私，其排斥异己，鼓动风潮之事甚多，教育界自爱之人士莫
不侧目。如此人不去，恐将来稍有清望之人，多不敢在大学或专科学
校负责。"①罗家伦评价吴俊升言辞之激烈，显示了他对吴的深切不
满。从罗对吴的评价看，他在任中大校长时期与吴的交往应该颇为
不睦，以致在两年后对吴的评价仍怀有极深的恶感。

　　罗家伦在辞职后抱怨说，"年来受尽怨气，均不敢说。"这些怨气
中当有很大一部分是因与教育部关系的不睦所致。缺少了教育部的
支持，尤其是在办学经费上的支持，罗家伦在中大举步维艰。环境的
变化和政府人事的变迁，使罗家伦为大学开拓财源的能力显著削弱。
经费问题反映了大学与外部环境之间的资源交换陷入了困境。

第三节　"纪纲"困扰与门户之争

　　经费困窘也影响到大学内的运作和治理。"纪纲"的提出，正是
校内治理陷入窘境的反映。纪纲可以理解为风纪与纲常，它体现了
大学内部运作的规则与风气。大学管理是否有规可循，师生是否遵
守准则，校内不同团体如何处理彼此间的分歧，资源分配是否有相应
的制度保障，这些都是"纪纲"的重要内容。一言以蔽之，"纪纲"所体
现的是大学内各方相处的模式与机制。在其中，师生的归宿感和对
大学的认同感尤为重要。

---

　　① 《致朱家骅函》，《文存补编》，第 225 页。

一、学生观感

罗家伦与学生之间的关系始终不和睦,抗战时期更因环境恶化矛盾日趋突出。在 1939 年,罗家伦对学生以"校方"相称便颇为不满。他认为这一称呼"含有互相仇视的意思",师生之间应以诚相待,凝为一体,岂可彼此视为敌人? 为此他"希望大家也能以诚待我"。[①] 罗家伦的这番说辞反映了他与学生间的隔阂。

同年 10 月,中大学生胡思明等 100 余人上书教育部,指控罗家伦的种种"恶作",请求教育部"明察实情,以整法纪"。在呈文中,学生罗列了罗家伦的十大罪状:(一) 违背教育宗旨,(二) 学校党务之轻视,(三) 导师制之有名无实,(四) 褒奖贪污学生,(五) 救济金何处去矣,(六) 棉衣贷金究属如何,(七) 军训衣服何往,(八) 任意解聘教授,(九) 任意延误学业,(十) 无端阻碍学业。[②] 十条罪状虚虚实实,真假难辨。胡思明等人的呈文说明,罗家伦对学生"以诚待我"的期望并非无中生有。

十条罪状的真实性有待进一步探究,但罗家伦在学生中的观感不佳确是不争的事实。当时沙坪坝校园流传着一首描写罗家伦的打油诗:

> 一脸猪狗熊,两眼盯上峰;
> 三技吹拍骗,四维礼义廉。[③]

其中"四维"本指礼义廉耻,而独缺"耻"字,乃暗指罗家伦"无

---

① 《中大现状》,《文存》,第 6 册,第 10 页。

② 《胡思明等呈》(1939 年 10 月 10 日),中国第二历史档案馆,国民政府教育部档案 5—5628。转引自蒋宝麟:《"党国"中的高等教育:抗战时期中央大学的学术与政治文化 (1937—1945)》,硕士论文,南京大学,2007 年,第 32 页。

③ 宓超群:《怀念罗家伦校长》,见高澎《永恒的魅力——校友回忆文集》,南京大学出版社 2002 年,第 67 页。

耻"。① 虽然回忆者也认为该诗对罗的描述过于偏激,但也正凸显出学生对罗家伦的印象停留在鲜明的政治官僚作风之上。

1939 年春,中央大学和重庆大学联合请刚从意大利考察归来的考试院长戴季陶在重大礼堂演讲,由罗家伦主持。"罗校长对戴院长执礼之恭,措辞之谦,颇与大学校长身份不合,二校同学报以嘘声。"② 戴系国民党元老,并且在早年做过罗家伦的老师,罗对戴恭敬本无可厚非,但在学生看来罗家伦的举止却有失大学校长的风度,有"热衷做官"、溜须拍马之嫌,因此招来学生的极大反感。

与自己的继任者顾孟余相比,罗家伦在学生中印象之较为不佳。顾孟余就任后,"在集会场合,说话要言不烦,举止缓慢庄重,给人耳目一新得感觉"。更为重要是,顾孟余两年后不动声色向当局请辞,学生中传言此举和他不肯听蒋介石"训话"有关,因此认为顾这种不畏权贵的行为体现了大学校长应有的姿态,是对大学尊严的维护。众多学生步行拥至顾寓所热泪挽留,乃至久久不肯离去。③ 此次姑且不论二人对于大学贡献之多寡,但前后两位校长际遇之差别,更能说明学生心目中对两位校长印象的差异之处。

在大学管理上,罗家伦是中央政策的紧密追随者,并通过各种举措扩大国民党在大学的影响。为扶持三民主义青年团在中大的发展,罗家伦不仅支持三青团控制学生自治会,④而且"对于毕业学生之升任助教等事以三民主义青年团为依归"。学生也因此分为团员与非团员二派。对于这种以政治因素左右学术评价,并在学生中因政治立场不同而制造对立的做法,当时的浙大校长竺可桢便不以为然,

① 在朱东润的自传中,也记录了类似的打油诗,但朱东润记录的打油诗与此稍有出入,改为了"一声猪狗熊,两眼势利钱,三绝吹拍骗,四维礼义廉。"见朱东润《朱东润自传》,人民文学出版社,2009 年,第 174 页。

② 王作荣:《沙坪之恋》,中大八十年校庆特刊编辑委员会主编:《中大八十年》,1995 年,第 365 页。

③ 虞兆中:《自信自强立身立业—中大人的自立精神》,中大八十年校庆特刊编辑委员会主编:《中大八十年》,1995 年,第 355 页。

④ 《教育部关于改组中大学生自治会的密令》,《南大百年实录》上卷,南京大学出版社,2002 年,第 475 页。

并深表忧虑。[①] 时任中大历史系教授的金毓黻对于罗家伦在大学内过于强调国民党和三青团这些政党组织,压抑其他党派的做法也表示不满。在 1940 年 2 月致罗的信中他劝说罗在党派问题上采取更开放和包容的姿态,并建议罗对"其他党派之活动,但当裁之以正义,而不必过分重视,大度包容反足见我器重,斤斤于此,亦似不值"。[②] 事后来看,三青团学生相对于其他学生对罗家伦的确更有感情。1941 年罗离职时,正是中大三青团出面组织了"惜别大会"。沙坪坝分部的全体团员均出席参加,人数有 100 余人。[③] 但即便如此,胡思明等学生在呈文列举罗家伦的"十大罪状"中第二条便指责他轻视学校党务。"罗家伦身为党员且负重责,对于命令视若废文。校内党务只有空名而无实际,致使他党活动甚力,而我党无形敛迹。如此下去,生等不禁为中央大学悲,为我党前途悲。"这真是历史的吊诡。

罗的"官僚作风"在中大师生中也影响颇坏。同时代的中大流传着另一首打油诗,也是中大学生在"厕所板"上创作的描写罗家伦的"佳作"。[④]

> 鼻子人人有,而君特别大;
> 隔江打喷嚏,对岸雨蒙蒙。

这首诗后来又在《茶话》杂志上发表,不过内容略有不同,改为"鼻子人人有,惟君特别大,沙坪打喷嚏,磐溪雨蒙蒙。"作者"太玄"在说明中特别提到,该诗当年在沙坪坝可谓脍炙人口。[⑤] 据说,罗家伦对此诗也有所耳闻,不过听后一笑置之。诗本身虽多有不恭,但却形

---

① 《竺可桢日记》1939 年 9 月 26 日,《竺可桢全集》第 7 卷,上海科技教育出版社,2004 年,第 170 页。
② 转引自蒋宝麟:《党国中的高等教育:抗战时期中央大学的学术与政治文化(1937—1945)》,硕士论文,南京大学,2007 年,第 33 页。
③ 《本校各团体欢送罗校长》,《中大周刊》,第 13 期,1941 年 8 月 13 日。
④ 高澎:《永恒的魅力——校友回忆文集》,南京大学出版社,2002 年,第 207 页。
⑤ 太玄:《罗家伦的鼻子》,《茶话》,1947 年 10 期。

象展现了罗家伦在中大的官僚作风和做事风格。朱希祖在 1934—1940 年间任中大史学系主任,他对罗在校长任上的官僚作风便颇多微词。在 1936 年 7 月 7 日的日记中,他记述说:

> 　　上午十时至中央大学访校长罗志希,商量大儿(朱希祖长子朱偰,当时为中央大学经济系教授。——引者注)可否兼任中央政治学校教职而不兼薪。志希未到校,电话约十一点半钟到校,约余稍候,……到十二时半始来。乃至校长室外间,云有他客,稍候,乃连会三客,皆较余迟来,至一点半钟乃延余至校长室,而又云有学生来见,又先会学生,约一刻钟始来谈。大儿兼职不兼薪,以中央大学为主,而以彼校薪水除应兼四点钟外,余归本校收受,志希不允。此亦无足怪者,乃批评大儿对中央大学不热心,而又讥余对于教员之待遇不公。捕风捉影,皆得之于谗言而不加察。见之既不易(本日侯至四小时),见后又无礼,骄矜而有德色,本可拂衣而去。史学系学生既少,平日已无趣味,而校长对于系主任傲慢如此,又何乐乎住此? 此余所以急萌退志也。①

　　罗家伦对中大校务介入颇深,而且在很多校务决策上独断专行。如在中大西迁问题上,当时面对校内诸多质疑,罗家伦毅然主张西迁,并且动作果断且迅速。他在回忆中也说,在中大迁校的那段时间,"我简直是学校的'狄克推多'(即独裁者——引者注),从来没有像那时候这么权力之大"。② 应该说,罗家伦在这一问题上的雷厉风行,使得中大免受了更大的损失,并成为抗战时期西迁最为成功的大学。但罗家伦在校务管理上强势的行政作风也招致了诸多不满和非议。继朱希祖任史学系主任的金毓黻,对罗家伦的行事风格留下了

---

① 朱希祖:《朱希祖日记(中册)》,中华书局,2012 年,第 675 – 676 页。
② 《抗战时期中央大学的迁校》,《文存》,第 8 册,第 451 页。

这样的评语："与各教授之联系甚少,从未见到各院办公室或教职员作少许时间之谈话",即使是各院院长、系主任,"非有事亦不常往";每次见罗家伦的人,"躲在外室守候,或至数次不得见",因此无要事的系主任和无责任的教授"绝不肯请与公面谈",与师生间"生之隔阂猜疑亦属不少"。[①] 金的说法与上述朱希祖的遭遇相互印证。

同时,罗家伦对于各院系具体事务干涉过多,集权过重。比如聘任教授,"甚至人选问题亦为之再四考量"。为此,金毓黻建议罗家伦"公欲用何人,即交各院聘用可也,公不尽知并无直接关系者,尽可让各院自选,商公而得最后之决定亦可也。"在下文将论及的史学系教员进退中可以清晰看到罗家伦对各院系事务的介入之深。

这也使得罗家伦不得不在繁琐的校务中奔波应付。中大在重庆的校园沙坪坝水陆交通便利,来往杂沓,缪凤林便戏称之为"水陆码头"。随着学生人数的激增,"组织庞大,人员也特别复杂"。朱东润1942年来到中大时,就感到"由于院系繁多,组织庞大,因此到处出现了无人过问、无人负责的现象。"[②]可见当时校务管理的混乱。朱希祖在日记中也曾记录到,"校中重要图书,亦未设法预储安全之地,仍装箱堆积茅屋之下,或散置图书馆中。若一投燃烧弹,必付之一炬。当局之不重视校物,亦可概见。"[③]而到了1940年后,罗家伦因"常怀求去之心",疏于校务管理,更使得"校中多事"。以至于在1940年下半年,"发生许多不幸事件,在校方留下许多痛苦的创伤"。[④] 罗家伦对所谓的"不幸事件"没有展开,但在同时期竺可桢的日记中我们可以了解到这件事情的大致脉络以及中大师生对此事的观感。在1941年3月1日的日记中,竺可桢提到:

---

① 转引自蒋宝麟:《党国中的高等教育:抗战时期中央大学的学术与政治文化(1937—1945)》,硕士论文,南京大学,2007年,第36页。
② 朱东润:《朱东润自传》,人民文学出版社,2009年,第271页。
③ 朱希祖:《朱希祖日记》,中华书局,2012年,第844-845页。
④ 《中大是大家的要大家来爱护》,《文存》,第6册,第77页。

　　途中厦千谈及中大近事,谓罗志希办事之种种背谬,因工学院学生殴打文学院学生事,致引起大风波。缘志希最初只拟在纪念周报告,不欲将工学院学生开除,引起文院学生之不满,乃出布告开除。工学院学生又包围要求收回成命,后出布告由校务会议解决,而教务长、八院院长均提出辞职。次日开校务会议,志希又逃席,弄得愈来愈僵,结果由教部解决。立夫招文、工两院及重要教授商谈,结果出一布告训斥校中一切处置之不当,而将打人之学生开除。①

　　黄厦千系原东南大学毕业生,1939 年从麻省理工学院归国后任中央大学地理系教授,后任中央气象局局长,长期与竺可桢保持着密切联系。在竺可桢日记中经常有关于黄厦千与其谈论中大内部事务的记录,此则便是一例。从事情的发展看,学生之间的冲突本不是大事,但却最终闹得牵动全校,并导致了教育部的介入和处置。在罗家伦看来,问题的根源在于学生风纪的败坏。学生打架本就违反校规,此后又公然抗拒学校决定,包围校长办公室,并迫使校务会议复议此事,这与罗家伦长期以来限制学生干预校政的原则严重冲突。事后罗家伦也一直强调,"学校处分后谁也不应有不满的表示。如果学校的处分可以用任何要挟的行动来更改,则学校将成何学校?"②但是,在黄厦千为代表的广大中大师生看来,此事的发生并非偶然,"此一事也,而类此之事甚多"。可见当时中央大学管理之混乱。而黄厦千认为罗家伦在校务管理上的简单武断、处置失当是造成这一局面的主要原因,也是造成教务长和八大学院院长提出辞职的主要原因。身为一校之长如此行事,"办事之种种背谬"也使得他"在校已失信用"。比起抗战爆发之前,罗家伦对学生在言行和校务管理上的影响力和控制力都显著降低。朱希祖在 1938 年也说:"(学校)其他措置

————————

① 《竺可桢日记》1941 年 3 月 1 日,《竺可桢全集》第 8 卷,上海科技教育出版社,2004 年,第 29 页。
② 《中大是大家的要大家来爱护》,《文存》,第 6 册,第 77 页。

失当之处太多,故尔如此,学校腐败,百孔千疮,无药可治,国家用人行政若此,亦焉得而不败?"①可见校内教师对于罗家伦管理校务的不满,并非个例。正是因为这诸多"背谬"之事,竺可桢在1940年10月17日的日记中记载,"光远(中大理学院教授孙光远,曾任理学院院长。——引者注)极不满于罗志希。"②

　　也就是在罗家伦离职前,中央大学在1941年6月发生了四年级学生抵制毕业统考风波。对于教育部要求毕业生参加毕业统考的规定,中大学生不仅在校内加以抵制,而且串联浙江大学等校实施联合反对。最终教育部不得不再次介入,"经教部严厉执行,将中大航空工程系为首学生数人开除,结果均加入考试"。③而浙大学生在得知消息后也选择复考。

二、助教罢教事件

　　助教罢教事件起因于抗战时期教师的生活压力加重。1941年2月,中大助教向学校要求"每人加薪两级,将生活维持费增为40元,并请继续呈部要求发给房贴、膳贴40元"。对于这一请求,学校于3月3日复函中详述了各方困难,希望能假以时期,设法改进。但学校的回复未能得到助教们认可。4日,助教会再次致函学校"重申前说,并定9日为答复期限,否则不能安心工作"。为此,罗家伦约请助教代表8日下午前来"肯谈",但届时助教会却无人参加。10日,助教会致函各院院长表示将停止工作,并闻"有纠察之组织"维持罢教秩序。

　　助教罢教后,校内劝其复课之声不断,但均未能遂愿。先是罗家伦于3月13日致函助教会,指出从1940年8月以来,政府已多方谋求改进教员生活。值此国难时刻,应不以改善个人生活计较,并"敦

①　朱希祖:《朱希祖日记》(中册),中华书局,2012年,第947页。
②　《竺可桢全集》第7卷,上海科技教育出版社,2004年,第460页。
③　《竺可桢全集》第8卷,上海科技教育出版社,2004年,第104页。

劝即请复课"。① 此后,又有"年高教授"数人,"劝请诸位同仁恢复工作,乃以未能见谅,乃自动停止"。其后,教务长、各院院长邀集助教会执事肯劝,"于紧急警报声中方才停止,其意见亦未蒙采纳"。嗣后,行政院通过了30元生活津贴方案,罗家伦把这一情况函告助教会,请其复课,也未能被采纳。教务长、各院院长于3月25日联名致函助教会劝请复课,助教会提出要"有所保证",②此次亦未能同意复课。

在这一局面下,罗家伦将此事上报教育部,并把助教会相关文件一并转呈。4月2日,罗家伦接到部令后并没有立刻宣布,而于3日以恳切态度,函劝助教同仁复课,但仍未被采纳。4月7日,罗家伦再次致函助教会,并转发部令:(1) 全体助教立即复课;(2) 取缔助教会组织。

僵持一月有余的罢教事件再次以教育部介入而收场。与上述学生事件一样,这反映了在处理校内各方矛盾时,原有的校内管理措施与机制鲜有成效。外部力量的介入成为处理校内纠纷的重要手段,并在很多时候承担起裁决者的角色。这凸显出校长在校务管理上控制力的削弱。罗虽然多次致函助教会劝其复课,却毫无成效。这与抗战前罗家伦在校内管理上乾纲独断、力排众议、一言九鼎的行政执行力相去甚远。而更为重要的是,中大的"家丑"在社会上影响恶劣,政学两界对此都颇有微词。在国民党八中全会上,便有与会代表不无讥讽地对罗家伦说:"抗战时后方无罢工、罢教之事;有之自中大始。"这种说法让罗家伦"闻之尤觉汗流浃背、无以自容"。③ 助教罢教事件历时近一月而无法解决,在外界看来不仅是学校风纪不佳的表现,也显示了学校管理层在校务管理上的缺乏威信,这对罗家伦的声誉和地位都不无影响。

助教罢教是基于改善个人生活境遇的考量,而大学管理者主要

---

① 《致中央大学助教函》,《文存》,第7册,第172页。
② 《致中央大学助教函》,《文存》,第7册,第174页。
③ 《致中央大学助教函》,《文存》,第7册,第175页。

是对助教们处理问题的方式不满。罗在致助教会函中指出,"因改善个人生活及晋级而罢教,且须得有保障而后复职之风气,伦实认为不可由中大开之。"因此,罗家伦虽认为助教所请均为实情,但不能接受其以要挟方式来达到目的。教育部长陈立夫的训斥更为直接明了,"设为师长者,以改善生活,而出于集体要挟,其谓师表何?设校长而屈从之,其昭示于学生者为何?"①陈、罗二人虽以师道尊严相责,但其根本目的是要维护以校长为代表的大学管理层权威,这对于维护学校风纪和管理秩序至关重要。

与教授们的风光无限相比,助教在大学里是缺失话语权的一个群体,无论在经济待遇上还是地位上都处在教师队伍的底层。根据1933年6月修订后的《中大教师待遇章程》,教授薪额分为六级,最高为月薪400元,20元一级递减,最低第六级为月薪300元。有成绩者,每两年可晋升一级。中大同时还修正了《本校助教服务章程》,规定助教"月薪最低额为60元,每经一学年服务有成绩者,增加10元,到160元为限"。②据此,教授和助教的薪金收入呈现出明显的两极分化。这种分化在抗战时期经济状况迅速恶化的情况下表现得更为明显。

同样重要的是,大学未能建立有利于助教群体学术成长的机制,在职称晋升中助教升为教授的几率微乎其微。根据教育部对大学教师评聘制度的规定,副教授须具有国外大学硕士学位,对于学位的规定在助教、讲师与副教授和教授群体之间划下了一道几乎是难以逾越的鸿沟。助教必须通过出国留学深造才能晋升副教授或教授,大大增加了助教晋升的成本和难度。从实际情况看,中大教授多为学成归国的年轻才俊,助教只有通过赴国外深造获得更高学位才能跻身教授队伍。能够从助教到讲师再晋升为教授的人在中大教师中屈指可数。

---

① 《致中央大学助教函》,《文存》,第7册,第175页。
② 《校务会议记录》(1933年6月26日),中大档648—911号。

鉴于这一局面,大学也积极设法改善助教的待遇,并为其提供发展空间。比如在 1937 年中大与德国大学的交换学生计划中,校务会议议决"选送交换学生限于本大学助教及技术人员",并且要求被选者必须在校服务二年以上。[①] 大学西迁后,助教的"出路"问题得到一定程度的改善,这主要得益于各大学研究生教育的发展。各校研究所纷纷开办,使得助教们不用远赴外洋也能在国内获得更高学位。曾任中大教务长的陈剑修在 1939 年第三次全国教育会议提出修改研究院章程,允许大学助教在本校攻读研究生,便体现了这一用意。根据这一精神,中央大学还特地于 1940 年 1 月对各学院助教兼作研究生者进行了入学考试补试,以增加他们的求学机会。而此前不久,学校在 1939 年 7 月审议通过了《助教晋级为讲师标准》,该办法规定:

> 凡助教晋级为讲师者,均须具备下列资格,并经由讲师资格审查委员会审核之。(1) 在本大学任职期内,单独讲授正式学科在三年以上著有成绩者;(2) 研究有特殊成绩其著述经审查会核准;(3) 在任职期内品格纯正,任事负责者;(4) 助教薪额已达校讲师初级薪额低一级者(遇到未加薪时得以年资核计);(5) 讲师资格审查委员会由本大学聘请教授组织之;(6) 凡助教提交之专门著述由委员会请校各专门学者审查之。[②]

这份标准不仅对助教的服务年限和品格进行了要求,尤其强调"须研究有特殊成绩"。在当时,很多助教均在各院系承担相应研究工作,通过这一规定和上述准许助教攻读研究生的章程,体现了大学管理层对助教群体越来越多的关注。但是从助教晋升讲师的标准来

---

① 《中大与德国大学交换学生选送资格已决定》,《中央日报》,1937 年 4 月 10 日。
② 《助教晋级为讲师标准案》,中大档 648—916 号。

看,助教的晋升仍受到教授的制约。讲师资格审查委员会由教授组织,他们不仅负责对其学术水平的审查,还将涉及对其品格、道德的评价。

虽然有上述诸多改进举措,但助教队伍在大学的底层地位并未改变。随着抗战后期大后方物价的疯涨,大学教授况且多兼职以改善家用,待遇更低的助教们的生活则变得难以为继。

中大助教队伍的主体绝大部分都是本校毕业生,相互间利害攸关,联系千丝万缕,极易形成群体性共鸣。早在 1940 年 8 月,中大助教会便曾致函罗家伦,"要求自本年八月份起,全校助教一律月增薪俸三十元。年功加薪在外。至新聘助教,亦请自一百元起薪。"学校在考虑后决定,"对全体助教一律年功加薪十元,其薪额在一百元以下者,发补助生活费每月 20 元,其在一百元以上者,发补助费每月十元。"但助教会认为校方的方案划分级别分别补助,未免欠妥,而且生活补助系临时性质,难有保障,因此要求维持原案。校方并未让步,仍然坚持将聘书发出。助教会针锋相对,将聘书退还各院院长,"附函申明意见,请转达校长",并声明,若校方毫无解决之表示,同人"惟有脱离中大,另谋生计"。[1] 助教会为此还特地致函毕业同学会以为声援,并明言"同人等大半出身中大"。助教会对其本校出身的强调,一方面显示他们与这所大学有着深厚的感情,另一方面也体现了助教作为一个群体有着相似的学术出身和发展路径。

与罗家伦晚年交往较深的龚选舞认为,罗家伦在中大教职员的聘用升迁上,确有重北轻南之嫌。一批出身北大、清华的学人多能占据要职,而出身中大本校的人作为讲师、助教,久久难以出头。[2] 王作荣在回忆中也认为上文所引在校内脍炙人口的打油诗,便系中文系那些"德高望重的助教们"所作。

---

① 《母校助教会来函》,《国立南高东大中大毕业同学会总刊》,1940 年第 27 期。
② 龚选舞:《龚选舞回忆》,台北:时报文化出版企业有限公司,1991 年,第 197 页。

三、门户之争

值得注意的是,助教罢教事件中体现的"纪纲"问题又与门户之争密切相连。程其保在30年代初便指出,"国内大学,大都有一种传统观念,故每一大学,有其特殊之系统。今日之所谓'北大派'、'师大派'、'东大派'、'高师派'等等,虽为不幸之名词,但在一部分人之心目中,已成一种事实。"他认为,这种源于学术出身不同而形成的派别与门户之争,往往造成大学内部的互相排挤。"观念即深,势难得彼此融会之利益。故大学之校长,必从其特殊派别中产生,外来势力,绝无侵入之可能。近年来大学固闭之风气,互相排挤之现象,未始不基于此。"①而在中国近代大学史上,最具代表性的门户之争可谓北大和东大(后来的中大)之争。

对于北大与东大之争,即使是当时人也不讳言。1942年,中大校长顾孟余邀请北大毕业的顾颉刚来中大任史学系主任,顾颉刚便表示说,"我是北大出身,中大和北大向来不能沆瀣一气,如果我做史学系主任,恐怕又闹出麻烦来。如果一定要我担任些事务,我做个出版部主任如何?"②从顾颉刚的"自知之明"可以看出北大与东大之争绝非无中生有。朱东润的学术出身非东大也非北大,当时任职中大的他置身其中又超然度外,对此感受最为真切。他如是描述当时的中大教师队伍内的门户之别:

> 除了一些杂牌队伍以外,基本上分为两大派:一派是从北京大学、清华大学来的,这是当权派,但是人数究竟不多;一派是南京高等师范、东南大学来的,这是基层派,人数庞大,而且因为一向受到压抑,团结紧,报复性特别强,成为一支不可忽视的队伍。③

---

① 程其保:《论大学校长》,《时代公论》,第7号,1932年5月。
② 顾颉刚:《顾颉刚自述》,河南人民出版社,2005年,第186页。
③ 朱东润:《朱东润自传》,人民文学出版社,2009年,第282页。

罗家伦虽曾在东大任教，但其出身北大，并且长期与胡适、朱家骅、傅斯年、段锡朋等北大师友联系密切，因此被视为北大派的代表，在校内受到东大势力的排斥。早在1930年张乃燕去职时，中大就传出罗家伦欲任校长之说，并声言罗是蒋梦麟推行其"大北大主义"，篡夺中大地盘的急先锋。虽然罗并未赴任，但中大内部的敌意和反对情绪可见一斑。在就任中大校长之前，罗家伦便深明其中利害。当时他对方东美说，"我是北大毕业的，就是有所主张，在中大一定遭到反对。"[1]1932年罗家伦上任伊始，在南高东大中大毕业同学会的邀请晚宴上，他更是直言不讳门户问题，"说者谓本人出长中大，系图以北大势力统治中大，此种论调，极端错误。"虽然罗家伦开门见山，但不能消除根深蒂固的门户之见。一年之后，毕业同学会便在《中央日报》公开告示，历数罗家伦的六大罪状，要求罗辞去中大校长。罗家伦随后进行了反驳，并指责毕业同学会对校务，尤其是人事安排干涉过多，自己"虽尽力维持"，但仍难以和谐相处。

数天之后，《中央日报》刊登了一则题为《中大新聘教师，本校毕业同学共占32人》的新闻。该文指出，中大新学年新聘教师中，曾在本校毕业者达32人之多，其中教授12人，助教20人。[2] 联想到几天前的毕业同学会和罗家伦的争吵，这则新闻颇有"尽力维持"双方关系的考量。

1934年6月，毕业同学会又以《大学组织法》规定校长不得兼职为由再次发起"驱罗"，并致函教育部、行政院、监察院等机构，指责罗家伦兼职过多，办理中大毫无成绩，希望当局另简贤能出任校长。[3]迫于压力，罗家伦不得不再次向教育部和行政院请辞中大校长，并向蒋介石"复申前请"。为此，行政院同意罗家伦辞去中央政治学校教务主任职务，专任中大校长。

---

① 方东美：《但有凋谢无死亡的罗志希先生》，《文存》，第12册，第835页。

② 《中大新聘教师本校毕业同学共占32人》，《中央日报》，1933年8月27日。

③ 《关于母校校长罗家伦废弛校务及违法兼职其间之文证》，《国立南高东大中大毕业同学会会刊》，第20-21页。

　　毕业同学会是东大势力的代表。虽然此后双方未再发生公开冲突，但暗中较量并未中断。尤其是以张其昀、郭斌龢、缪凤林为代表的"南高旧人"，对于罗家伦的治校方略并不认可。1935 年，正当罗家伦厉兵秣马，积极筹备新校区建设之时，毕业同学会再次致函行政院，对建设计划提出质疑。虽然行政院以该案已经确立，给予驳回，但张其昀在《独立评论》上仍撰文公开批评罗家伦的迁校及好大喜功之举，并直言自己此前征求了郭斌龢和张江树等中大众多教授的意见。① 如前所述，这批"南高旧人"在 30 年代集合在《国风》杂志旗下，对罗家伦的办学举措和中大学风给予了严厉批判。

　　罗家伦在教师聘任上对东大出身人员给予了足够重视，但是在职位结构上并不平衡，东大（中大）出身的教师大多为刚刚留校的助教。以理学院的教师队伍为例，根据 1936 年编制的《国立中央大学理学院概况》，该年理学院共计教师 75 人（不计 6 名兼职教授），其中出身东大（中大）为 46 人，占教师总人数的 60％以上，但在 28 名教授中，却仅仅有 7 人出身本校。即便如此，这 7 名教授中又有 4 人后来在国外获得更高学位。教授中除南高出身的胡焕庸外，其他所有教授均取得国外大学学位。与此形成鲜明对比的是讲师、助教和助理队伍，在这些人中，无一人具有海外留学经历。而从他们的学术出身看，出身本校者达到 39 人，占总人数 47 人的 83％。虽然其中也有人通过留学得以晋升为教授，但助教的主体无疑是以本校毕业为主，这也印证了上文助教会"同人等大半出身中大"之说。

表 5 - 1　1936 年中央大学理学院教师的学缘结构②

学系名称	教师总数		教授		讲师		助教		助理	
	总人数	中大出身	总人数	中大出身	总人数	中大出身	总人数	中大出身	总人数	中大出身
算学系	10	9	3	2	3	3	4	4	0	0

---

①　张其昀：《中央大学迁校问题》，《独立评论》，第 172 号。
②　中央大学出版组编：《国立中央大学理学院概况》，1936 年 5 月。

（续表）

学系名称	教师总数		教授		讲师		助教		助理	
	总人数	中大出身	总人数	中大出身	总人数	中大出身	总人数	中大出身	总人数	中大出身
化学系	14	8	5	1	0	0	7	7	2	0
物理系	13	8	6	1	0	0	7	7	0	0
地质系	8	3	3	0	0	0	4	3	1	0
生物系	19	10	9	2	0	0	8	7	2	1
地理系	11	8	2	1	1	1	5	4	3	2
总计	75	46	28	7	4	4	35	32	8	3

注：另有 6 名兼职教授未加统计。在东大出身的 7 名教授中，有 4 人后来又在国外获得更高学位。

　　理学院的状况虽并不能代表大学整个教师队伍的结构，但毋庸置疑的是，在中央大学的各个学院中，文学院和理学院更多传承了东南大学的人脉和学术精神。正如上文所提到的，《国风》杂志的骨干力量也正是来自文学院和理学院。朱东润将中大教师分为北大、清华出身的当权派和南高、东大出身的基层派，当权派人数较少，基层派人数众多。虽然这一划分有一刀切之嫌，但基本反映了中大教师的结构特征，占人数三分之一左右的上层教授和占人数三分之二以上的助教队伍之间的差别明显。教授与助教之间的对立，不仅反映了当权派与基层派的对立，也反映了所谓北大派与东大派的对应。

　　方东美在回忆中曾提及罗家伦在处理中大人事问题上的困境和苦衷。"张乃燕所留下的一批不够资格的教授，他无可如何，因为多少有些政治背景，只有暂时容忍。另一方面他极力为中大罗致人才，延聘一批有学问的教授，尤其是自然科学理工科方面的人才。"[①]罗家伦通过引进新人推进人事代谢，也有除旧布新的考虑。1933 年，师从居里夫人的物理学家施士元学成归国后为罗家伦延聘到中央大

————————

① 方东美：《但有凋谢无死亡的罗志希先生》，《文存》，第 12 册，第 836 页。

学。据他回忆：

> 校长罗家伦和我见面时就要我当系主任，时我仅 25
> 岁，自感太年青，推辞再四，但校长不允，坚持要我任职，把
> 一叠聘书交我分送到系里教师手中。我是初到校情况不
> 明，事后知道在先是倪尚达先生代理系主任，他专攻无线
> 电，系里教师有看法，才有此调整。①

文中提及的倪尚达也系"南高旧人"，并且是《国风》杂志的发起
人。罗家伦执意让初来乍到年仅 25 岁的施士元任系主任，显然有通
过外力排挤东大旧人的"嫌疑"。时任中大历史系教授的郭廷以后来
也指出，"中大同事中出身本校的和清华的原有界限"，而且南高派一
直认为罗家伦偏袒清华派。② 因此在罗家伦长校中央大学期间，南高
东大派始终是一股反罗力量。

方东美在回忆中这样解释罗家伦的离职：

> 他求师的结果，延聘了一批有学问的专家学者来任教，
> 这自然会构成一个阵营。而张乃燕所留下的那些教授，以
> 及毕业生中在学问是次人一等的，心里就生了嫉恨。……
> 这事在国家的政治向上，欣欣向荣之际，困难比较少；但在
> 中大迁到重庆之后，就发生作用了，在学校经费、增加设备
> 以及聘请新教授方面，处处掣肘，志希不得不挂冠求去了。③

"张乃燕所留下的那些教授"指的便是南高东大派，"毕业生中在
学问是次人一等的"则指数量庞大的助教群体。不管方东美对中大
教师队伍的归类是否准确，但是中大教师中的"阵营对立"确是毋庸

---

① 施士元：《中央大学时代的回忆》，《物理》，1994 年第 10 期。
② 《郭廷以口述自传》，第 155 页。
③ 方东美：《"但有凋谢无死亡"的罗志希先生》，《文存》，第 12 册，第 837 页。

讳言的。郭廷以在回忆中也认为,抗战时期罗家伦离开中大的原因之一就是"学校内又发生派系争执。"[①]身处风口浪尖之上的正是校长罗家伦。

在罗家伦去职后,门户之争在中大校园有着愈演愈烈之势。1943年顾孟余辞去中大校长之后,由蒋介石兼任中大校长,以朱经农为教育长,南高出身的胡焕庸和江良规分别任教务长和总务长,开始大批延揽本校出身学者任教,胡焕庸"自任职以来以巩固个人地位,任用东大同学,藉故排挤非东大系之教授"。[②] 1944年清华学校出身的顾毓琇出任中大校长,再次卷入中大派与清华派的冲突漩涡,并最终因聘请清华同学梁实秋任中大文学院院长事引起中大派的强烈不满,于1945年8月隐退。面对校内派系在校长人选上的激烈争斗,"教育部长朱家骅听取了傅斯年的劝告,请本校出身而又供职外校的人担任校长"。[③] 继任的校长吴有训1920年毕业于南京高师,后又在清华大学担任理学院院长,为此双方均可沟通接受,才得以就职。

四、史学系的案例

对于罗家伦时期中大教师队伍中的门户之别,在院系层面有着更清晰的呈现。以该时期中大史学系教员的进退为例,有助于深入理解上述情况。

在1931年朱家骅任中大校长时期,中央大学史学系的教员队伍构成如下:

> 徐子明:1888年生,历史系主任兼副教授,1913年获得

---

① 《郭廷以口述自传》,第153页。
② 《军委会办公厅函(国壹第22号第49185号)》1944年8月29日,国民政府教育部档案5—5628,二档馆藏。转引自蒋宝麟:《抗战时期的国家与大学政治文化:中央大学"易长"研究》,《史林》,2009年第3期。
③ 张朋园等整理:《郭廷以口述自传》,中国大百科全书出版社,2009年,第156页。

海德堡大学哲学博士学位,1915 年曾赴北京大学任教,1929 年任中央大学教授。

刘继宣:1896 年生,历史系兼任副教授,日本明治大学文学士,日本东京帝国大学专研东亚史,回国后曾任安徽省教育厅督学,后任金陵大学史学教授,兼中大教职。

顾毂宜:1903 年生,历史系兼任副教授,德国柏林大学肄业,俄国莫斯科国家研究院研究员,江苏省立区长训练所教务主任。

缪凤林:1899 年生,历史系专任讲师,曾任东北大学教授,1919 年入南京高等师范学校读书,为柳诒徵的高足,1928 年来到中央大学历史系任教。

陈训慈:1901 年生,历史系专任讲师,东南大学文学士,曾任上海商务印书馆编译。

熊梦飞:1897 年生,历史系专任讲师,曾任国立北平女子师大教授,国立劳动大学秘书长。

郑鹤声:1901 年生,历史系兼任讲师,东南大学史学系毕业,后任教育部编审处常任编审,兼任中央政治学校教员。

姚公书:1900 年生,历史系助教(专任),中央大学文学士。

何东保:1894 年生,历史系助理(专任),两江测绘学堂卒业,前南京高师及东南大学历史系助理兼绘图员。[①]

从上述史学系的教员构成看,教师队伍的中下层几乎都是本校出身。除熊梦飞外,缪凤林、陈训慈、郑鹤声都是东南大学毕业,助教姚公书是中央大学学士,而助理何东保则是更早的两江师范学堂的毕业生。当时史学系队伍的主体是本校毕业生和师长,其队伍班底

---

① 《国立中央大学一览(第十一种)教职员录》,1931 年,第 20 - 21 页。

仍然有着浓厚的本校痕迹。这种状况在罗家伦任校长后发生了很大的变化。在此期间,中央大学史学系引进的学者主要有以下几位:[①]

郭廷以:1925 年罗家伦在东南大学历史系任教时的学生,后随罗家伦办理中央党务学校,1928 年随罗家伦赴清华大学任校长室秘书并兼任历史系教职,1931 年随罗家伦到中央政治学校办理行政,1933 年到中央大学专任历史系教职,直至 1947 年赴台湾大学任教。

朱希祖:罗家伦北大求学时的老师,罗任清华校长时曾请当时任职北大的朱来清华兼课。1934 年初,罗家伦在学年期中之时,从中山大学聘请朱出任中央大学历史系主任,直至 1940 年辞职。

张贵永:罗家伦任清华校长时在清华大学历史系读书,1929 年清华大学历史系毕业,1930 年赴德国专攻历史,获得柏林大学博士学位。1934 年夏,罗家伦聘其为历史系专任教授。张从 1934—1949 年在中大历史系任教长达15 年。

金毓黻:1913 年到 1916 年在北京大学读书,曾任辽宁省教育厅长和东北大学教授。1936 年,经蔡元培介绍由罗家伦聘请为中央大学教授。在朱希祖 1940 年辞去历史系主任后接任历史系主任。

姚薇元:1926 年进入清华大学读书,毕业后于 1931 年进入清华大学研究部史学门,师从陈寅恪研究魏晋南北朝史。1936 年清华大学研究部毕业后被罗家伦聘请到中央大学任教,为历史系助教。

周培智:系清华大学毕业,后留学英国爱丁堡大学,返

---

① 该时期曾新聘到历史系的学者不仅仅有如下几位,还包括方壮猷、谢国桢、罗香林、程仰之,但四人在中大任教的时间很短,并且在下文中还会单独提到,所以这里没有列出。

国后于 1939 年初被罗家伦聘为中国通史教授。

因此在 1939 年初,中大史学系的教师队伍构成如下:系主任朱希祖,教师有沈刚伯、缪凤林、金毓黻、郭廷以、张贵永、周培智和姚薇元[①]。队伍构成发生了巨大的变化,北大出身的朱希祖取代了徐子明出任系主任,而原有的史学系教员中也仅有缪凤林一人继续留任。从新进教员的简历来看,六人全部为北大(朱、金)或清华(郭、张、周、姚)出身。郭、金与罗家伦有着良好的私人关系,而张、周和姚则是罗家伦任清华校长时期的学生。朱希祖对这一状况曾有一段透彻的分析:

> 彼(指罗家伦——引者注)所以仍聘余为主任者,以系中虽有金、郭(彼私人)、张、姚、周(清华系)为之羽翼,然资望学皆未深。而沈、缪二君实为异己,沈则不管闲事,彼尚能容;缪则外有军人势力为之后盾,彼亦不敢排斥。[②]

史学系教员队伍在罗家伦时期的变化可谓剧烈,罗家伦大量延聘有着北大或清华出身的学者,而原来本校出身的学者多选择离职他去。需要指出的是,罗的这一做法又和当时学术界的南北派别之分密切相关。当时,以胡适、傅斯年、顾颉刚等为代表的"新派"学者与柳诒徵、缪凤林为代表的"南派学者"多有争论,而中央大学正是南派学者聚集的大本营。双方的争论不仅关涉到文化理念和治学路径的差异,也延及到人事的分歧和对立,在教员的进退和学生的升学上都有所反映。而罗家伦作为北大派学者入主中央大学,所谓"北将入

---

① 其中沈刚伯系 1917 年毕业于武昌高等师范学校,1924 年官费赴英国伦敦大学留学,1927 年归国后先在中山大学任教,1931 年至中央大学历史系任教,1942 年还接替金毓黻任历史系主任。

② 朱希祖:《朱希祖书信集》,中华书局,2012 年,第 214 页。

主南营"①,正好为"打入"根深蒂固的"南派"提供了契机。这一点在史学系的教员进退上表现的颇为明显。

在罗家伦就任中大校长的1932年,在傅斯年的引介下,毕业于清华国学研究院的谢国桢南下来到中央大学史学系。对于此事与其背景,何兆武先生有段回忆：

> 没过多久,傅斯年就介绍他到中央大学历史系做专职讲师,每月二百八十块大洋,待遇非常优厚,对于一个刚毕业没几年的青年来讲就非常了不起了。为什么去南京呢？当时傅斯年和他的班子都是北大的,中央研究院设在首都南京,南方的史学界是中央大学柳诒徵弟子的地盘,傅斯年希望有自己的人打进去。可是没想到,谢国桢去了以后和那些"柳门弟子"关系处得很好,没有能起到作用。②

对于文中提及的南北史学界的差异,以及因此而引起的人事之争在当时便引发诸多争论。1933年,傅斯年等人撰写的《东北史纲》一书便被缪凤林和郑鹤声严厉批评。"傅君所著,虽仅寥寥数十页,其缺漏纰漏,殆突破任何出版史籍之纪录也。"出自"南方史学界"的缪、郑等人不仅对北大学人倡导的新文化运动抱有敌意,而且在历史研究上也对于傅斯年倡导的治史方法颇为反感。③

1933年4月,中央研究院历史语言所的徐中舒向傅斯年推介方欣安,"欲向中大找几点钟书教,辽金元或六朝断代史均可担任。惟京中旧派颇占势力,不知能容纳若欣安之流否？先生便中能否为询

① 关于此时期南北学风之差异,见桑兵：《金毓黻与南北学风的分合》,《近代史研究》,2008年第5期。
② 在《关"牛棚"也满不在乎的谢国桢先生》,何兆武口述,文清整理,《从民国走到文革的历史老人》,《记忆》,2011年,第5期。
③ 《评傅斯年君东北史纲卷首》,《大公报》文学副刊,第284期,1933年6月12日,第11版。

志希先生否?"①从徐中舒的这封信中,也可见当时学界新旧学派的对立,以及由此引起的人事壁垒。为了在旧派学者颇有势力的中央大学引介学者,校长罗家伦发挥了重要的作用。对于傅斯年介绍谢国桢和方壮猷二人来中央大学史学系任教,罗家伦给予了积极支持。对此,"柳门弟子"也同样心知肚明。缪凤林在 1933 年 6 月 30 日写给陈垣的信中便说傅斯年介绍谢、方二人来中大任教的目的是"以图代林,其致方君信则谓林已辞去中大教职。一面又在京散布流言,谓中大史学系下年度决实行改革,腐旧之缪某势在必去云云"。② 但是,缪凤林在该年夏天仍然与中大历史系续聘,并称"林在此间,自有其立场,初非傅君所能贵贱。"而方、谢二人,也因傅斯年与罗家伦的关系,"闻已延聘"。

在 1934 年初朱希祖出任中大史学系主任之时,谢、方二人仍在中大任职。上文缪凤林信中所说"延聘"之事当为 1933 年夏季。不过在半年以后,朱希祖明显感觉到缪凤林在中大历史系的影响更为强烈,使得方、谢二人很难站稳脚跟。在写给未来女婿罗香林的信中,他说:

> 此间学生久受缪凤林等教育,所编历史讲义以详瞻为主,且用文言,方壮猷、谢国桢二人多不能立足,以其讲义毫无计划,详略不均,文字亦有欠通处,故为学生反对而去,吾观彼二人讲义,方尚可敷衍;谢则讲清史半年,专讲其明季史料,尚未涉及清史范围,所授中国通史一年教完,然经过半年仅讲到汉,且无讲义,虽无学生反对,恐亦难以交卷。③

从上述文字可以看出,以缪凤林为代表的南高史学传统在中大

---

① "史语所公文档案"元字第 63—15 号,转引自王汎森:《中国近代思想与学术的系谱》,吉林出版集团有限责任公司,2011 年,第 385 页。

② 陈智超主编:《陈垣来往书信集》,三联书店,2010 年,第 228 页。

③ 朱希祖:《朱希祖书信集》,中华书局,2012 年,第 154 页。

师生中有着很大的影响力,这种学术传统与傅斯年等北大学人倡导的史学方法有很多不同之处。曾在东大史学系读书后又到中央大学史学系任教的郭廷以对此有很深的体会。他说,"柳先生教我的功课很多,……在我读课外书及研究近代史的兴趣方面固然受他影响很大,但在研究方法方面,我不大赞同他的方法,比如他不重视考证,对历史这门科学不下考证功夫如何下结论? 柳先生的得意弟子要算是缪凤林了。……缪凤林也像柳先生书读得不少,但教学方法不行。"①这种学术路径的差异,加上人事门户之争,使得民国时期的北大和中大之间始终心存芥蒂,这点在文科领域表现得较为明显。

方、谢二人南下中大虽有傅斯年为代表的北大派撑腰,但是在中大史学系的南高学统中仍然难以立足。从这个侧面可以显现以缪凤林为代表南高学者对于中央大学的深刻影响,也显示了大学的学术传统的坚韧性和生命力。在 1934 年春,方壮猷便选择赴法国留学深造。而谢国桢在坚持一个学期后也最终选择辞职他就。

同样需要提及的还有之前处于教员最底层的何东保和姚公书二人。何东保在该校服务长达 15 年之后,于 1934 年 10 月突然病逝。姚公书尽职尽责,抗战爆发后随校西迁,但也在 1938 年底离开中央大学。

姚公书离开中央大学不仅和助教在学校的地位低下有关,也牵涉到门户之别。姚公书系中央大学毕业后留校任教,在 1929 年编辑的《文学院概况》中,姚的身份为史学系助教。1938 年夏,在中大工作长达十年之久的姚公书请求学校升其为讲师。系主任朱希祖在 7 月 13 日的日记中记载:"姚琴友(即姚公书——引者注)来,留彼午餐,为写罗志希及楼光来(时任文学院院长)信,请改为讲师仍兼助教职务。"但该请求一直未得到校方批准。与此同时,毕业于清华大学研究院历史系的姚薇元也在中大史学系任助教。"二君各任一种教

---

① 张明园等整理:《郭廷以口述自传》,中国大百科全书出版社,2009 年,第 74 页。

课,皆系必修。"1938年,姚薇元因在学术上的成绩而升任讲师,[1]为此姚公书大感不满。乃"援引助教姚薇元改讲师例,必欲改称讲师,增加薪水。当局不得已,仍改姚薇元为助教,然姚公书仍以资格争,必欲加薪水,且须收回姚薇元讲师聘书。"[2]11月7日,朱希祖带姚公书赴院长楼光来住处商讨改助教为讲师事,"姚君以去就力争"。但最终学校并没有同意姚公书改为讲师的请求,在11月19日的日记中,朱希祖记载"姚公书其他要求格于校例一概未允。"[3]以学术水平而论,姚薇元升任讲师更为合适,朱希祖也认为姚薇元的著述"颇有价值,当局改为讲师本未尝不公,姚公书有何著述可以妄争"。但是以资格论,姚公书已在中大工作十年之久,姚薇元此时来到中大仅一年有余。而生于1899年的姚公书比1905年出生的姚薇元还要大六岁,际遇之差别难免让人心有不平。事后,姚公书最终选择辞职。

在这件事情上,同样需要注意的是二人学术出身的差异。姚公书毕业于中央大学,是土生土长的本校人。姚薇元1926年考入清华大学,先学物理后学历史。当时罗家伦任清华大学校长,并在历史系与郭廷以合开中国近代史的课程。姚正在郭廷以的指导下,完成了《鸦片战争史实考》的毕业论文。郭廷以作为罗家伦的追随者,在罗家伦辞去清华校长后也几经辗转,并于1931年秋天再次应罗家伦召唤来到中央政治学校帮助罗办理行政,并兼任教课。罗家伦长校中大后,郭也于1933年秋正式加入中央大学历史系任教。[4] 撇开学术水平上的差异,姚薇元在中央大学的境遇当与这些人脉关系有关。

造成历史系师资队伍的这种格局,与校长罗家伦的影响不无关系。在聘请教师的问题上,罗始终握有很大的权力。而朱希祖虽为历史系主任,在聘任学者的问题上发言权并不多,乃至在日记中抱怨

---

①　姚薇元本科论文为《鸦片战争史实考》,1933年6月又在《清华学报》上发表了《宋书索房传·南齐书魏虏传北人姓氏考证》,在学术界引起了注意,1936年研究生毕业论文《北朝胡姓考》也被认为很有价值。

②　朱希祖:《朱希祖日记》中册,中华书局,2012年,第947页。

③　朱希祖:《朱希祖日记》中册,中华书局,2012年,第952页。

④　张朋园等整理:《郭廷以口述自传》,中国大百科全书出版社,2009年,第144页。

说，"中央大学史学系主任一职有其名而无其实，进退教员既无其权，妙选人才、发展史学又无其望"。① 对于历史系教员的进退，朱希祖不仅要与文学院长商讨，关键还是要取得校长罗家伦的同意。而罗家伦本人便是历史学科出身，对历史系教员的进退把控甚严，介入也较多，这一点在历史系聘请罗香林和程仰之的问题上表现得很突出。二人的简历及在中大的经历简述如下：

> 罗香林：1926 年入清华大学历史系读书，1930 年毕业，入清华大学研究院。1932 年任中山大学校长室秘书兼广东通志馆纂修。1934 年夏在朱希祖的引荐下被聘为中央大学历史系兼任讲师（朱希祖已为其引荐为中央古物保管委员会科员）。1936 年任广州市图书馆馆长兼中山大学讲师。
>
> 程仰之：曾在北京大学学习，1925 年考入清华国学研究院，1926 年毕业后赴厦门大学任教。1934 年秋被聘为中央大学历史系专任教授，1935 年 7 月改为兼任教授。

罗香林是朱希祖的女婿，也是罗家伦任清华校长时期历史系的学生。所以朱希祖就任历史系主任不久，热衷为亲友推荐工作的他便开始筹划聘请罗香林来中大历史系任教。朱希祖在 1934 年 3 月 2 日致罗香林函中嘱咐说，"此间人选甚严，平时无史学上专门贡献，恐难通过。"为此要求罗香林先做学术上的预备。朱希祖的这句肺腑之言也显示了当时中央大学聘请学者时坚持了较高的学术标准。在 3 月 24 日信中又明确提到"望先成《唐书南蛮传疏证》及《唐书源流考》，一面在月刊发表，一面工整撰两篇寄来，以为推荐成绩品。"②5 月 31 日，朱希祖在与罗家伦面谈时便"荐罗香林为讲师"，并在 6 月 6

---

① 朱希祖：《朱希祖日记》中册，中华书局，2012 年，第 918 页。
② 《朱希祖书信集》，中华书局，2012 年，第 156 页。

日得到罗家伦同意。但在 6 月 21 日,朱希祖得寸进尺向罗家伦"推荐罗香林为兼任教授",但并未被认可,罗仍为讲师。次年 6 月,朱希祖请文学院院长汪旭初在校务会议提出改罗香林为专任讲师,也没能得到校方允可。朱希祖于是推荐罗香林赴暨南大学任职。所以罗香林在 1935 年虽在中央大学任教,但是兼任上海暨南大学教授,讲授南洋史地与华侨史。1936 年夏天,因姚薇元和金毓黻受聘中大史学系,罗香林便离开中央大学,南下广州。

朱希祖对于爱婿罗香林不能在身边任教一直耿耿于怀。1937年在写给女儿的信中便说:"罗志希对香林感情不甚好,不肯扶掖。去年香林未走时,彼请姚薇元担任补习班历史,而不肯以此项教课加于香林。"[①]抗战时期,朱希祖也希望罗香林能来中大任教,并多次向罗家伦举荐。尤其是 1938 年学校一年级新生须增添中国通史课程,因而须添聘教员,为此朱希祖向罗家伦再次举荐罗香林,但仍被拒绝。在 1938 年底写给女儿信中,他说:"罗志希与香林实在不对,不肯帮忙,新近中央大学因文、理、法、教育各院一年级新生,须照教育部新章添中国通史三小时,须增四班,非添一教员不可,余以香林荐,志希言已请定周培智矣,现将到校,则中大方面已无希望。"[②]从罗香林的进退可以看出,作为系主任的朱希祖虽有举荐的权力,但是最后的定夺权在于校长罗家伦。1936 年聘用姚薇元而不聘罗香林,1938年底用周培智不用罗香林,都显示出罗家伦在教员进退上的乾纲独断,虽然有师长辈的主任朱希祖苦心举荐,也无济于事。

程仰之在 1934 年秋季被聘为中央大学专任教授。但是在 1936年夏天,中大因发展医学需要,各系均有裁员压力,于是"史学系欲裁上古史教员程仰之。"系主任朱希祖虽"力争"而不得。当年的教员聘书中也没有程仰之。朱希祖在 7 月 5 日记载:"收到历史系全部聘书,唯程仰之不联,余皆仍旧。"但是翌日,程仰之亲自面见校长罗家

---

① 《朱希祖书信集》,中华书局,2012 年,第 170 页。
② 《朱希祖书信集》,中华书局,2012 年,第 204 页。

伦,"在与校长谈论之后已允将上古史恢复,依旧请程仰之担任"。[①]
在 1936 年是否续聘程仰之的问题上,可以看出校长罗家伦对教员进
退的主导。先是历史系主任在会议上"力争而不得",此后虽然学校
聘书已发,但仅仅凭与程仰之的面议,罗家伦就可以推翻学校此前的
决定,而续聘教员。从这些事件可以看到,罗家伦在教员进退问题上
的介入之深,也与上文金毓黻对罗家伦过多介入院系教授聘任的批
评相印证。

---

① 朱希祖:《朱希祖日记》中册,中华书局,2012 年,第 676 页。

第六章

校长视角下的大学与国家

在探讨国家与大学的关系上，大学校长提供了一个独特的视角。一方面，校长是国家"简任"官员，在学校的薪水远远高于教授和职员，[①]并体现着国家管理大学的意志。而另一方面，校长在很多场合又是大学利益的代表，在大学与外界的交往中，校长是大学利益的主要言说者。作为其间重要的交互节点，校长是联系大学与政府关系的重要纽带。如何在国家需求和大学主张之间进行平衡和取舍，是大学校长难以回避的问题。

第一节 国家意志的代言人

程其保在 1932 年《论大学校长》一文中指出，国内外大学校长的产生方式主要有三种。"第一，由政府任命，必选国内硕学望重之辈充之。法国大学多行之。第二，由教授互选，任期或为一年或数年，皆有规定，期满则另选之。德国大学多行之。第三，由董事会推选。美国大学多行之。"[②]程认为，法国制的优势在于校长能"代表政府之

[①] 根据教育部统计室编《23 年度全国高等教育统计》，该年度中央大学校长罗家伦的月薪是 675 元，而中央大学的教授月薪最高 360 元，最低 200 元。

[②] 程其保：《论大学校长》，《时代公论》，第 7 号，1932 年 5 月。

意志，以贯彻政府之主张"，而德国制校长能"本教授治校之精神，使责任共同担负"。美国制则取折中主义。程认为，从原则上来看，三种方法"利弊相参"，关键是如何"取其利而却其弊"。

程其保对大学校长产生方式及其制度优劣的分类符合实情，并且触及到不同的方式产生校长对其办学立场的影响。其中，来自政府的意志和来自大学学者群体的力量是最为重要的因素。而二者的权衡和力量消长也最终决定了在不同的民族文化和时代环境中大学校长的处境。

从政府律令来看，1929 年国民政府颁布的《大学组织法》第九条规定："大学设校长一人，综理校务。国立大学校长由国民政府任命之；省立市立大学校长，由省市政府分别呈请国民政府任命之。除国民政府特准外，均不得兼任其他官职。"[①]1934 年，国民政府对此条进行了修订，规定省立、市立大学校长与国立大学校长一样由政府"简任"，并且校长"除担任本校教课外，不得兼任他职"。

政府律令规定大学校长由国民政府"简任"，是政府委派管理大学的国家官员。作为公务人员，校长人选由政府任命，不是由教授互选推举，更不是由学生主张任命。在这种制度下，校长是国家行政体制的一环，也成为政府在大学的代言人。政府的规定体现了校长在贯彻国家意志中的重要作用。

能否将国家意志贯彻于大学的办学实践，是政府任命大学校长的主要考量。政府为加强对大学的控制，最直接的手段便是更换校长。但校长的更迭也因此激起尖锐矛盾，导致学校风潮不断。在 20 世纪 20 年代末 30 年代初中国大学风潮的频发，很大程度上正是因为政治对大学的过度介入，政府强力推进校长更替，引起校内矛盾的集中爆发。以中央大学为例，张乃燕由于在推进大学服务国家政权建设方面乏善可陈，引起了党内高层的普遍不满，最终被与党国关系紧密的朱家骅取代。张和朱的更迭，体现了政府通过"易长"加强对

---

① 宋恩荣等选编：《中华民国教育法规选编》，江苏教育出版社，2005 年，第 395 页。

大学控制的意图。

罗家伦对于大学校长作为政府官员的角色十分清楚。在公开谈话中,他就直言,"余身为大学校长,即为公务人员。"①而作为一名国民党党员,罗对于推进大学服务国家建设、体现国家意志的"责任"也有深刻认识。1930 年罗因政治因素被迫辞去清华校长,但却心有不甘。在此后致陈布雷的信中,罗对于继任清华校长人选,提出了三点注意事项。

> 一,必须忠实于本党之同志,因学生所要求者,均系反党及于党无关之人,则对彼等之反动言行之滋长传播,更为便利;离中央所在地愈远之大学,校长愈须择忠于党及忠于中央者,万万不可放松或徇情。二,宁缺毋滥,不可过急,宁宽假时日,但必须择"拿得出"的人,然后任命,此亦与中央威信有关也。三,清华于校风经过一度败坏后,必须择一较风厉能干,能实地奉行中央政令之人。②

罗提出的校长人选标准是基于清华风潮后的特殊局面需要,但仍可以看出其心理,即大学校长在贯彻政府意志、维护党国利益、行使国家政令等方面应担负责任也说明他对于大学需紧密服务国家建设、贯彻中央意志的任务有着清醒自觉和深刻认知。

罗家伦强调加强党国对大学的控制,不仅要求在校长人选上选择忠诚党国之人,而且要加强国民党对大学的组织控制。在 1931 年《整顿大学教育意见书》中,罗指出,"目前各国立大学中,党的势力在学生中,非常薄弱,遍历各处,均觉如此,即大学校长为忠实党员,但终不能积极参与党部工作,在校内之区党部或区分部,力量薄弱,精神涣散,为一般现象。"为此他提议"中央党部应注重各国立大学党

---

① 《1933 年 8 月就毕业同学会公告谈话》,《文存》,第 5 册,第 313 页。
② 《致陈布雷函:对返回清大及继任校长人选意见》,《文存》,第 7 册,第 110 页。

部"，并将大学党部改为特别党部，直接隶属中央党部。① 罗家伦这种与中央靠拢的立场，使他得到国民党高层和蒋介石本人的赏识，这也是政府先后任命他出任清华大学、中央政治学校和中央大学校长的重要原因。

在处理大学与国家的关系时，罗始终把国家意志和需求放在首位。他在清华大学论述社会科学的发展时，便表达了以国家意志引导学术发展的立场。他说，"政治和经济两系的科学，和国家政治及人民生活的改造，关系极为重要，现在党治之下，应以中国国民党的原则为归宿，努力作去。""社会科学，则应注重实际问题。造就党治和实际行政人才，使政治财政均上轨道，获得安定基础。"② 在中央大学，罗家伦同样将国家需求和大学建设紧密关联，将国家意志体现在办学理念上，并落实到具体举措中。

第一，重塑大学精神，将大学的愿景（vision）与民族复兴和国家建设的需要紧密结合。

1932 年，罗提出"建设有机体的民族文化"作为中大的历史使命，"以形成有机体的民族文化为理想，使国立大学与民族生存发生密切不可分解之关系"。从而将大学建设整合到民族复兴和国家建设的框架之下，成为其中不可或缺的组成部分。他说：

> 中国的国难严重到如此，中国民族已临到生死关头，我们设在首都的国立大学，当然对于民族和国家，应尽到特殊的责任，然后办这个大学才有意义，就是担起特殊的使命。这种使命，我觉得就是为中国建立有机体的民族文化。③

在这一框架下，大学建设与国家和民族的需求紧密联系在一起。国家意志和政府需求沿着"建设有机体的民族文化"的主题延伸到大

---

① 《整顿大学教育意见书》，《文存》，第 1 册，第 491 页。
② 《改革清华之计划》，《文存》，第 5 册，第 25—26 页。
③ 《中央大学的使命》，《文存》，第 5 册，第 236 页。

学建设的方方面面，成为大学新的精神。罗家伦通过对中大精神的重新定义，为大学发展提供了强大的整合机制和新的目标导向，并将广大师生的激情和活力导向一个广阔而富有感召力的领域。

在此后近十年的时间中，罗家伦虽然面对着各方压力，但始终坚持这一办学理念，把中央大学的发展充分融入到国家建设的时代需求之中。1933 年，罗提出要把中大建设成为"国家的参谋本部，为民族争生存的指导者"。他认为只有这样，"在中大教书才有意义，办理中大才有意义，大家才对得起国家，才不愧于纳税者国民"。① 罗家伦不遗余力地强调大学对于民族和国家的责任，屡屡提及"要使中大成为有利于国家与民族的学府"，要"站在民族复兴的最前线，为建立文明国家的基础而努力"。

罗家伦强调大学是建构有机体的民族文化的主体，要主动承担起服务于民族救亡与复兴的时代使命。他从民族复兴的角度考虑大学使命，并将大学建设置于民族国家建设的进程中，体现了强烈的历史使命感和责任感。罗家伦认为民族与国家密不可分，在具体的表现形式上，民族国家是民族的代表，民族的利益也只有通过民族国家的形态来维护。他说，"现在一个民族的安全，无国家不能保障；民族的事业，无国家不能经营；民族的文化，无国家不能掩护；民族的地位，无国家不能提高；民族的进步，无国家不能开展；民族的愿望和理想，无国家不能达到。"②他认为"民族的国家"这一近代概念不仅是一种观念，而且是一种现实存在的力量。

罗家伦将民族国家视为民族利益的保护者和代言人，使其民族主义情感和国家主义观念纠缠在一起。顺理成章，在罗心目中国民政府成为了代表中华民族利益的近代民族国家政权的合法代言人。对民族的忠诚与对政府的忠诚变得密不可分，对民族的认同与对现存国家政权的认同紧密关联在一起。他直言道，"如有只叫'中华民

---

① 《中大一年和将来的希望》，《文存》，第 5 册，第 320 页。
② 《民族的国家》，《文存》，第 2 册，第 92 页。

族万岁'而不叫'中华民国万岁'的人,应当深刻的回想回想。"①这种认识随着抗日战争的爆发而变得更为强烈。在1937年罗家伦对中大师生的演说中,他更是将民族、国家和最高统帅蒋介石联系在一起。他说:

> 一个民族不能不有个国家,民族须赖国家来表现。……民族的表现是国家,国家的代表是中央,中央的主脑是最高统帅。我们现在唯有以蓬勃的朝气,坚定的意旨,巩固民族的意识,巩固国家的观念,巩固对中央和最高统帅的信任,以求民族的生存发达和国家的自由独立。②

在抗战时期罗家伦主编的《新民族》杂志上,此类言论是屡见不鲜。在罗看来,大学服务民族复兴的历史使命与服务国家政权的现实需求是一致的,体现国家的意志和建设有机体的民族文化之间有着内在的联系。在这种关联下,大学成为建构和传播民族文化的组织机构,也是灌输主流意识形态的重要场域。

罗家伦提出将建设"有机体的民族文化"作为广大师生的"共同意识"和"共同目标",显示了他对国家前途和民族命运的深深忧虑,同时也体现了罗家伦作为政府意志代言人追求效率管理的立场。对共同意识和共同目标的倡导,在某种程度上会对学术的自由探索和思想的多元化有所削弱。考虑到罗家伦的政党色彩,他对共同意识的强调与国家加强意识形态上的思想控制难以截然分开。在罗家伦为中央大学规划的愿景下,国家的意志在民族救亡的大义下在大学得以逐步渗透。

第二,通过具体的办学实践服务于国家建设的现实需求。

罗家伦认为,大学服务于国家建设的首要任务就是培养人才。

---

① 《民族的国家》,《文存》,第2册,第91页。
② 《一段惨痛的消失和本大学现在的方针》,《文存》,第5册,第635页。

为此他提出要把中大打造成复兴民族的"参谋本部",成为汇聚各行各业优秀人才的储备库,"什么人才都有"。他认为这是民族元气所在,也是"保全国家领土主权的实在的力量"。① 上文中曾论及罗家伦上任后对中大课程的改革,其目的即是将大学的课程建设与国家需要相结合,与国防和抗战建国的需要相结合。在1933年出台的《各院系修订课程应注意事项》中曾明确提出,"本大学应注重发扬民族文化培养其独立进展之基础,当此国难严重时期,一切课程之设置,尤应特别注意有关民族生存之问题,以养成健全实用之学术人才为主旨。"

罗家伦对中大学科的调整,始终贯穿着服务国家建设的思想主线,乃至是对国家现实需要的直接回应,罗家伦办理中大的一个突出特征就是主动配合国策。上任之初,罗家伦变通院系整理办法而保留了化学工程科,其理由是该科系"我国目前急切需要之课目"。② 同样是基于国家需求,罗家伦在1935年根据教育部训令,知难而上,在没有任何经费预算的情况下创办医学院。其目的一是准备对日作战,训练救死扶伤的人才;二是为了复兴民族,培养主持民族健康的人才。又比如对航空工程人才的训练,则是大学对于国家需求的直接回应。1933年庐山会议提出了发展航空教育的规划,罗家伦和中大在几乎没有任何学科基础的前提下主动担当起这一任务,甚至罗家伦还得到了蒋介石本人的授意。蒋介石不仅直接要求中大在1935年6月底前"即须先行招收大学工科毕业生从事训练",而且大学可以越过航空委员会,"得向委员长随时呈报"。③ 1935年6月下旬,罗家伦在中大学期考试结束后飞赴成都,向蒋介石报告"上学期考试成绩,及下学期教务设施。同时为添设机械特别班事,有所请示"。④ 为校务问题飞赴成都汇报,既显示了罗家伦与蒋介石之间的特殊关系,

---

① 《大学到了备战时期》,《文存》,第1册,第518页。
② 《本校变通院系整理办法》,《国立中央大学日刊》,1932年10月15日。
③ 《上行政院呈—请拨历次通过之建筑费》,《文存》,第7册,第139页。
④ 《中大校长罗家伦昨日回京》,《中央日报》,1935年6月28日。

也说明党国意志通过罗家伦已深深影响到大学的办学实践之中。国家需求,乃至"最高领袖"的指示,成为大学办学的方向标和指挥棒。

第三,加强对校园氛围的引导,尤其重视对学生的思想引导,使大学的思想与国家意识形态保持一致。

罗家伦呼吁在中大师生中养成"共同意识",树立"共同目标",并重视以自己的言行影响全校师生。罗家伦长于演讲,富有激情和感染力,演说也成为他与中大师生互动的重要方式和表达自身立场的主要渠道。据杨希震回忆,罗家伦在沙坪坝时期每周都要向学生演讲,并"由我和韩培德先生笔记,经他审阅修改后在《新民族》杂志上发表"。[①] 而在西迁之前,罗家伦也是学校大礼堂讲坛上的常客。这类演说通常是利用"总理纪念周"的时间。

罗家伦非常重视"总理纪念周"对于维系全校师生凝聚力、形成大学共同意识的重要作用,并把纪念周作为传达学校立场和国家意志的重要舞台。上任之初,罗家伦便想利用"总理纪念周""作一种有系统的学术演讲",把纪念周办成中大"每周都有一次的朝会"。[②] 罗家伦是中大"总理纪念周"的常客,在 1932—1933 学年,中大"总理纪念周"的演讲据记载共举行了 27 次,而罗家伦的演讲就达 9 次之多。[③] 从演说内容来看,罗家伦的演讲不仅有关于学校校务的报告,也包括时局报告和学术研究成果。西迁重庆后,虽然没有了宏伟的大礼堂,罗家伦每周一都"一定要到大食堂对全校师生讲话"。据中大政治系 1937 级学生宓超群的回忆,"罗校长的一席话在当时我们中大的师生中间引起了深刻的共鸣!"[④]

作为中大师生集体活动最为重要的形式,"总理纪念周"的重点是名人演说。罗家伦为纪念周邀请的演讲者中,政界名流比纯粹学

---

① 杨希震:《志希先生在中大十年》,《文存》,第 12 册,第 601 页。
② 《整顿中大的几项重要措施》,《文存》,第 5 册,第 247 页。
③ 根据 1932—1933 学年《国立中央大学日刊》统计。
④ 宓超群:《怀念罗家伦校长》,见高澎《永恒的魅力——校友回忆文集》,南京大学出版社 2002 年,第 69 页。

者多,而在政界担任要职的体制内学者则更受学生欢迎。在 1932—1933 学年,出席中大纪念周演讲的就有陈公博(实业部长)、张治中(第五军军长,抗日名将)、唐有壬(中央政治会议秘书长)、黄绍竑(内政部长)、徐谟(外交次长)、张继、俞大维(军政部兵工署长)、邵力子、吴稚晖、顾孟余等多位政界要人。他们的演说紧密结合学生关注的政治热点和现实问题,以政府官员与知识分子的双重身份进行言说,在学理分析之余也传达了政府的立场与主张。

　　而在罗家伦的演说中,他反复强调了大学生对于国家的责任。比如在 1936 年 9 月对全校新生的演说中,他呼吁在国家危亡的关头,"小我是在大我之中,你们不要为自己,而忘了国家"。[①] 抗战时期,罗家伦又进一步加强了对学生思想意识的影响,在学生中提倡一个政府、一个党、一个领袖。他向学生呼吁,"尽我们的力量,在统一的思想意志和行动之下,在唯一的建国图样之下,随着我们的总工程师——我们的领袖,一致向前努力奋斗。"[②]应该说,罗家伦过于政治化的言论对于学生的影响是有限的,从上文学生对罗家伦的观感,可以感受到罗的政治说教并未得到学生认可。

　　罗家伦在给蒋介石的请辞信中这样写道,"一面传达中央之旨意,维系教职员、学生对中央之向心力,幸未遗中央之忧。"[③]罗家伦将自己视作联系中央与中大师生的纽带,对于自身"国家意志的体现者"的角色有着清晰认识。这也说明了作为国家最高学府的校长在沟通大学与国家关系上,在使大学与中央保持"同调"上所担负的责任。在罗的教育主张中,他突出了大学教育对于民族国家建设的重要性,强调培育服务于国家政权需要的现代国家公民,以及在教育过程中灌输主流的意识形态和党派价值观。在 1935 年写给蒋介石的信中,罗家伦便将"竭智尽忠,安抚青年,维持后方安定"作为自身的重要职责,并把"中大安定,师生对钧座信仰日增"作为办理中大最为

---

① 《认识中大》,《文存》,第 5 册,第 463 页。
② 《青年的觉醒》,《文存》,第 6 册,第 88 页。
③ 《上总裁书》,《文存》,第 7 册,第 157 页。

重要的成绩之一。① 而通过上述努力,在罗家伦"幸未遗中央之忧"的自我肯定背后,国家意志得以向广大师生"灌输",向大学的制度和文化渗透。国家意志和"中央"精神在这所大学的气质上有了更明显的痕迹。大学不仅在地理位置上始终紧密跟随中央,而且在学术形象和文化气息上,也体现出堂堂的"中央"气象。

第二节 "凭着学术的标准"

罗家伦强调大学是复杂的社会系统的组成部分,在办学实践中积极贯彻国家意志,服务政府需求,他的众多言说都体现出鲜明的政府立场。长期以来,罗家伦被视为民国大学校长中"政府代言人"型校长的代表,其身上的党派色彩和官僚作风也屡屡为人诟病。在清华,罗家伦是在学生的倒罗声中离任的;在中大虽然没有公开的倒罗运动,罗家伦离职时的场面也是冷清黯然。但从历史长远来看,罗家伦对于清华的贡献是显著的,为 1930 年代清华的迅速崛起奠定了良好基础。② 而对于中央大学,越来越多的人也将罗家伦与这所大学联系在一起,罗家伦长校的九年正是这所大学发展最迅速、进步最稳步的九年。很难想象一个对政府唯命是从的大学校长能够取得如此显著的办学成绩。

事实上,罗家伦的办学实践还呈现出另一面,即对知识、学术和文化的尊重。罗家伦虽然把大学纳入到国家建设的整体架构之中,但并未把大学简单视为国家机器的延伸。在大学服务于民族复兴与国家建设上,他不要求大学直接参与政治、军事、经济等具体事业之中,大学是通过对于学术和文化的贡献,通过对"有机体的民族文化"的构建,通过作育人才,服务于国家和民族。大学对于外界需求的回

---

① 《致蒋介石函(10)》,《文存补编》,第 197 页。
② 苏云峰:《从清华学堂到清华大学(1928—1937)》,三联书店,2001 年,第 32 - 34 页。

应更多是停留在学术和知识层面,通过知识的生产和传播来实现。

罗家伦是在五四环境中成长起来的青年,在北大的求学经历和近六年的海外游学体验,使他对西方的大学教育体制和近代学术发展有着深刻的理解和把握,尤其是柏林大学和德国的古典大学观对罗家伦的影响极深。在罗家伦的言论中,他经常提及柏林大学,以及费希特、洪堡等人的教育思想和理念,他执掌中央大学更是明确提出以柏林大学为榜样。

德国古典大学观对于民国中国教育界影响深刻,[①]其中以蔡元培最具代表。罗家伦作为蔡的学生,深谙其思想渊源。在回忆蔡元培的文字中,罗家伦便提到,"他对于大学的观念,深深无疑义的是受了19世纪初建立柏林大学的冯波德和柏林大学那时代若干大学者的影响。"[②]但罗家伦对柏林大学的仿效方式与蔡元培不同。蔡元培吸取了德国古典大学观中的学术自由思想,并将其发展成为"兼容并包"的学术精神。而罗家伦则更看重柏林大学在德意志民族复兴中的作用,更重视大学如何服务于国家建设与民族复兴的需求。他说,"本人办中大之理想即在效法当日柏林大学之精神,以建设中华民族之文化,使国人由此共同意识,努力奋斗,以复兴我民族。"[③]中大学生柳长勋在回忆罗家伦的文字中也提到这一点:

> 他办中大是以德国的冯保德和费希特自况;想拿中央大学做风炉,铸冶一个新的中华民族的灵魂。使中华民族在中央大学做创造的新民族文化之下,潜移默化,范成一个有机的整个的组织。[④]

---

① 关于德国古典大学观及其对近代中国的影响,可参见陈洪捷《德国古典大学观及其对中国的影响》,北京大学出版社,2006 年。

② 罗家伦:《历史的先风:罗家伦文化随笔》,学林出版社,1997 年,135 页。

③ 《提高学术创立有机体的民族文化》,《文存》,第 5 册,第 233 页。

④ 柳长勋:《罗志希校长与中大》,《文存》,第 12 册,第 647 页。

罗家伦强调柏林大学对于德意志民族复兴的重要性,其主旨是论述大学与国家的关系。在洪堡等人的大学理念中,大学与政府的关系对于确立大学在国家的地位十分重要。作为德国教育部长的洪堡,当年是以教育管理者的姿态来论述大学,因此无法忽视国家的利益和需求。但是洪堡仍鲜明地提出,大学应该保持自身独立的地位,他说:

> 国家在整体上……不应就其利益直接所关所系者,要求于大学,而应抱定这样的观念,大学倘若实现其目标,同时也就实现了、而且是在更高的层次上实现了国家的目标,由此而来的收效之大和影响之广,远非国家之力所及。①

洪堡强调大学的自主性,强调大学的本质是以纯知识为对象的学术研究机构,它并不直接服务于国家或政府的种种实际需求。他认为,只有这样才能保障大学繁荣和学术进步,而从长远来看,这样的大学也才是国家和政府的真正希望所在。

罗家伦也反对大学对国家或政府提出的种种现实需求给予直接回应。在他看来,大学作为复杂的社会系统的一部分,具有其他机构不可替代的独特功能,这表现在大学对于知识和文化的贡献上。因此,罗家伦提出中央大学应以"建立有机体的民族文化"为己任,通过民族文化建设来培育民族精神,引领民族复兴。虽然罗深刻意识到当时的中国面临政治败坏、经济破产和军事疲弱的困境,但他认为大学服务于民族复兴不是在军事上、政治上、经济上有所作为,而从根本上说是在文化、学术和知识层面作出贡献。为此,罗家伦主张大学与国防发生关系,是要大学为增强国防力量提供更前沿的知识和技术;罗家伦倡导大学紧密为国家建设需求服务,是要大学为各类建设

---

① 转引自陈洪捷:《德国古典大学观及其对中国的影响》,北京大学出版社,2006年,第34-35页。

事业提供急需的技术和现代化人才。中大虽然在 30 年代中期更多参与到国家建设和国防中,但是这种介入停留在学术和知识层面。

在这个意义上,罗家伦提出:"我们中央大学应成为抵抗日本的参谋本部,不是要造成抗日游行队或宣传队。……我们要造成一个参谋本部,什么人才都有。"①基于这一考虑,罗家伦面对学生的爱国热情,一再劝告学生不要到街头去喊口号、去示威,而是鼓励学生到图书馆去、到实验室去。罗家伦多次以柏林大学来举证,柏林大学学生在战时"只有在图书馆、研究室里不断地努力研究"。② 他认为这样才是民族生命的寄托,是民族的光辉所在。

罗家伦站在"党国"立场上维护、推行中央政策,但是他了解教育的内在规律,了解大学教育所要坚守的"学术的标准",了解大学在知识发现和传播中要遵循严肃的科学路线。1927 年,罗家伦在参与创办国民党中央党务学校时即确定有两个办学原则:"一、选聘教员首以学识为重,决不讲情面。二、选拔学生应以成绩为准,决不凭保荐。"③他认为大学的人才培养无捷径可循,必须坚持严格的学术标准。罗认为"科学是人类共有的财产,是各国学者共同研究的结果。以工学院的课程而论,可以说各国大学里的规定,大致相同。不先读这课,就不能读那课,因为各课程的联系太密切了。"④在 1933—1934年间中大重订课程时,第一条原则就是"根据世界各国大学教学的经验"来决定。在抗战初期,时论倡导停办大学,改革课程,罗家伦仍坚持正规教育必须维持,正规课程不可破坏,要求对学生进行基本完整的知识传授和学术训练,其目的是"无论如何必须准备一批国家所需要的基本人才"。

罗家伦对学术标准的坚持,说明他对知识和学术的基本价值的

---

① 《让我们把中大造成民族复兴抗日的大本营参谋本部》,《文存》,第 5 册,第 455页。

② 《希望二十三年度的中央大学》,《文存》,第 5 册,第 405 页。

③ 《政大的诞生与成长》,《文存》,第 1 册,第 693 页。

④ 《抗战的国力与文化的整个性》,《文存》,第 1 册,第 560 页。

认可。罗受德国大学将科研和教学融为一体思想的影响,强调创造知识的科学研究对大学的重要性。在清华时罗家伦就提出,"研究是大学的灵魂。专教书而不研究,那所教的必定毫无进步。不但没进步,而且有退步"。[①] 在学科层面,罗家伦认为所有学科都具有价值,并无高低之分,其对人类知识总量的贡献都有意义,不过由于环境的差异和时代需要不同,学科的发展才有缓急之分。他说:

> 纯粹的科学研究,自然需要;但是时代和环境所需要的学问,也同样需要。因为做纯粹的学者,以谋对于人类知识总量的贡献,虽属可贵,却不能期之于人人。[②]

他还说:

> 从广义方面来说,任何学科,凡是可以增进青年的知识和技能的,无一不与充实国力有关,也无一不与解除国难有关。现在大家对于非常时期教育的要求,决不会抹杀这种普遍的原理;大家决不会把学科本身的价值分轻重,只是从应用的时效上稍辨其缓急罢了。[③]

这两段话都是强调大学要关注时代和环境的需求,但是均谈到学科自身所具有的普世性价值,每门学科"对于人类知识总量的贡献"都不能否认,关注时代与环境的需求并不是否认纯粹科学的价值,而是要更好地将学术的普世性价值在特殊环境中加以展现。罗家伦对学科要紧密服务于民族国家需要的强调,是建立在对学科知识所具有的一般性价值的认可之上。

---

① 《学术独立与新清华》,《文存》,第 5 册,第 21 页。
② 《中国大学教育之危机》,见中国第二历史档案馆编《中华民国史档案资料汇编》第五辑第一编,教育(一),江苏古籍出版社,1994 年,第 289 页。
③ 《大学到了备战时期》,《文存》,第 1 册,第 514 页。

　　罗家伦对基础学科和应用学科的看法，更能体现他认为大学应该坚守学术标准的立场。30 年代随着战争的临近，发展应用学科，开展与国防相关联的应用研究，对科学工作进行整体规划成为政府和科学界的共同呼声。而在基础学科和应用学科发展上，罗家伦始终关注应用学科的发展，强调大学要与国防发生紧密联系。在其执掌中大期间，工学院的迅速成长即为明证。但罗反对单纯发展应用学科，他在很多场合都屡屡强调基础学科的重要性。具体到办学实践上，罗家伦对文、理学院的建设特别重视。在清华，罗就提出大学的发展"应先以文理为中心，再把文理的成就，滋长其他的部门。文理两学院，本应当是大学的中心。文哲是人类心灵能发挥得最激动最弥漫的部分。社会科学都受他们的影响。纯粹科学是一切应用科学的基础，也是根源，断没有一个大学里，理学院办不好而工学院能单独办得好的道理"。① 罗家伦后来指出，他的这种认识受到在北大读书时校长蔡元培的影响。在德国的游学经历，"更使我相信这种观念是正确的"。因此在庐山会议讨论如何培育航空人才之时，罗家伦主张由大学来主办，其原因就是大学在基础学科上的综合优势，能为航空事业发展提供多学科支持，只有基础学科扎实，才能为应用学科提供源源不断的动力和理论基础。为此，罗家伦非常重视理学院建设，认为"理学院的课程与设备，是充实或简陋，不仅与理学院的本身有很大的关系，与工学院、农学院亦关系甚巨。因为理学院的课程，有一部分为工学院、农学院的基本课程，所以充实理学院，间接予工学院与农学院之很大的帮助。"② 在 1941 年中大师生惜别会上，罗家伦仍然对大学生"倾向于应用科学，而忽视基本的理论科学"的问题给予批评。他说，"在大学里基本的理论科学，尤当注意。须知应用科学是从基本的科学原理中产生出来的。应用科学将来的发展，还要靠新的原理的产生，前途才有希望。"③

---

①　《学术独立与新清华》，《文存》，第 5 册，第 20 页。
②　《中大一年和将来的希望》，《文存》，第 5 册，第 317 页。
③　《中央大学的回顾与前瞻》，《文存》，第 6 册，第 105 页。

　　无论是在学科建设还是在人才训练上,罗家伦均表现出对知识和学术的尊重。罗虽身为政府要员,但认为办理教育应该充分尊重教育规律,尤其是要任用熟悉教育、了解教育规律的人来主持教育事业。他说,"国家办理教育,应该任用懂得教育的人来主持。任用不懂得教育的人来干涉教育,其结果必然失败。"他又说,"办教育不是一纸命令就可通行,必须懂得教育的功用,明了教育的需要,知道教育的趋势,并能懂得学术的途径。否则以门外汉来主持教育,岂不是盲人瞎马,夜半深池,实在是危险。"①因此,罗对于外部势力过度介入大学管理,尤其是介入大学学术管理始终存有戒心。

　　一边要传达国家的意志,维系大学师生对中央的向心力;一边又要维持学术的标准,抵制外部力量,尤其是政治力量对大学学术领域的侵扰。身为校长的罗家伦始终身处学术与政治的压力之下,尤其是在作为最高学府的中央大学,所感受到来自政治和学术的压力更较一般大学强烈。

　　但罗家伦看来,在"国家的需求"和"学术的标准"之间并没有不可逾越的鸿沟,也不是非此即彼的抉择,两者存在内在的关联。一方面,大学对学术和知识的探究,不能脱离国家和民族的现实需求;另一方面,也只有坚持学术的标准,大学才能在服务国家需求中有所贡献。美国学者布鲁贝克(J. S. Brubacher)在《高等教育哲学》一书中探讨大学的本质,提出了"知识论"和"政治论"两种说法。前者认为,大学是探讨高深的知识和学问的场所,是为了知识而知识。后者认为,大学对推动经济发展和服务社会有着不可推卸的责任。② 也有人将二者称为大学"对知识的责任"和"对社会的责任"。而大学对此问题的不同解读,反映了大学的取向和定位。

　　罗家伦认为大学"对社会的责任"和"对知识的责任"是统一的。1929 年,罗家伦在北京大学成立 31 周年纪念时,曾提及大学的历史

---

　　① 　《民族与教育》,《文存》,第 6 册,第 599 页。
　　② 　(美)布鲁贝克:《高等教育哲学》,浙江教育出版社,1987 年。

使命。他说,"一个国立大学如有存在的理由,除非她能努力,尽以下两种责任:(一) 对于人类知识的总量有贡献;(二) 能够适应民族的需要,求民族的生存。"①罗家伦此处描述的大学使命与上述"知识的责任"和"社会的责任"颇为吻合。

他反对那种空谈救国,而不扎根于学术进步和知识生产的大学观。同样,他批评那种"以为大学是一切至高至善的知识的总和,是天人相遇的场合"的大学理念。他认为这种中世纪大学的理想在新的环境中已无法满足时代的需要。

> 近代式的大学,应当适应民族的需要,从发挥民族的最高智慧,来求民族的生存。因为民族必须先能生存,然后其智慧方能继续充分的发挥;也必须其智慧能继续充分的发挥,人类的知识总量,才能继续充分的增进。②

在罗家伦看来,大学正是通过在知识和学术上的贡献而与国家建设、民族复兴的时代使命紧紧捆绑在一起。

1941 年,罗家伦在辞去中大校长时再次论述了大学在现代中国的责任。"第一,要为国家民族培养继起人才;第二,要为人类增加知识总量;第三,要能把握住时代的精神和需要。"③与 1929 年的论述相比,12 年后的罗家伦更加强调了大学的时代责任。深重的民族危机,使他增加了对大学服务民族复兴和国家建设的期待。但是,罗家伦对大学所担负的探究知识的责任却从来没有抛弃。抗战时期的罗家伦曾为中央大学谱写校歌,在铿锵的旋律中,我们仍然可以读到对于学术的坚守:

> 国学堂堂,多士跄跄,励学敦行,期副举世所属望。诚

---

① 罗家伦:《敬祝母校 31 周年纪念》,《文存》,第 1 册,第 485 页。
② 《国立中央大学 22 级学生毕业纪念刊序言》,《文存》,第 10 册,第 215 页。
③ 《中央大学的回顾与前瞻》,《文存》,第 6 册,第 107－109 页。

朴雄伟见学风,雍容肃穆在修养。

　　　器识为先,真理是尚;完成民族复兴大业,增加人类知识总量! 进取,发扬,担负责任在双肩上![①]

罗家伦始终将"增加人类知识总量"作为大学的使命之一,在1929 年的言说中他将之置于首位,而在 1941 年的论述中,他将之退居次席。"增加人类知识总量"的使命凸显了大学在知识生产和创造中的普世意义,强调大学学术应该超然于民族国家的需求之外,超然于政治与社会现实之外。但细细品来,这一表述与他对大学要适应民族国家需要的主张是一致的。他对大学"增加人类知识总量"的期许同样是根植于民族主义的立场。在他提倡的另外一个口号"学术独立"中,可以更好理解"增加人类知识总量"的含义。

"学术独立"常被用来描述学术与政治的关系。保持学术超然于政治之外,免受政治的干涉,不依附于政治而存在,是"学术独立"的基本理念。但是,罗家伦所提出的"学术独立"并非从学术与政治的关系立论,而是从民族主义立场出发。1928 年,罗家伦在就任清华校长的演讲中说,"国民革命的目的是要为中国在国际间求独立自由平等。要国家在国际间有独立、自由、平等的地位,必须中国的学术在国际间也有独立、自由、平等的地位。"[②]为此,他提出把追求"学术独立"作为"新清华"的努力目标。在 1937 年,罗家伦又说,"民族独立,根本上还需要学术思想独立。"可以看出,罗家伦所倡导的"学术独立",是从国家独立、文化平等的民族主义角度来阐释的大学的根本任务。

在罗家伦看来,大学学术的进步与民族独立、国家兴盛密切相关,这也符合其终身服膺的"学术救国"的根本理念。正是如此,他才呼吁"我们要共同努力,为国家民族,树立一个学术独立的基础。"而

---

① 这首校歌在校务会议上正式通过。《发扬爱校精神》,《文存》,第 6 册,第 2 页。
② 《学术独立与新清华》,《文存》,第 6 册,第 19 页。

树立学术独立的基础,在他看来,则是谋求学术和科学的发展,也就是他所提倡的"增加人类知识总量"。1937年,罗家伦在回顾中国近代大学与学术的发展时指出,中国学术界"居然于十年之内——尤其是最近五年之内——使中国对于好几种科学,确实的立定了基础,而且在国际的学术年会里面,也有人能昂首伸眉,宣读几篇像样的论文。在外国'学术年鉴'的引得里面,也可以查得出单音的中国人姓名,这都不是勉强得到的! 这是要国际学术界公认的。"[①]他认为,这些得到国际学术界公认的成绩正是中国学术界在"学术独立"上取得的进步。

在罗家伦看来,大学对人类知识总量的贡献虽是基于"对知识的责任",但更为重要的是,这些贡献将为中国奠定学术独立的基础,是中华民族在国际上谋取独立、自由、平等地位的需要所在。

第三节　"为官"与"为学"

在1941年辞职前夕,罗家伦面对中大师生曾感慨道:"我们主持教育行政的人,乃是牺牲了自己做学问的机会,来为大家准备下一个环境做学问。这是大学校长的定义,这也可以说是大学校长的悲哀。"[②]从1928年担任清华校长,到1941年辞去中大校长,罗家伦把人生最精彩的年华奉献于大学管理,但到头来却感叹此为人生的悲哀。罗家伦的感慨表达了其在"为学"与"为官"之间,内心面临的煎熬与两难选择。

对于近代知识分子所承担的双重角色和因此而产生的两难困境,学界多有论述。他们一方面作为政治精英,肩负着救亡图存、改造国家的政治任务;同时作为知识精英,又肩负着重建民族文化的使

---

①　罗家伦:《大学与中学的联系》,《文存》,第5册,第575页。
②　《中央大学的回顾与前瞻》,《文存》,第6册,第98页。

命。众多知识分子为此在"文化人"和"政治人"之间摇摆不定,难以取舍。

1934 年修订的《大学组织法》规定,大学校长不得兼任他职,但可以兼任本校教授。法规本身就说明大学校长的双重角色:一边是政府委派管理大学的管理者,一边却从属于自己的学科,是某一学科领域的学术工作者。如何协调两者关系,始终是困扰诸多大学校长的难题。甚至直到今天,大学校长如何在学术工作与行政事务之间进行平衡,也是多方关注的重点。

罗家伦被认为是体制内知识分子的代表,他不是王国维、陈寅恪这类终身"服膺学术"的纯粹学人,也不同于胡适、傅斯年等人"讲学复议政"式的政治参与。与他们相比,罗家伦参与政治的意愿更为强烈,参与的程度更为深切,其"为学"的兴趣和成就也无法与他们相比肩。但在罗家伦的一生中,他对学术始终保持着浓厚兴趣,其人生历程一直在"为学"和"为官"之间来回摇摆。

罗家伦是以五四运动领袖的形象登上历史舞台的。作为《新潮》杂志的发起人和五四学生运动的领导者,罗家伦在五四时期展示了饱满的政治热情和活动能量。但在轰轰烈烈的运动后,罗家伦的政治激情很快退却。1920 年他说,"去年一年以来,忽而暴徒化,忽而策士化,忽而监示,忽而被谤,忽而亡命……全数心血,费于不经济之地……偶一回头,为之心酸。"并自认为,"我的天性,确实在求学方面比事务方面见长。"[1]也就是在这一年,他在蔡元培推荐下获穆藕初奖学金赴美留学。在此后近六年时间里,他先后在普林斯顿大学、哥伦比亚大学、柏林大学、巴黎大学、伦敦大学等世界知名学府游学,对文学、史学、哲学、教育学、民族学、地理学等众多领域广泛涉猎。

---

[1] 《一年来我们学生运动底成功失败和将来应取的方针》,《文存》,第 1 册,第 435 页。

　　游学期间的罗家伦偶然参与到政治活动,[①]但把更多的精力倾注在学术事业有所"创获"上,并逐渐明确了致力于推动中国"学术独立"的理想。在 1920 年他写到,"一国的文化——立国的精神——不从学术独立着手,是没有根底的。""现在中国没有一样学问,可以在世界上站得住位置的;无基本文化的民族,在将来的世界上不能存在的。"[②]为此他希望国内学者"能在学术方面勇猛精进,同心协力,实行组织各种学术研究的机构","为中国学术界谋一线曙光,为中国学术界在世界学术界中争一个位置"。[③] 基于这种考虑,罗家伦的游学与一般意义上的留学不同。他不追求学位,而根据学术需要四处游历,开阔眼界,广采博览。用他自己的话说就是,"解决心里的疑团后,我们随即又去访问另一所学府"。"当时大家除了有很强求知欲而外,还有想在学术里求创获的野心。不甘坐享其成,想在浩瀚的学流之中,另有会心,成一家言"。[④] 这种求学取向显示了罗家伦博大的治学胸怀和宽广的学术视野。

　　游学中的罗家伦逐渐将哲学和历史学确立为自己的治学方向,并在 1925 年提出了自己的著述计划:"一种是在历史哲学方面,为指引中国将来社会思想之趋势(一再与西洋学者争地位),入于适当的正规。一种是近代中国通史,以科学方法,哲学眼光,文学手段,融合来写。务求学术化,而不尚凭空理论。"[⑤]从这份计划"与西洋学者争地位"的愿望可以体会到罗家伦致力于"学术独立"的用意。1926 年即将归国的罗在求职北大被拒后,回国任东南大学历史系教授,开设

---

① 在海外游学的罗家伦也对当时的政治运动也有所参与,主要是在华盛顿会议期间和五卅惨案时期,不过时间都比较短,他自己也认为是"偶为冯妇"。具体内容可参见张晓京:《罗家伦先生评传》,人民出版社,2008 年,第 105－113 页。

② 《一年来我们学生运动的成功失败和将来应取的方针》,《文存》,第 1 册,第 435 页。

③ 罗家伦:《蔡元培先生游美纪略东西学术界大提携》,《晨报》,1921 年 8 月 9—21 日。转引自冯夏根:《文化关怀与民族复兴——罗家伦的思想人生》,人民出版社,2009 年,第 72 页。

④ 《元气淋漓的傅孟真》,《文存》,第 10 册,第 79 页。

⑤ 《致张维桢函》,《文存补编》,第 356－357 页。

了"西洋近百年史"与"中国近百年史"课程,并邀集 12 位教授合授"近代西洋学术概观"课程。① 同时他还与顾颉刚、陈寅恪、傅斯年等学界精英联络,提出研究中国近代史的计划,将很大精力放在近代中国史料的收集与整理上。在 1926 年 9 月写给顾颉刚的信中,罗便提到了希望得到顾的支持,多方收集近代史材料,建设一个"中国近代历史博物图书馆"的构想。②

1925 年,在致张元济的信中,他再次表达了内心在学术与政治之间的挣扎,认为自己始终"游于做事、求学二者之间"。在深刻的自省后,罗家伦认为自己"不配做做事的人才",其原因有三:"(一) 因我天性与为学较近;(二) 因做事时精力所费,多在不经济的旁枝曲节上;(三) 做事不免牺牲我率真的天性。"③ 在 1926 年写给未来妻子张惟桢的信中,罗也提到,"现在的志愿,是学问上一件重大点的贡献。我所愿过的是一种学者的生活","对于实际加入社会政治运动一层,我认为'泥中斗兽',决不愿以我更有效的精力,用在这种常得负号结果的事情上面。"④ 在 1927 年前,罗家伦意欲将更多精力用于求学与学术上。

虽然试图"潜心学术",但罗家伦在学术和政治之间的挣扎并没有停止。任教东南大学不久,罗家伦便投身政治和革命运动,并加入了国民党。关于这一转变,一方面是因为蒋介石的"赏识"为他提供了施展才华的舞台,同时也和罗家伦内心一直怀抱的政治热情有关。⑤ 1927 年 2 月,身为国民革命军总司令的蒋介石亲自召见罗家伦,此后两人就军政大事会谈数次,罗也迅即"投笔从戎"。罗家伦虽认为自己天性更适宜为学,但因时势造化,再次卷入轰轰烈烈的政治运动之中。

---

①　张晓京:《近代中国的歧路人:罗家伦评传》,人民出版社,2008 年版,第 324 页。

②　《顾颉刚书信集》卷 1,中华书局,2011 年,第 247 页。

③　《致张元济函》,《文存》,第 7 册,第 47 页。

④　《致张维桢函》,《文存补编》,第 389 页。

⑤　参见冯夏根《文化关怀与民族复兴——罗家伦的思想人生》,人民出版社,2009年,第 90 - 95 页。

罗家伦从"为学"转向"做事",但所做之事却仍然与"学"有关。乃至终其一生,罗家伦虽历任各种职务,但他仍自称其旨趣"常集中于教育文化学术工作"。[1] 1928 年,罗家伦便以国民党"接收大员"的身份就任清华大学校长,其场面甚为隆重,党政要员和北平各方势力均来捧场,其作为校长的政治和党派特征远远大于学术色彩。加上罗家伦在清华常常身穿军装,更强化了自身的政治性。

即便如此,一身戎装的罗家伦仍然难掩其书生本色。虽然罗来到清华带有强烈的政治色彩,但他作为校长却实质性地推进了清华"学术化"的进步。在就职典礼上,罗家伦就明确地将谋求中华民族的"学术独立"作为新清华的使命,提出要"为民族国家,树立一个学术独立的基础,在这优美的'水木清华'环境里,我们要造就一个新学风以建设新清华"。这是罗家伦长期以来倡导"学术独立"的自然延续,使他有机会在大学场域里推进自己的计划。此后,罗家伦通过一系列举措,将清华从"留美学生的预备班"改造成一所致力于学术进步的近代国立大学。他在清华的学术努力,奠定了此后清华迅速崛起的基础。陈寅恪曾评价罗家伦,"志希在清华,把清华证实地成为一座国立大学,功德是很高的。即不论这点,像志希这样的校长,在清华可说是前无古人,后无来者的。"[2]

清华时期的罗家伦虽然公务缠身,但仍未忘学术。任清华校长后,因历史系教员不足,罗在清华兼任历史系主任并在历史系任教,同时他还在北大兼任教职。"每星期六上午进城到北京大学教一堂近代史课目,下午去看外交档案,进行自己的研究课题。周末也常去故宫博物院看文物,去琉璃厂看画买书,或做访友郊游等活动,……生活显得非常愉快"。[3] 可见,罗家伦此前制定的中国近代史研究计

---

① 《自传》,《文存》,第 10 册,第 208 页。

② 毛子水:《博通中西网罗人才的大学校长》,《传记文学》,第 13 卷第 1 期,1968 年 7 月。转引自刘超:《道不同者亦相为谋:罗家伦、陈寅恪的交谊及其他》,《社会科学论坛》,2009 年 9 月。

③ 罗久芳:《父亲在清华大学》,《罗家伦与张维桢——我的父亲母亲》,百花文艺出版社,2006 年,第 123 页。

划并未因"做事"而中断,他似乎在"为学"与"做事"之间找到了巧妙的平衡。

1930 年,罗家伦因政治因素被迫辞去清华校长一职,"做事"之途又遭挫折。正如五四运动后罗家伦表现出对政治活动的厌倦一样,辞职后的罗家伦再次从"做事"向"为学"退却。在上教育部呈中,他表达了自己"向学情切,拟专心从事著述,整理中国近代史料"①的意向。不久,他在好友王世杰的邀请下来到武汉大学历史系任教,用自己的话说是"欲得一清净之机会","从事个人的学术研究事业"。政府虽多次邀请其出任清华校长,但罗始终"不愿回校,而遁迹武汉大学当一教授,想写成一种著作,倒还是自己的园地"。② 不管罗家伦内心真实的想法如何,但在公开场合他多次表示"厌弃教育行政",并把学术作为奋斗目标和安身立命之本。

在每次政治上受挫折后,罗家伦总是向学术靠拢,对于"常得负号结果"、"不经济"的行政工作,再次表达了"厌弃"之意。但从罗家伦后来的言行看,他对被迫离开清华大学一事心怀耿耿,颇有壮志未酬之意。所以很快,他于 1930 年就应命出任中央政治学校的教务长,重新担负"教育行政"。在 1932 年,他又被任命出任最高学府中央大学的校长。罗虽然上书请辞,并在媒体上公开"拒任"。但数日之内,罗家伦的态度便发生根本性逆转,不但同意就任,而且提出了中央大学未来发展的思路和战略。可见他对"做事"的热情,对教育行政也远未到"厌弃"的程度。

曾与罗家伦同时期任教于武汉大学的朱东润用生动的笔墨描绘了"罗教授"在武大讲堂上的不学无术、官僚作风和政治派头。③ 朱先生的言论虽颇多嘲讽,且存在过激之处,但是罗家伦在这一阶段学术上鲜有建树,确是事实。

与就职清华时的隆重相比,罗家伦来到中大低调了很多。长期

---

① 《上教育部呈》,《文存》,第 7 册,第 101 页。
② 《拒任中大校长谈话》,《文存》,第 5 册,第 230 页。
③ 朱东润:《朱东润自传》,人民文学出版社,2009 年,第 172－174 页。

追随罗家伦的郭廷以后来也说:"罗先生到中大以后作风和以前不一样了,到清华时年轻、有干劲、有勇气,不到两年时间推动很多改革,也奠定清华后来的规模。到中大前他遭受一些挫折,稳健多了。"①罗在清华任职时仍然坚持先前拟定的治学计划,从事于中国近代史料的收集整理,并在清华和北大兼任教职。但在中大,他不仅没有担任教职,而且其史学治学计划也几乎中断。随着对政治和行政的投入愈深,罗家伦投入学术的精力越来越少。

1932年罗家伦在出席南高东大中大毕业同学会的晚宴中说道,"望诸位勿以中央大学新校长看我,请以东南大学旧教授看我。"②这一说法主要是为了拉近与毕业同学会的关系,但也可见他对自己的教授身份始终念念不忘。在中大任职期间,罗家伦虽没有兼任教职,但也常常出现在中大讲台之上。比如"总理纪念周"上,罗家伦不仅报告校务进展,还多次进行学术演说,其题目包括"甲午之战"、"民族与文学"等等。1936年9月,罗家伦在中大又引进了"近代文化概论"课程,并邀请翁文灏、秉志、何廉等人和自己共同主讲。③

罗在离职时将任大学校长期间放弃自身的学术事业视为个人的悲哀。从他此前在"为学"与"做事"之间的摇摆不定来看,确非虚言。对学术的牵挂,是他难以忘怀的情节。在1941年给蒋介石的请辞信中,罗家伦说道:"故如能任其稍留喘息,于短期内从事一种已写未完之哲学著述,最为感激!否则除有关教育行政之职务而外,凡有裨益抗战军事之直接工作,钧座认为适宜者,亦当量力为之。"④罗家伦当时进行的"已写未完之哲学著述"应该是此后不久出版的《新人生观》。从这段表述来看,他对于学术著述的热情仍然不减,而对"教育行政"的厌弃之意,也是溢于言表。

1947年1月5日星期日,老部下郭廷以赴罗宅来拜访,罗家伦在

① 张明园等整理:《郭廷以口述自传》,中国大百科全书出版社,2009年,第145页。
② 《提高学术创立有机体的民族文化》,《文存》,第5册,第231页。
③ 《认识中大》,《文存》,第5册,第468页。
④ 《上总裁书》,《文存》,第7册,第169-170页。

日记中留下了这么一段记录。

> 郭廷以兄来坐,承赠其所著《太平天国史事日志》。此书系余鼓励其所作者。彼对太平天国之研究及中国近代史之研究,皆继承余教书时之工作计划也。彼能有此成就,余心至慰,但余则惭甚矣。①

太平天国史的研究一直是罗家伦关注的重点,在海外游学时期他就很留意对此项史料的收集整理。② 在清华大学任校长时期,罗家伦兼任历史系主任并与郭廷以合开中国近代史课程,正如罗文中所言,郭廷以受他指导和影响颇多。而此后罗家伦忙于行政事务,学问荒芜。而郭廷以始终在历史系任教,学术上终成正果。迁台后的郭廷以后来主持了中央研究院近代史研究所,开一代风气。境遇之差异,让自认为"天性近于为学"的罗家伦不能不感慨、惭愧。

罗家伦最有代表性的著述当属 1942 年出版的《新人生观》、1946年出版的《新民族论(上)》。《新人生观》对于当时乃至此后数十年中国青年的成长产生了巨大影响,被商务印书馆屡次翻印。但是需要指出,两书在学术思想上虽有创建,但是显然没有达到当时中国顶尖知识分子的高度。罗家伦在北大求学与海外游学时期始终与中国最优秀的知识分子相交游。但是到后期,他在学术上已逐步淡出了这个圈子,而是将自己的精力用于文化教育和对学术事业的管理工作中。

陈寅恪曾经评价罗家伦在清华大学的贡献是"前无古人,后无来者",其关注点并不是罗家伦在学术上的成就。以陈寅恪的学术地位

---

① 《罗家伦先生文存补遗》,第 454 页。
② 在 1926 年写给顾颉刚的信中,罗家伦便十分重视对太平天国史料的收集。见《顾颉刚书信集》卷 1,中华书局,2011 年,第 247 页。而直到 1934 年,中大史学系主任朱希祖还将杜文澜所撰的《南北两大营纪事本末》钞本相赠罗家伦,可见罗的研究兴趣也为史学界人士所了解。见《朱希祖日记》上册,第 325 页。

和挑剔眼光,不会认可罗家伦在学术上的贡献。但他所看重的是罗作为一名学术机构的管理者,对"中外学术都知道途径"的学术视野和识见,还有罗家伦雷厉风行的作风和"做事的勇气"。[①] 这和此前清华校长仅有办事能力,而对于学问"大都是外行"形成了鲜明对比。尤其是罗家伦在欧美诸国一流学术机构的游学经历,不仅是自己在学术上的积累,而且使他能够站在世界的高度来看待中国的文化教育和学术事业,并因此具有了单纯的行政管理者所没有的恢弘气度和宽广胸怀。罗家伦对清华致力于"学术独立"的倡导正是展示了这种气度,这也是陈寅恪给予罗家伦如是高度评价的原因所在。而后来到了中央大学,罗家伦更是以柏林大学为目标,提出中大建设"有机体的民族文化"的历史使命。在办学实践和言行中,罗家伦对柏林大学、剑桥大学、牛津大学等世界一流学术机构均多有提及,并把游学体悟应用于自己的办学实践之中。罗家伦对于学术的兴趣,使得他对于大学这种学术机构的使命和责任有着更深刻、更真切的理解。因为理解学术,"对中外学术都知道途径",使得罗家伦对大学的管理并不是简单代表政府行政,而是将学术发展的内在需求和行政工作紧密结合在一起。

　　与同时代的许多知识分子和教育者一样,罗家伦是从为民族争生存的角度来看待大学教育的。在他的思想中,大学肩负着创立"有机体的民族文化"的使命,民族文化作为民族的灵魂所在和民族复兴的生机所在,必须建立在独立的学术研究之上。为此,他提出了要实现中国的"学术独立",并将之视为中国大学的重要责任。他所提倡的大学本土化,强调大学在奠定本民族学术文化发展基础中的重要性,均与此密切相关。而终其一生,罗家伦始终致力于其所服膺的"学术救国"的理念。虽然有"为学"和"做事"的选择冲突,但所做之事也多与学术密切相关。无论是个人的学术努力,还是在诸多大学

---

　　① 刘超:《道不同不相与谋——罗家伦、陈寅恪之交谊及其他》,《社会科学论坛》,2009 年第 17 期。

的学术管理,都可以统一在罗家伦"学术救国"的理念之下。

罗家伦认为个人放弃学问而投入到大学管理,这是"大学校长的悲哀"。但是这种感慨并非罗家伦所独有。长期主持北京大学的蒋梦麟在回忆中也如是感慨:"著者于民国八年,投入了北京大学里的学校行政的漩涡,起初尚兼教学而略从事作文。其后……行政事务逐渐加多,学问功夫逐渐减少,至民十一以后,简直成了单纯的学校行政者。积重难返,索性把笔搁起了。……自民十一以来而至近日,或膺簿牍之烦,或受扰攘之苦,而与学问生活渐离渐远。"[①]但也正是因为有了像罗家伦、蒋梦麟这样知晓"学术途径"的大学校长,他们为中国大学所确立的办学理念和发展思路才能与国际接轨,以更尊重学术、更了解大学、更通晓文化的姿态来引导大学的发展。中国大学在 20 世纪 20—30 年代的长足发展与他们的领导密切相关。大学校长个人的"悲哀"在某种程度上又是中国大学之幸。

---

① 蒋梦麟:《过渡时代之思想与教育》,商务印书馆,1933 年,第 2-3 页。

结　语

1930 年,著名教育学家弗莱克斯纳(A. Flexner)曾经如是描述大学和他所处时代的密切关系。他说:

> 大学像其他人类组织——如教会、政府、慈善组织——一样,处于特定时代总的社会结构之中而不是之外。大学不是孤立的事物,不是老古董,不会将各种新事物拒之门外;相反,它是时代的表现,是对现在和未来都会产生影响的一种力量。①

弗莱克斯纳将大学置于特定的社会环境和系统之中进行考察,深刻揭示了大学的时代性和民族性特征。离开具体的历史时代和它所置身于其中的社会结构来谈论大学,只能空谈空洞的理念和生硬的教条,无法呈现大学与他周遭社会之间复杂而鲜活的互动。

对于大学的时代性和民族性,罗家伦有着清晰的认识。他认为,欧洲中世纪将大学作为"一切至高至善的知识的总和"的理想,早已因时代环境的变迁而被舍弃。"近代式的大学,应当适应民族的需要,从发挥民族的最高智慧,来求民族的生存。"②与西方大学相比,近

---

① (美)亚伯拉罕·弗莱克斯纳:《现代大学论——美英德大学研究》,浙江教育出版社,2001 年,第 1 页。
② 《国立中央大学 22 级学生毕业纪念刊序言》,《文存》,第 10 册,第 215 页。

代中国的大学呈现出鲜明的民族色彩和时代特征。从一开始,近代
大学制被引入中国便是基于推动国家建设、服务民族救亡的需要。
相对于追求至高至善的知识这一理想,民族的利益和国家的现实需
求被置于更为突出的位置。大学与国家、政府的关系也因此成为影
响大学发展的核心问题所在。

作为"民国最高学府"的中央大学是近代中国大学的代表。1927
年南京国民政府成立后,越来越强调政府对大学的监管,将大学置于
国家政权建设的轨道之下。大学对此的适应、调整乃至抗拒变得难
以避免。在其间,学术与政治相互纠缠,知识与权力交融互动,呈现
出复杂的面相。如何定位国家意志在大学发展中的作用与影响,是
我们思考中国大学建设无法回避的问题。

一、学术与政治

许美德曾指出,南京国民政府"对大学采取的政策和立法,及其
是如何使大学自治和学术自由符合民国政府的利益和目的,是十分
有意思的"。① 位于首都的中央大学,受政治的影响更为突出,感受到
国家意志对大学的影响也更为强烈。

党国要人在很多场合表达过对于中央大学的定位和期待,其中
最为清晰、深刻的当数朱家骅。1944 年 12 月,朱家骅再次任职教育
部长后不久便赴中大演说,并重提中大的使命和责任。

> 中大自北伐成功后,成为首都的大学,所以我们希望能
> 够把中央大学,变作全国高等教育重心。在任务方面要有
> 更多的贡献,方才可以算一个名副其实的首都大学。中央

---

① （加）许美德:《中国大学 1895—1995:一个文化冲突的世纪》,教育科学出版社,
2000 年,第 53 页。

大学虽则在中国大学的历史上成立较晚,但因设在首都的关系,责任特别重大,贡献必须更多。在学术研究对于国家贡献上,应该要特别努力,完成它的使命。中央对中央大学的重视与特别期望,也是因为这个关系。我们的蒋主席曾经兼任中大校长,这意义是何等重大,这对于中央大学历史上是无上的光荣。所以中央大学对于我们立国的最高原则三民主义和主席作人作事的理论和思想,特别要发扬广大。中央大学这在首都,对于中央政策比较更为明了,在学术贡献上和学生在社会成就上,都应该领导他人,起一种示范作用。中央大学不仅具有一般大学与大学生的使命,还应负起特殊的责任。①

朱家骅曾于 1930—1931 年间任中大校长,此后又两次出任教育部长,对中大和高等教育都有很深了解。他的言论很大程度上反映了国民政府对于中大的定位。所谓"责任特别重大,贡献必须更多",都显示了"中央对中央大学的重视与特别期望"。国民政府对于中大的期待主要表现以下方面:一是将中大建成全国高等教育的重心,成为中国高等教育的旗帜;二是中大应更明了中央的政策,对国家意志和中央精神能更好地贯彻和体现;三是大学要在学术研究和知识贡献上有所成就;四是大学要为国家和社会培养精英阶层,在全社会起到领导作用。

朱家骅的言论体现了政府视角下的大学使命。在肯定大学从事学术研究和人才培养的基本功能的基础上,他将服务国家建设、追随国家意志置于突出的位置。正是在这种期待下,熟悉中央政策并与党国高层来往密切的罗家伦才于 1932 年出任中大校长。罗家伦不仅明了维系"中大师生对领袖的向心力"的责任,还致力于将中大打

---

① 《朱家骅在中央大学总理纪念周的演讲》,王聿、孙斌合编:《朱家骅先生言论集》,台湾"中央研究院"近代史研究所,1977 年。

造成为"有利于民族和国家的学府"。罗家伦就任中大校长,体现了政治因素和国家意志对于大学治理的影响。也正是在罗家伦的努力下,中央大学才实现了真正的"中央化",从原来远离政治纷扰、潜心学术的东南大学,转变为与中央保持"同调",名副其实的民国最高学府。

国家和社会对大学的期望,使得大学无法在封闭的自我中谋求内在适应,它要在现实社会系统内通过感知和满足社会需要实现外在适应,通过不断吸收外部资源来影响国家和社会。对外在环境的适应是保持大学这一组织稳定、生存和进化的必要方式。大学作为现代社会系统中的组成部分,它有赖于对社会环境的开放获得活力。把自身封闭在象牙塔内,不仅容易引起与社会关系的紧张冲突,更会因此失去与社会在物质、信息、人才等资源上的正常交流而不能形成自我调节、适应社会环境的能力。中国近代大学从产生之日,就有着"与民族共命运、与时代同步伐"的特征。乃至今日,如何紧扣时代的脉搏,充分融入到国家建设和民族复兴的时代潮流,仍然是大学建设必须面对的重要命题。

南京国民政府将大学教育纳入国家建设的轨道,强化意识形态对学术思想的控制,这本无可厚非。但要将国家的政治意志在大学这一学术组织中强行推进实施,势必引起学术与政治的冲突。虽然校长罗家伦熟悉西方大学的组织理念和管理模式,对学术发展与大学治理都有着深刻认识;但作为一名忠诚的国民党员和民族主义的信仰者,罗更加关注民族的救亡图存和政府迫切的现实需求。为了调和大学作为学术组织与国家赋予其的政治目标之间的错位,他提出了将"建设有机体的民族文化"作为中央大学的使命,而民族文化正是民族复兴的基石。罗家伦试图把来自党国僵硬的政治需求和意志通过"建设民族文化"之一任务落实到大学的发展目标和组织文化之中。对于学术与政治之间长期存在的紧张关系,通过"民族文化"这一桥梁进行调适与缓和。从大学的学术立场来看,大学是从事学术探究和文化传承创新的机构,文化重建是其不可回避的使命;而从国家视角和政治需要来看,大学对于知识和学术的贡献要紧密服务于民族生存和国家建设的目标,这种服务不是军事上的,也不是政治上的,而从根本上说是学术性的,是建立在知识和文化的创造与传承之上的。

在学术与政治的关系上,罗家伦虽然熟悉欧美大学的理念和模式,但并没有完全接受欧美大学的那种学术自由和自治的思想。面对中国当时的政治环境和民族危机,无论从理念上还是实践上,都需要结合中国的历史传统和时代环境,对西方大学的理念和组织方式加以改造,探索符合中国现实的现代大学对于社会和知识的责任。罗家伦提出的"建立有机体的民族文化"的主张,以及他在中央大学的办学实践,无疑是对大学与国家关系在近代中国发展模式下的一种探索。

学术进步是大学存在、稳定和繁荣的根本,但是在近代中国的时代背景下,学术的繁荣必须在服务民族和国家的需求的过程中来实现。近代中国大学的发展也要与民族国家建设的进程相结合,并紧密服务于民族复兴的时代使命。罗家伦从民族文化和民族精神的层面来发掘大学的使命和价值,并从民族救亡的共同意识中汲取整合力量,来回应当时困难深重的时代,这体现了罗家伦对大学这一以知识为核心的组织机构特征的深刻认知。罗家伦强调大学应与政府建立良好的互动关系,政府为大学提供稳定的经费支持,保障大学校长的地位和权力,而大学也要急政府之所急,想政府之所想,将国家的需求视为大学的目标导向。他说,"我们一方面希望政府能直接帮助我们,另方面也希望我们能直接帮助政府解决目前国家的生死存亡问题。"①罗家伦把大学视为国家教育系统的重要组成部分,强调大学应该在国家建设中担当自身的责任。他认为只有这样,"在中大教书才有意义,办理中大也才有意义,大家才对得起国家,才不愧于纳税

---

① 《希望 23 年度的中央大学》,《文存》,第 5 册,第 405 页。

者国民。"①他说："大学的经费来源是国家的税收,是出于人民的负担,所以大学对于国家民族的生存问题不能不负一种责任。"②罗家伦将大学治理围绕国家需求展开,将国家目标作为大学建设的指挥棒,通过与政府的密切合作,为大学与外界的互动提供了良好的机遇,也将中央大学的发展紧扣时代脉搏,并逐步构建出一种大学与国家相互支撑发展的模式。

在罗家伦强调大学紧密追随国家意志和政府需求的发展思路下,政治因素对于大学治理与学术发展产生一定的影响。由于紧密服务国家需求与目标,通过与航空委员会、资源委员会、水利委员会等各级国家机关的广泛合作,加上校长罗家伦在筹措经费上"特长的政治手腕",抗战前的中央大学办学经费稳定而且充足。1935 年,中大在国民政府的支持下,在南京东郊开始了预算达数百万元的新校区建设,大学发展的空间与资源得到了极大充实。罗家伦时期的中大设有除商学院之外的所有学院,是国内学科最为齐全的大学。而中大校园富丽堂皇的"宫殿式"建筑群,不仅为国内同行所艳羡,甚至被外国友人认为是浪费的表现。政府的支持,使得抗战爆发前的中央大学呈现出一片欣欣向荣的"繁荣"景象。

繁荣背后,政治对大学事务的过度介入也对学术品质造成影响。中大院系设置完整,且规模庞大,但是在当时很多人看来,"中大院系虽多,门类颇繁,但没有一个学院是特别杰出的。没有一个学系是特别有名的","中大之所以为中大,正唯如此。所以能显示出它的'中'和'大'"。③ 对于政治对大学的影响,身处其中的师生感受真切。抗战时期的中大学生如是说,"中大因为一贯的毗邻首都,所以都城的气味都不免要吹进学校,实际政治与中大的距离似乎是比较短的。因为这个缘故,中大是比较多事。"④郭廷以也认为,"中大教员都是规

---

① 《中大一年和将来的希望》,《文存》,第 5 册,第 320 页。
② 《中国大学教育之危机》,《文存》,第 5 册,第 368 页。
③ 金易:《抗战中的中央大学》,王觉源编:《战时全国各大学鸟瞰》,第 41 页。
④ 楚崧秋:《素描抗战中的中央大学》,《中国青年》,1943 年第 1 期。

规矩矩的教书，但论研究精神则略有欠缺，这是因为课多而且接近政府的缘故，许多教员混资格'做官'去了。"①郭廷以和学生都强调政治环境对于大学学术风气的影响。参与政治对于知识分子有着巨大的吸引力，这在《时代公论》杂志上体现得最为明显。杂志撰稿人大多身兼官学两职，在学界与政界之间游走。而杂志在立场与主张上也与政府的意志颇为相似，甚至被自由主义知识分子指责为"蒋介石的机关报"，这些都显示了政治对于学术的影响。难怪在1934年初，胡适先生在南京时会发出"野无遗贤"②的感慨。

大学与政府的"过往甚密"在校内也引起了不满，这说明罗家伦的治校方略并没有在中央大学得到完全认同。作为南京高师精神继承者的"南高旧人"和《国风》杂志同仁始终是以罗家伦为首的学校当局的"反对者"。他们缅怀南京高师和东南大学时期的学风与精神，批评当前中央大学追求功利、追随潮流的喧嚣与浮躁。在他们看来，中央大学与东大、南高相比，虽然物质上得到了大幅充实，但却忽视了学术的内在发展，大学因此缺乏了灵魂和精神。《国风》杂志的批判立场和文化守成主张，显示了大学对于文化传统的坚守和对于变革的抗拒，而他们的批判也集中在反对政治对于学术的侵扰上。不可否认的是，"南高旧人"对罗家伦的批评，其间夹杂着复杂的门户之见和人事之争等原因，但也代表了大学内部抗拒政治意志干预学术发展的力量。

"南高旧人"批评的公正性有待进一步讨论，但政治对学术的影响却真实存在，并且学府中人也无意回避。1929年，张其昀在中大"总理纪念周"演讲中曾专门谈及大学与政府之关系，他认为"学府重理学者为理想家，政客为实行家。'理想为事实之母'，所以'学府为政府之母'。"③张其昀强调了大学学术对国家政治和社会发展的积极影响，表现了中大初创时期师生洋溢的乐观情绪。但就学术与政治

---

① 张明园等编：《郭廷以口述自传》，中国大百科全书出版社，2009年，第145页。
② 曹伯言整理：《胡适日记全编》（六），安徽教育出版社，2001年，第320页。
③ 张其昀：《我所希望于本校同学者》，《国立中央大学半月刊》，1929年第4期。

的关系而言,政治对学术的影响更为强烈,学术对政治的作用则较为
微弱。大学对学术理念的探索很难在实际的政治生活中得以运用,
这也许正是《时代公论》虽然有着积极的政治参与意识,却鲜有建树,
最后不得不黯然休刊的原因所在。在民国时期,大学对政治和社会
的影响主要不是通过学术进步,而更多是超越学术的范围直接介入
到政治生活之中。大学师生频繁的政治运动,成为民国时期学府影
响政府的主要表现形式。从政治与学术的角度看,与其说这是学府
对于政治的影响,不如说是大学的"泛政治化"对学术的进一步压制。
大学展示自身价值的舞台不是在学术层面上,而是集中在此起彼伏
的各种政治运动之中。正是基于此,罗家伦时期中央大学师生在政
治运动中所表现出的温和、有序和保守的姿态,并不能视为大学对政
治、社会的冷漠态度。正如罗家伦所提出的那样,他希望大学生能在
图书馆、实验室里体现他们的价值,大学对于社会、政治的引领是基
于学术和文化层面上。

　　1938年,中大教授杨玉清在《新民族》撰文,专门讨论学术与政
治的关系。与张其昀类似,他也认为学术与政治关系密切,在当前中
国民族危亡的时刻,学术是"政治的领导,是国力的源泉"。而要实现
这一点,他认为首先要"培养中国的学术独立"。但在现阶段,有很多
因素制约了学术的独立发展,其中最重要的就是学术缺乏独立发展
的精神,而成为政治的附庸,政治对学术有着强势的支配力。"中国
学术的领导权,都操在执政者的手里",学术工作不仅受到政治的牵
制,而且学者本身又受到政治的诱惑。这使得"单纯做研究学术的工
作,与政治不发生关系,也许会有饥饿的危险。到达在学术上有了地
位,又为被政府招贤养士,给得一官半职,就埋葬下去了"。[1] 而杨玉
清认为,学术界在这几重桎梏下,"还不可多得以学术为终身事业的
战士"。要培养中国的学术独立,杨玉清认为一方面政治界要保障学
术界的独立,能尊重学术,使得一般学人有研究的自由;同时又能利

[1]　杨玉清:《学术与政治》,《新民族》,第10期。

用学术界的贡献为政治发展服务,能消费学术,能利用学者的成果作施政的根据。与张其昀九年前的言论相比,杨文显得更为现实,更加注意政治因素对学术工作的现实影响。"尊重学术"和"消费学术"的概念,也代表了中央大学很多人在学术与政治关系上的立场。

而到了1947年,中央大学教授会发表了一份著名的《中央大学教授会宣言》。在宣言中,矛头直指政府对于大学学术文化的压制。

> 抗战时期,政府以文化教育为一种政争的工具,即所谓"党化教育"与"思想统制",这是中外周知、无可讳言的事实,因而加紧文化教育工作者的经济束缚,迫使其身心终日穷忙于柴米油盐,有不能一饱之忧,遑论思想? 不能思想,便无从过问政治,便不能对国家大事作严肃的思考与表示。①

随着抗战时期国民政府加强对大学的监管和控制,政治对学术的压制也日益凸显。张其昀在1929年曾在高调地谈论"学府为政府之母"。抗战初期的杨玉清虽有无奈,但也在呼吁政府能"尊重学术"、"消费学术"。但到了中大教授们战后的这份宣言,则可以看作是学术对于政治的公开抗争。

二、知识与权力

在大学与国家关系的框架下,大学对知识的生产和传播变得引人注目。生产什么样的知识,如何生产知识,所生产知识的社会回报如何,既能体现国家意志在校园基层如何得以贯彻和实施,也是大学这一学术组织内部运作的重点所在。

---

① 此文系1947年3月27日中央大学教授会第二次全体大会推举贺昌群起草的《中央大学教授会宣言》,见贺昌群《贺昌群文集》,商务印书馆,2003年,第251页。

　　罗家伦时期中央大学的知识生产与传播反映了政治权力的影响，尤其是国家的需求成为大学知识生产和传播的指挥棒。在学科结构的调整上，大学紧密追随国家"重理工抑文法"的政策导向，并充分考虑到国防建设的需要。比如对于化学工程的发展，1932 年 12 月校务会议就曾明确指出，"本校化工组办理方针应以研究国防化学及重工业之基本原料制造为主体，其对普通工业之研究仅以所费轻而需要切之化工事业为限。"①这一说明展示了学校对于服务国防和国家建设事业的目标定位。在 1934 年 9 月，罗家伦又提出，"我们应使一切科学的研究，能与外界发生关系，尤应特别注意使实用科学与国防发生关系。"通过兴办水利工程、航空工程等与国民经济和国防建设密切相关的系科，中大工学院在罗家伦时期得到了极大的扩充。在 1932 年罗家伦赴任时，中大工学院仅有学生 295 人，占全校 1540 名学生的 19.1%。而到了 1939 年罗家伦去职前，中大工学院学生激增到 805 人，占全校 2376 名学生的 33.9%。同样是基于国家建设和国防的需要，中央大学在经费极其困难的情况下仍然遵照教育部训令创办了医学院和牙医专科学校。

　　大学学科结构的调整体现了政府意志的影响，而权力对学术的影响还渗透到大学的课程标准和具体的讲授之中。1933 年，中央大学校务会议通过的《各院系修订课程时应注意事项》，明确指出"当此国难严重时期，一切课程之设置，尤应特别注意有关民族生存之问题，以养成健全实用之学术人才为主旨。"②能否满足国家建设和民族图存的需要，成为衡量所生产知识价值的重要标准。在这种前提下，各种权力以民族大义为旗帜，顺理成章地介入到大学的知识生产过程之中。在大学与航空委员会、资源委员会等各类国家机构的合作事业中，国家权力机关处于明显的主导地位。这些机构不仅对合作经费的额度和使用范围进行严格规定，而且对于教授的人选和待遇、

---

①　《本校化工组办理方针案》，中大档 648—910 号。
②　《各院系修订课程时应注意事项》，中大档 648—2290 号。

研究生的培养、图书设备的购置以及课程和授课计划的调整等学术事务介入过多。而事实上，这些都是本应由大学独立处理或主导的学术事务。

政府权力对大学知识生产的左右还表现在研究院的筹设上，而不同大学对此问题的态度差别更是耐人寻味。1935年，教育部训令国内几所主要高校视设备和人才情况筹办研究所。因牵涉到研究所的名称和内容，北京大学的胡适专门致函教育部长王世杰，认为教育部对大学学术事务干涉过多。

> 北大研究院事，鄙意大部不宜过事干涉。大部职在教育行政，于各国立大学内部之学术的设施，不宜遥相牵制。例如北大文科研究所本只设文史部，只因迁就部订章程，改为文科研究所，既谓之文科则范围加广了，今又有只许办中国文学系之说。夫"史"可以包"文"。"文"不能包"史"，就与我们原来注重"史的研究"的意思相背驰了。①

与胡适反对国家行政权力干涉大学学术事务相比，中央大学当局的立场耐人寻味。在接到教育部设立研究所的训令后，中大校方复函教育部，请求由教育部来决断大学内部的学术事务：

> 经各院系商议，均以为本校究应筹设何种学科研究所，颇难拟断，盖以研究所之设立，在国内各大学，均属草创，而我国人才物质，又极有限。尚能于创办之始，一方面考察各科学术需要之先后，一方面顾及各校人力设备之多寡，统筹全局，因地制宜，由钧部斟酌指定，籍收分工合作之效，而免偏颇重复之弊。似较由各校自定者为有系统有组织也。……乞指定本

---

① 《胡适致王世杰函》，见耿云志主编《胡适遗稿及秘藏书信》，黄山书社，1994年，第18页。

校应先筹设之研究所及所内之部，俾便遵办。（下划线为引者所加）①

　　令人迷惑的是，这一决定是在与各院系商讨后，由中大校务会议集体做出的。这种决策机制和形式在某种程度上说明，中大的管理层对部令即使不是"言听计从"，至少对政府权力直接介入大学学术事务并没有明显的敌意。甚至在校内利益分配以及学术发展的优先顺序难以权衡和协调时，校内管理层往往借助外部的行政权力来推进校内的学术事务，让政治权力"为我所用"。在行政与学术之间，权力的边界模糊不清。

　　通过调整系科结构、修订课程标准以及加强与国家机关的合作，大学容忍了政治意志影响知识生产、传播，在权力的"资助"下，大学成为推动国家所需的知识生产和传播的重要平台。通过与现有政权的合作，中央大学获得了丰富的发展资源和空间，并在政府的期许下在国家高等教育体系中取得了"领袖群伦"的地位，成为名副其实的"民国最高学府"。迁校重庆后的中央大学不仅在主要的办学指标上，在国内大学中处于领先地位，而且对国内青年产生了很大的号召力，成为青年学生"心向往之"的求学首选。

　　无论是在南京还是重庆，中央大学始终位于政府所在地，地理上的距离进一步拉近了学府与政府的亲密度，作为知识生产与传播的主体与国家权力的关系变得越来越紧密。就学生而言，由于国家权力的控制和引导，中大学生的政治态度温和而保守，激进学生组织发展缓慢，学生参与政治活动热情不高，这与平津地区充满政治热情的高校学生形成鲜明对比。从学生的就业选择上看，"服务党国"不仅是一句口号，已真切地成为学生的现实选择。大学对于政府举办的高等考试给予了特别的重视，中大学生在国家此类"抡才"大考中也取得优异的成绩。众多理工科学生以专业技能服务于各类国家建设

---

① 《筹建研究所计划及其章程等文书》，中大档 648—2467 号。

事业机关,成为国家和国防建设中的骨干力量。

　　而从教师队伍来看,由于特殊的地理优势,中大很多教授进入政界服务。在知识的生产上,中大教授更加关注于技术问题和操作层面,对于价值本源和制度优劣却很少争论。在《时代公论》杂志上,我们可以看到中大教授更多集中在对现实可操作的政治道路与制度设计的探讨。在《新民族》杂志上,我们可以看到教授们将更多的精力集中在抗战建国的具体问题上。对于政府权力施加于大学知识生产的影响,中大教师表现出坦然接受的态度。

　　在知识与权力的关系层面,比较更能体现出差异。上述筹备研究院是一例,抗战时期大学对课程科目表的态度也是一例。抗战时期,国民政府为进一步加强对高等教育的管理,对全国专科以上学校课程进行统一规定。1938 年,教育部正式公布了《文理法三学院共同科目表》和《文理法三学院分系必修及选修科目表草案》,对各学院应设课程及学生考核办法给予详细规定。教育部这一课程改革的举措是国家权力对大学知识生产和传播方式的限制和规范,也在各大学内引起了不同反响。西南联大教务会议为此致函教育部,对科目表草案表达了强烈不满。

　　　部中重视高等教育,故指示不厌其详,但准此以往则大
　　学将直等于教育部高等教育司中一科,同人不敏,窃有未
　　喻。夫大学为最高学府,包罗万象,要当同归而殊途,一致
　　而百虑,岂可刻板文章,勒令从同。世界各著名大学之课程
　　表,未有千篇一律者;即同一课程,各大学所授之内容亦未
　　有一成不变者。惟其如是,所以能推陈出新,而学术乃可日
　　臻进步也。如牛津、剑桥即在同一大学之中,其各学院之内
　　容亦大不相同,彼岂不能令其整齐划一,知其不可亦不必
　　也。今教部对于各大学束缚驰骤,有见于齐而无见于畸,此
　　同人所未喻者一也。教部为最高行政机关,大学为最高教
　　育学术机关,教部可视大学研究教学之成绩,以为赏罚殿

最。但如何研究教学,则宜予大学以回旋之自由。律以孙
中山先生权、能分立之说,则教育部为有权者,大学为有能
者,权、能分职,事乃以治。今教育部之设施,将使权能不
分,责任不明,此同人所未喻者二也。教育部为政府机关,
时局时有进退;大学百年树人,政策设施宜常不宜变。若大
学内部甚至一课程之兴废亦须听命教部,则必将受部中当
局进退之影响,朝令夕改,其何以策研究之进行,肃学生之
视听,而坚其心志,此同人所未喻者三也。师严而后道尊,
亦可谓道尊而后师严。今教授所授之课程,必经教部之指
定,其课程之内容亦须经教部之核准,使教授在学生心目中
为教育部一科员之不若,在教授固已不能自展其才;在学生
尤启轻视教授之念,于部中提倡导师制之意适为相反,此同
人所未喻者四也。①

西南联大强烈的反对态度,显示了其对于国家权力规范大学学
术事务的抗拒。相对而言,中央大学的反应则颇为温和。很多中大
教授对于教育部统一课程标准持肯定态度,只是基于"爱护"的立场
在具体的细节问题上提出改进的建议。如心理学教授潘菽就指出,
部颁大学科目表"是大家所拥护的,不过这一目的如果要充分表达
到,并且不致引起其他方面的流弊,则所采取方法必须详加考虑并据
施行的经验而随之改进之"。②

教育部长陈立夫还就此问题专门致函中大师范学院院长艾伟咨
询,艾伟在"与敝院同人集议"后在《新民族》上进行了回复,颇能代表
中大教授的态度。在回复中,艾伟指出此次教育部修订大学课程优
点有五。第一,注重基本训练;第二,将分系移至第二学年开始,顾虑

---

① 冯友兰:《西南联合大学教务会议就教育部课程设置诸问题呈常委会函》1940 年 6
月 10 日,《冯友兰论教育》,人民出版社,2010 年,第 127～128 页。
② 潘菽:《关于部颁大学科目表几点原则的商榷兼论理学院心理学系科目表》,《高等
教育季刊》,第 1 卷第 3 期,1941 年 9 月 1 日,第 21 页。

周全;第三,规定课程统一标准;第四,沟通文理学科;第五,重视毕业试验。艾伟认为,"综上五端,同时改进,则大学教育将日蒸完善。行见十余年后,人才之盛,国势之强,皆仁兄之造福也。顾尊拟草案中,于大者远者,洞澈穷要。"可见其对于教育部统一课程的肯定态度,这和西南联大从根本上强调学术自由、抵制政治权力"统一"教育标准的立场有着明显差异。艾伟同时也提出了修改意见,但是局限于如何在技术细节上对草案进行完善,比如建议"高等数学大意一科目在文学院似不必列为必修课","一年级之国文外国文标准应力求客观","必修课目如须规定应请将人类心理学一科目列在其中",等等。同时,艾伟还建议"请设立一二试验大学以试行大部最近所拟之方案",并多次提及中央大学教育学院的工作和发展成绩。[①] 可见,艾伟等人对于教育部统一课程标准的做法采取了主动配合和积极融入的态度,所提出的建议也多以中大教育学院的科目表为参考,并透露出以中大引领全国高等教育发展的意图。大学的知识生产与传播受到国家权力的规范和"标准化"时,大学反倒表现出主动靠拢的姿态和合作共赢的意愿。如果说 30 年代初期的《时代公论》杂志基于学理探究尚能对政府与政治给予温和的批判,那抗战初年的《新民族》杂志则与中央立场与党国意志保持着高度的一致。中央大学的教授们更倾向于从事具体科学的研究,为解决国家面临的各种严峻的技术难题出谋划策,而较少涉及对主义与路线的争论。相对于被誉为"民主堡垒"的西南联大,知识和权力的"共谋"在"民国最高学府"的中央大学表现得颇为明显。

　　西南联大的"神话"在今天的学界仍有着广泛的吸引力,这与民国最高学府中央大学的境遇形成了鲜明对比。虽然其间存在政治因素的影响,但无可否认,从学术与政治、知识与权力的关系来看,西南联大更能坚持学术自由的精神,而中央大学则采取主动融入国家主

---

　　① 艾伟:《论整理大学课程——为整理大学课程复陈部长书》,《新民族》,第 2 卷第 1 期,1938 年 7 月 7 日。

流意志的立场。美国学者易社强(J. Israel)在《战争与革命中的西南联大》一书中尤其强调了个人主义和学术自由的精神对于这所大学，乃至对于近代中国的重要意义。① 相比而言，中央大学虽然规模更大、物质充实，但却因与政治权力的"过往甚密"而被认为缺乏大学应有的自由精神。而前者的观点和做法更容易被强调学术自由的知识界所接受。

著名学者哈罗德·伯金在研究大学发展历史时所作总结，正可以用来作为罗家伦时期中央大学发展的注脚。他说：

> 就大学为了追求和传播知识需要自由而言，当种种控制力量软弱分散时，大学知识之花就开得绚丽多姿；就大学需要资源维持办学，并因此依赖富裕、强大的教会、国家或市场支持而言，当种种控制力量强大时，大学在物质上就显得繁荣昌盛，但是这种力量可能——也的确常常——以各种有害于教学和研究自由的方式实行控制。因此便出现了这种奇怪现象：当大学最自由时却最缺乏资源，当它拥有最多资源时则最不自由。……大学诞生在一种无论在政治、精神方面还是在知识学问方面都处于分裂状态的独特文明之中。大学的规模发展到最大时，正是社会越来越依靠政府全面控制之日。②

---

① (美)易社强：《战争与革命中的西南联大》，九州出版社，2012年版，第318-321页。
② (美)伯顿·克拉克：《高等教育新论——多学科的研究》，浙江教育出版社，2001年，第26页。

参考文献

一、档案文献与资料汇编

国立中央大学档案,缩微胶卷,全宗号 648,中国第二历史档案馆藏。

罗家伦先生文存编辑委员会编:《罗家伦先生文存》,台北"国史馆",1989 年。

中国国民党中央委员会党史委员会编:《罗家伦先生文存补编》,台北近代中国出版社,1999 年。

罗久芳、罗久蓉编:《罗家伦先生文存补遗》,"中央研究院"近代史研究所史料从刊(51)。

宋恩荣等编:《中华民国教育法规选编》,江苏教育出版社,2005 年。

《南大百年实录》编辑组编:《南大百年实录》,南京大学出版社,2002 年。

南京大学校庆办公室校史资料编辑组编:《南京大学校史资料选辑》,1982 年。

高澎编:《永恒的魅力——校友回忆文集》,南京大学出版社,2002 年。

中国第二历史档案馆编:《中华民国史档案资料汇编》第五辑第一编,教育,江苏古籍出版社,1994 年。

中大八十年校庆特刊编辑委员会编:《中大八十年》校庆特刊,

1995 年。

宋黎等著:《一二九运动回忆录》(第一集),人民出版社,1982 年。

方本裕编:《全国学生反对华北"自治"运动前后记》,中国现代革命史资料丛刊,《一二九运动资料》第一辑,人民出版社,1981 年。

中国国民党中央委员会党史委员会编:《革命文献》第 56 辑,抗战前之高等教育,1984 年。

《教育部改进专科以上学校训令汇编》第一辑,商务印书馆,1935 年。

《国立中央大学一览》第一种,行政概况,1930 年。

《国立中央大学一览》第二种,文学院概况,1930 年。

《国立中央大学一览》第三种,理学院概况,1936 年。

《国立中央大学一览》第十一种,中央大学教职员录,1931 年。

国立中央大学学生自治会编:《国立中央大学概况(29 周年校庆纪念)》,1944 年。

中央大学秘书处编辑组编:《国立中央大学校况简表(民国 18 年度)》,京华印书馆,1930 年。

秘书处编辑部编:《国立中央大学沿革史》,1930 年。

教育部高等教育司编:《全国高等教育统计》,1928 年。

教育部统计室编:《21 年度全国高等教育统计》,1936 年。

教育部统计室编:《22 年度全国高等教育统计》,1936 年。

教育部统计室编:《23 年度全国高等教育统计》,1936 年。

教育部统计室编:《24 年度全国专科以上学校学生考选情况》,1936 年。

中央大学教务处注册组编:《国立中央大学第八届毕业生名册》,新新印书馆。

中央大学教务处注册组编:《国立中央大学第七届毕业生名册》,新新印书馆。

中央大学出版组编:《中央大学文学院选课指导书》,1935 年。

中央大学出版组编:《国立中央大学理学院概况》,1936 年 5 月。

国立南高东大中毕业同学总会编:《国立南高东大中大毕业同学录》,1933 年。

教育部:《教育部 27 年度招生委员会报告》,1939 年。

二、新中国成立前报纸与期刊

《东方杂志》

《大公报》

《独立评论》

《大学生言论》

《高等教育季刊》

《民国日报》

《国风》

《国立南高东大中大毕业同学总会会刊》

《国立中央大学半月刊》

《国立中央大学日刊》

《国立中央大学学生会会刊》

《教育丛刊》

《教育杂志》

《江苏教育》

《申报》

《时代公论》

《校风》

《新民族》

《心理半月刊》

《土木》

《中大新闻》

《中大周刊》

《中国青年》

《中央日报》

《中央大学校刊》

《国立北京大学 31 周年纪念刊》

三、著作

[德]C. H. Becker、[法]P. Langevin、[波兰]M. Falski、[英]R. H. Tawney 著:《中国教育之改进》,国立编译馆,1932 年。

王觉源编:《战时全国各大学马瞰》,独立出版社,1941 年。

耿云志主编:《胡适遗稿及秘藏书信》,黄山书社,1994 年。

蒋梦麟:《过渡时代之思想与教育》,商务印书馆,1933 年。

孟承宪:《大学教育》,商务印书馆,1934 年。

余蕾主编:《到大学去》,新新印务馆,1940 年。

罗家伦:《文化教育与青年》,商务印书馆,1946 年。

张朋园等整理:《郭廷以口述自传》,中国大百科全书出版社,2009 年。

(美)约翰·S·布鲁贝克:《高等教育哲学》,浙江教育出版社,1987 年。

吴学昭:《吴宓与陈寅恪》,清华大学出版社,1992 年。

吴宓:《吴宓自编年谱》,北京三联书店,1995 年。

刘维开编著:《罗家伦先生年谱》,台湾中国国民党中央委员会党史委员会,1996 年。

中国蔡元培研究会编:《蔡元培全集》,浙江教育出版社,1997 年。

罗家伦:《历史的先风:罗家伦文化随笔》,学林出版社,1997 年。

(加)许美德:《中国大学 1895—1995:一个文化冲突的世纪》,教育科学出版社,2000 年。

(美)亚伯拉罕·弗莱克斯纳:《现代大学论——美英德大学研究》,浙江教育出版社,2001 年。

曹伯言整理:《胡适日记全编》(六),安徽教育出版社,2001 年。

黄宗甄:《罗宗洛》,河北教育出版社,2001 年。

苏云峰:《从清华学堂到清华大学(1928—1937)》,三联书店,2001 年。

(美)伯顿·克拉克:《高等教育新论——多学科的研究》,浙江教育出版社,2001 年。

王德滋主编:《南京大学百年史》,南京大学出版社,2002 年。

陈平原:《中国大学十讲》,复旦大学出版社,2002 年。

华彬清、钱树柏:《南京大学共产党》,南京大学出版社,2002 年。

王聿、孙斌合编:《朱家骅先生言论集》,台湾"中央研究院"近代史研究所,1977 年。

龚选舞:《龚选舞回忆》,台北:时报文化出版企业有限公司,1991 年。

冯友兰:《冯友兰论教育》,人民出版社,2010 年。

《王世杰日记》(手稿本),台北:"中央研究院"近代史研究史 1990 年。影印本。

朱希祖:《朱希祖日记(上中下)》,中华书局,2012 年。

朱希祖:《朱希祖书信集》,中华书局,2012 年。

贺昌群:《贺昌群文集》,商务印书馆,2003 年。

邓丽兰:《域外观念与本土政制变迁:20 世纪二三十年代中国知识界的政制设计与参政》,中国人民大学出版社,2003 年。

(英)安迪·格林:《教育与国家形成:英法美教育体系起源之比较》,教育科学出版社,2004 年。

《竺可桢全集》,上海科技教育出版社,2004 年。

顾颉刚:《顾颉刚自述》,河南人民出版社,2005 年。

顾颉刚:《顾颉刚书信集》,中华书局,2011 年。

罗久芳:《罗家伦与张维桢——我的父亲母亲》,百花文艺出版社,2006 年。

陈洪捷:《德国古典大学观及其对近代中国的影响》,北京大学出版社,2006 年。

沈卫威:《学衡派谱系——历史与叙事》,江西教育出版社,

2007 年。

（德）雅斯贝尔斯：《大学的理念》，上海人民出版社，2007 年。

张晓京：《近代中国的歧路人：罗家伦评传》，人民出版社，2008 年。

冯夏根：《文化关怀与民族复兴：罗家伦的思想人生》，人民出版社，2009 年。

朱东润：《朱东润自传》，人民文学出版社，2009 年。

王汎森：《中国近代思想与学术的系谱》，吉林出版集团有限责任公司，2011 年。

陈智超主编：《陈垣来往书信集》，三联书店，2010 年。

西南联大《除夕副刊》主编：《联大八年》，新星出版社，2010 年。

孟丹青：《罗家伦的教育思想及实践》，江西人民出版社，2012 年。

姜义华主编：《胡适学术文集·教育》，中华书局，1998 年。

（英）杰勒德·德兰迪：《知识社会中的大学》，北京大学出版社，2010 年。

（美）易社强：《战争与革命中的西南联大》，九州出版社，2012 年。

Sheldon Rothblatt and Björn Wittrock, *The European and American university since* 1800: *historical and sociological essays.* Cambridge University Press，1993.

四、学术论文

毛子水：《博通中西网罗人才的大学校长》，《传记文学》，1968 年第 13 卷第 1 期。

施士元：《中央大学时代的回忆》，《物理》，1994 年第 10 期。

王运来：《罗家伦主持中央大学》，《民国春秋》，1998 年第 4 期。

刘海峰：《在教育和历史之间》，《教育史研究》，2001 年第 1 期。

张晓维：《喟叹一声罗家伦》，《书屋》，2005 年第 3 期。

吕妙芬：《对明清教育史研究的几点考察》，《大学教育学科》，2005 年第 5 期。

曹天忠：《档案中所见的部聘教授》，《学术研究》，2007 年第 1 期。

彭雷霆：《柳诒徵与国风》，《江汉大学学报》，2007 年第 1 期。

许小青：《南京国民政府初期中央大学区试验及其困境》，《近代史研究》，2007 年第 2 期。

刘大禹：《九一八国民政府集权政治的舆论支持（1932—1935）——以〈时代公论〉为中心的考察》，《民国档案》，2008 年第 2 期。

胡延峰：《学科规训视野中近代中国心理学学科的发展——以中央大学心理学系为例》，《心理学探析》，2009 年第 5 期。

刘超：《中国大学的去向——基于民国大学史的观察》，《开放时代》，2009 年第 1 期。

刘超：《道不同不相与谋——罗家伦、陈寅恪之交谊及其他》，《社会科学论坛》，2009 年第 17 期。

沈卫威：《现代大学的两大传统——以民国时期北京大学、东南大学—中央大学为主线的考察》，《学术月刊》，2010 年第 1 期。

蒋宝麟：《财政格局与大学"再国立化"——以抗战前中央大学经费问题为例》，《历史研究》，2012 年第 2 期。

五、学位论文

萧胜文：《罗家伦与中央大学发展之研究（1932—1941）》，硕士学位论文，台湾师范大学。

许小青：《从东南大学到中央大学》，博士学位论文，华中师范大学，2004 年。

张雪蓉：《以美国模式为趋向：中国大学变革研究（1915—1927）——国立东南大学为个案》，博士学位论文，华东师范大学，2004 年

陈宝云：《学术与国家——〈史地学报〉及其群体研究》，博士学位

论文,复旦大学,2006 年。

　　蒋宝麟:《"党国"中的高等教育——抗战时期中央大学的学术与政治文化(1937—1945)》,硕士学位论文,南京大学,2007 年。

索 引